太王의 나라 고구려 유적

太王의 나라 고구려 유적

이도학 · 박진호 · 송영대 지음

서경문화사

_서문

한국전통문화대학교 문화유적학과에서는 국내 답사 뿐 아니라 매년 해외 답사를 꾸준히 추진해 왔다. 답사지는 부여나 고구려 및 발해 유적이 소재한 중국은 물론이고, 일본열도까지 미쳤다. 그리고 러시아의 연해주 지역은 우리 학과 학생들이 직접 발굴했던 발해 유적 현장이기도 했다. 금년 1월 초에는 방학을 이용하여 7박 8일 일정으로 중국의 낙양과 정주, 개봉, 서안 일대를 답사한 바 있다.

우리 학과의 해외 답사 가운데 가장 빈번하였고, 또 인상에 남는 답사가 고구려 유적으로 기억될 것 같다. 이 곳은 주로 가을이나 여름을 이용하여 답사를 하였다. 그러나 2007년 12월 하순에는 펑펑 떨어지는 눈발을 맞으면서 환인과 집안 일대를 누빈 적이 있다. 사실 고구려와 같은 북반부에 자리잡은 나라는 겨울이 긴 곳이다. 고구려인들의 정서와 문화를 온전히 체험하기 위해서는 겨울에 답사하는 게 딱 맞을 것으로 보였다. 그때 이곳이 생각처럼 춥지 않다는 것을 체감하였다. 고구려의 두 번째 수도였던 집안을 길림의 소강남이라고 일컬은 이유를 알 것만도 같았다. 또 고구려가 이곳을 수도로 선정한 이유도 감지되었다. 이러니 현장 답사가 반드시 필요하다는 것을 절감하지 않을 수 없었다.

본서는 그간 우리 학과에서 수행했던 고구려 유적 답사지 가운데 심양과 환인, 그리고 집안 일대를 중심으로 한 자료집이다. 고구려 유적에 대한 관심과 탐방이 늘고 있는 현 시점에서 학과가 지니고 있는 답사에 관한 지식을 공유해야겠다는 차원에서 집필하였다. 2010년 7월 답사와 관련해 각자 맡아서 제출했던 유적 중심의 자료집을 전면 개편하였다. 그로 인해 필자 숫자가 20명이나 되었다. 그 이후에도 다시금 체재와 서술의 통일과 사진 자료의 보완을 위해 내용을 전면적으로 검토하였다. 이러한 작업은 지루한 일이기도 했지만, 필자를 도와 송영대 군과 장유리 양이 수고를 아끼지 않았다. 또 이러한 작업을 통해 책 한 권의 탄생이 간단한 일이 아님을 깨닫는 좋은 기회였을 것으로 믿어진다.

본서의 출간과 관련해 학과 학생회장이었던 박진호 군을 비롯한 20명의 필자 학우들과 기쁨을 함께 나눌 수 있게 되었다. 앞으로도 답사를 통해 축적된 자료집을 공유하는 일이 계속 이어졌으면 하는 바람이다. 끝으로 본서의 출간에 노고를 아끼지 않은 서경문화사의 김선경 사장과 편집부 직원들에게도 감사를 표한다. 필자가 20대 후반 대학원생 시절부터 김선경 사장과의 인연이 지금까지 이어져 온 것이니 30년에 육박하고 있다. 그런 인연으로 인해 본서가 태동하게 된 것이다. 아무튼 본서가 많은 이들에게 도움이 되고, 또 사랑받기를 바라면서 이만 줄인다.

2011년 7월 18일 아침
扶餘 官舍에서
李 道 學

다음은 본서의 필자 명단이다.

송영대 / 박진호 / 양진석 / 김사현 / 최승빈 / 정동귀 / 권민정 /
손호경 / 홍은정 / 김혜진 / 황지미 / 이현지 / 윤정아 / 강승호 /
선송희 / 차승연 / 박지완 / 장유리 / 백종서 / 김태중

_차례

太王의 나라 고구려 유적

01

심양

답사 대상지 지도

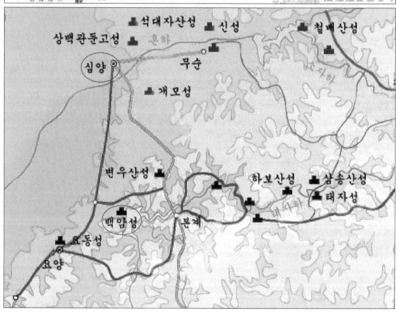

심양 · 등탑 · 신빈 일대 성곽유적

　　　　　　　太王의 나라 고구려 유적

심양瀋陽 개관

Ⅰ. 개관

심양은 중국 요령성遼寧省의 성도省都로서, 명칭은 심양 남부를 흐르는 혼하渾河의 옛 이름인 심수瀋水의 북쪽에 있다는 의미인 심수지양瀋水之陽에서 유래되었다.

동경 123°26′53″, 북위 41°47′44″에 위치하며, 심양 시가지의 면적은 3,495km², 심양시의 총면적은 12,924km²이다. 인구는 1,100만 명으로, 시구市區의 인구는 약 810만 명이다. 지금은 5성구城區 · 4교구郊區 및 1시市 · 3현縣과 2개의 국가급 개발구開發區를 총괄한다. 한족과 만주족滿洲族 · 회족

▲ 심양고궁

回族 · 조선족朝鮮族 · 석백족錫伯族 · 몽골족蒙古族 등 여러 민족이 있다. 중국 동북지방의 경제 · 문화 · 교통과 상무역의 중심지이자 공업의 중심지며 역사와 문화의 도시이다.

II. 자연환경

심양의 서쪽은 요하遼河의 충적 평원이고 동쪽은 장백산맥長白山脈의 일부이며 숲으로 덮여있다. 고도가 가장 높은 곳은 414m인 반면 가장 낮은 곳은 7m 밖에 되지 않는다. 주 도시 지역은 요하의 지류인 혼하의 북쪽에 위치해있다. 주위의 산으로는 휘산輝山 · 천주산天柱山이 있고, 하천으로는 혼하 · 요하 등이 있다.

기후는 계절풍의 영향을 받는 습윤 대륙성 기후이다. 여름은 계절풍으로 인해 덥고 습하며, 겨울은 시베리아 고기압 때문에 춥고 건조하다. 연평균 기온은 8.3℃이며, 추울 때는 -28.5℃까지 떨어지기도 하고, 더울 때는 36.1℃까지 올라가기도 한다. 비는 7월과 8월에 집중된다. 연평균 강수량은 705.5mm이다.

III. 역사

전국시대戰國時代부터 개발되어 한대漢代에는 요동군遼東郡에 속했다. 뒤에 고구려의 영토였다가 이후 당唐의 지배하에 들어가서 심주瀋州가 되었다. 그 후 발해渤海의 영토였고 요遼 · 금金시대에는 동경로東京路, 원대元代에는 심양로瀋陽路가 설치되었으며, 명明은 변경의 요지로 삼아 심양위瀋陽衛를 두었다.

청淸 초기인 1625년에 요양遼陽에서 이곳으로 수도를 옮겼고, 1634년대청 태종太宗은 성경盛京으로 개칭하였다. 1644년에 북경北京을 국도國都로 정

太王의 나라 고구려 유적

한 뒤에는 이 곳을 배도陪都로 삼고, 1657년에 봉천부奉天府를 설치하였다. 19세기 말에 러시아와 일본의 침략과 러일전쟁露日戰爭(1904~1905) 당시 공격목표가 되었다.

청나라가 멸망하자 동북지방은 지방 군벌軍閥의 지배하에 들게 되었고, 심양은 장쭤린[張作霖] 정권의 본거지가 되었다. 1923년 심양 시정부가 설치되고 시정市政이 시행되어 1929년 장쉐량[張學良]에 의해서 심양시라고 개칭되었다. 대한민국 임시정부의 독립군 삼부 중의 하나인 정의부正義府가 길림과 봉천을 중심으로 활동하였다. 대한민국의 수많은 독립지사가 망명하여 활동했던 시기가 바로 이 당시이며, 당시에는 심양이 '만주 봉천'으로 알려졌었다. 1931년에 만주사변으로 일본의 관동군에 점령된 후, 1932년 일본에 의해 '만주국滿洲國'이 건국되면서 봉천시奉天市로 개칭되었다. 그 후 일본의 동북 지방지배의 주요 기지로 발전하여 만주국 제1의 도시가 되었다. 1945년 일본이 패전한 후에는 심양이라는 이름을 회복하였다.

IV. 유적 및 유물

심양시에 현존하는 유적지로는 성터·고분·건축물·봉화대와 역사기념물·혁명기념물 등 400여 곳에 달한다. 특히 그 중에서도 청나라 태조 누르하치의 동릉이라고도 불리는 복릉福陵, 청 태종 홍타이지의 소릉昭陵, 심양고궁瀋陽故宮은 현재 세계문화유산에 등록되어 있다. 복릉과 소릉은 건물의 분포구도가 치밀하고 세련됨과 동시에 능원陵園과 성루城樓 건축을 교묘하게 결합한 대표적인 건축물로 꼽힌다. 심양고궁은 한족·만주족·몽골족 세 민족의 건축양식이 어우러져 있기에, 중국 궁전건축에서 유별나게 평가된다. 전체적으로 전통과 규칙을 중시하는 한족漢族의 건축물과는 달리 자유분방한 만주족의 특성이 건축기법에도 반영되었다.

현대사적으로는 장쭤린·장쉐량 두 부자의 관저인 대수부大帥府가 있으며, 중국공산당 만주성위滿州省委 옛 터와 9·18사변 기념관 등이 있다. 또한 앞서 말했듯이 고구려와 발해의 영토이기도 하기에 여러 관련 유적을 찾아 볼 수 있다.

V. 참고문헌

遼寧省人民政府 http://www.ln.gov.cn/

中國瀋陽 http://www.shenyang.gov.cn/

中國大百科全書出版社, 1999,『中國大百科全書中國地理』.

_ 손호경

요령성박물관 遼寧省博物館

I. 개관 및 연혁

요령성박물관은 중국의 저명한 역사예술박물관 중 하나이다. 심양시 화평구和平區 십위로十緯路에 위치하고 있다. 요령성박물관의 관터는 원래 동북군벌이었던 열하도통熱河都統 탕위린湯玉麟의 집이었다.

'9·18사변' 이후 만주국 정부는 이곳에 '국립중앙박물관 봉천분관國立中央博物館奉天分館'을 설립하였다. 1948년 11월 2일 심양이 해방된 이후, 동북인민정부東北人民政府의 비준을 거쳐 동북박물관東北博物館이 설립되었다. 1949년 7월 7일에 개관하였고, 1959년에 요령성박물관으로 명칭을 바꾸었다. 그리고 2004년 11월 12일 요령성박물관 신관新館을 개관하였다.

▲ 요령성박물관

II. 주요 유물 및 전시

소장품으로는 서화書畫 · 사수絲繡 · 동기銅器 · 칠기 · 고지도 · 화폐 · 갑골 · 도자 · 조각 · 비지碑誌 · 가구 · 복식 · 고고考古 · 소수민족문물 · 혁명문물 · 고생물 등 5만 7천여 점이 있다. 그 중 1급품은 173건이다. 소장품의 시기는 구석기시대에서 근 · 현대시대까지 이른다. 유물의 출처는 만주국 시절 봉천박물관에 소장되어있던 유물, 중국국공내전 때 징집한 유물, 중공 성립 후의 징집품과 고고발굴품 등이다.

박물관에서는 대형문물도록과 수십 종의 책을 출간하였다. 『요령성박물관장서법선집遼寧省博物館藏書法選集』 · 『요령성박물관장화선집遼寧省博物館藏畫選集』 · 『중국박물관총서中國博物館叢書 - 요령성박물관』 · 『요령성박물관장사자수遼寧省博物館藏緙絲刺繡』 · 『중국서적대관中國書跡大觀 - 요령성박물관』 · 『요령성박물관요자선집遼寧省博物館遼瓷選集』 · 『제백석화집齊白石畫集』 · 『고소번화도姑蘇繁華圖』 · 『고기패화집高其佩畫集』과 『묘후산廟後山 고고보고서』 등이 있다. 아울러 『요령성박물관학술논문집』 등의 책을 출간하였다.

III. 상설 전시 및 요하문명전

요령성박물관에서는 요하문명전遼河文明展을 비롯하여 다양한 전시가 이루어지고 있다. 요령성박물관의 유물 전시는 대략적으로 다음과 같다.

일단 가장 눈여겨봐야 할 전시는 요하문명전이다. 요하문명전은 2006년 6월부터 열리고 있는데, 처음에는 2006년 9월까지만 전시하기로 하였었다. 하지만 중국 내에서 이에 대한 관심이 폭증하여 수많은 관람객들이 찾아오자 현재는 상설전시되었다.

요하문명전은 요하를 중심으로 문명이 전개되어왔다는 중국인들의 관념을 말해준다. 구석기시대부터 신석기시대 홍산문화紅山文化에서 출토된

▲ 요하문명전

▲ 우하량유적 출토 여신 두상

유물들을 비롯해, 서주시대 · 진한시대 · 5호16국시대 · 수당시대는 물론
요나라 · 금나라 · 원나라 · 명청시대에 이르는 다양한 유물들을 전시하고
있다. 또한 중국사에 편입된 양 부여 · 고구려 · 발해의 유물들도 같이 전시
되어 있다. 이러한 요하문명전은 크게 5가지 주제로 구분하여 각 전시실마
다 진열해 놓았다.

제1전시실은 문명서광文明曙光이라 이름 붙여졌다. 요령지역의 구석기유
적과 신석기유적을 통해 요하 유역에서 '중화문명'의 첫 번째 서광이 일어
났다고 주장한다. 여기에 홍산문화는 물론 이 시대를 전후한 중요한 유물
들이 전시되어 있다.

제2전시실은 상주북토商周北土로 명명되었다. 중국과 유사한 청동기 등
의 유물들을 통하여 이 지역이 상주시대부터 중원왕조에 속해있었고, 각
소수민족들은 화하민족과 다원일체多元一體의 관계로서 중화민족과 융합되
었다고 주장한다.

제3전시실은 화하일통華夏一統이라 이름 붙여졌다. 진한시대를 기점으로
이 지역이 중원 왕조의 세력에 포함되었고, 고구려를 포함한 여러 민족들
이 '중국 역사상 가장 규모가 큰 민족 대융합'을 통해 중화민족으로 통일
되었다고 주장한다.

그리고 제4전시실은 거란왕조契丹王朝라 명명되었다. 거란족의 요遼왕조는 중국 북방을 통일하였던 '중국'의 왕조라고 주장하는 내용으로 이와 관련된 다양한 유물들이 진열되어있다.

마지막으로 제5전시실은 만족굴기滿族崛起라고 이름 붙여졌다. 이 지역에서 소위 중화민족의 일원인 만주족이 일어나 전국을 통일한 것이 '중국의 청나라' 라고 주장한다.

요하문명전의 목적은 표면적으로는 중원으로 대표되는 중국의 중심 문화권에 비해 그동안 덜 관심을 받던 중국 동북지역 역사의 재조명이다. 하지만 실질적인 목적은 그동안 한족 중심의 역사체계를 벗어나 자연스럽게 만주의 역사도 중국사의 일원으로 구성하려는 것이다. 이는 이 지역의 민족 또한 중국 민족의 일원이라는 사상으로 확대 해 볼 수 있다. 이런 생각이 대규모의 문화공정으로 드러난게 동북공정이라는 점에서, 중국의 의도를 명확히 알고 경계할 필요가 있다.

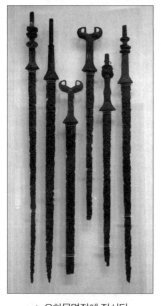

▲ 요하문명전에 전시된
부여의 청동검

이 외에도 여러가지 상설 전시전이 있다. 청궁산일서화국보전清宮散逸書畵國寶展이라는 명칭으로 청나라 궁궐에 있던 1200여 점의 역사적 문서들과 그림들을 전시하고 있다. 그리고 중국고대비지전中國古代碑誌展이라는 이름으로 중국의 비석들과 묘지석들을 전시하고 있다. 또한 요대도자전遼代陶瓷展에서는 거란에서 쓰였던 도자기들을 보여주는데 다양한 형태와 화려한 색채가 특징적이다. 중국고대화폐전中國古代貨幣展에서는 춘추전국시대와 진한시대 · 송나라 · 금나라 · 명나라까지 이르는 다양한 화폐들과 거푸집을 진열해 놓았다. 그리고 청궁도자전清宮陶瓷展에서는 마찬가지로 청나라 궁궐에서 사용되었던 진귀한 도자기들을 진열해 놓았다. 명청공예품전明淸工藝品展에서는 명나라와 청나라 때의 화려한 공예품들을 보여준다.

IV. 참고문헌

馬寶傑, 2004, 『擷萃撫珍 - 遼寧省博物館館藏文物鑒賞集』, 遼寧人民出版社.

遼寧省博物館, 2004, 『遼寧省博物館槪覽』.

遼寧省博物館·遼寧省文物考古硏究所, 2006, 『遼河文明展 文物集萃』.

우실하, 2007, 『동북공정 너머 요하문명론』, 소나무.

中國 國家文物局 http://www.sach.gov.cn

_ 송영대

심양고궁 瀋陽故宮

I. 개관

청나라의 황궁은 현재 2곳이 남아 있다. 한 곳은 북경에 있는 자금성이
며, 다른 한 곳은 심양고궁이다. 청나라 최초의 황궁으로 성경황궁盛京皇宮
이라고도 한다. 17세기 초 만주족이 후금을 세운 후 황제인 청태조 누르하
치[奴兒哈赤, 1559~1626]가 심양을 수도로 정한 후에 건립하였다. 심양고궁은 청
나라가 황궁을 북경의 자금성으로 옮기기 이전까지 사용되었다.

천도 이후 심양의 황궁은 '봉천행궁奉天行宮'으로 불렸으며, 그 뒤로는 심
양고궁이라고 하였다. 황궁은 북경이었으나 가끔 황제가 심양으로 순시巡
視 나오는 경우에는 심양고궁에서 머물고는 하였다. 강희康熙 10년(1671) 황
제가 친히 동순東巡하여 선조를 참배하면서부터, 강희康熙 · 건륭乾隆 · 가경

▲ 심양고궁 입구

嘉慶 · 도광道光 등 4명의
황제가 10차례에 걸쳐
심양고궁으로 동순했다.
이러한 역사적 배경과
뛰어난 보존상태로 인하
여 1961년에 국가급문물
보호단위로, 2004년에는
유네스코 세계문화유산
으로 각각 지정되었다.

II. 심양고궁의 특징

심양고궁은 약 70여 채의 건물에 300여 칸의 방이 있는 장대한 건축물로서 중국에서 두 번째로 큰 궁정이다. 심양고궁은 만주족과 몽골족 등 여러 민족들의 특색이 강하게 나타난다. 이는 북경의 자금성과 비교했을 때 가장 대비되는 점이다. 심양고궁은 1625년에 세워져 청태조 누르하치에 의해 건축이 시작되었고, 누르하치가 죽은 후 태종 홍타이지[皇太極, 1592~1643]

▲ 심양고궁 배치도

에 의해 완공되었다. 심양고궁은 초축과 보수·증축을 포함하여 150년에 걸쳐 축조가 이루어졌다. 대부분의 건축들은 거의 300여 년의 역사를 지니고 있다.

강희제·옹정제·건륭제 때에 들어서 대대적인 증축이 행해졌다. 이 과정에서 한족·만주족·몽골족·회족·티베트족 등 여러 민족들의 건축양식이 융합하게 되었다.

이에 대한 일례를 들자면 북경 자금성이 대부분 황금색으로 구성되어 있는 데 반해, 심양고궁은 녹색을 다수 이용하였다는 점이다. 자금성과의 또 다른 차이는 심양고궁 대정전의 경우 편액의 한자가 왼쪽에 있고, 만주족의 문자가 오른쪽에 있다는 점이다. 이는 한족들이 오른쪽보단 왼쪽을 더 높게 친다는 점과 서로 상반되는 사실이다. 그렇기 때문에 청나라가 자금성을 조성하는 시기에 와서는 편액의 왼쪽에 만주족의 문자를 쓰고, 오른쪽에 한자를 쓰게 되었다.

심양고궁의 면적은 6만 m²로 고궁 안의 건축물은 완벽하게 보전되어 있으며 중국의 대표적인 궁전 건축물 중의 하나이다. 심양고궁의 면적은 72만 m²인 북경고궁(자금성)보다 규모는 작지만 건축사에서 독특한 면모를 갖추고 있다.

III. 심양고궁의 건축 구조

건축구조는 크게 동로·중로·서로의 세 부분으로 나뉜다. 동로에는 청태조 누르하치 시기에 건축된 대정전과 십왕정이 있다. 중로는 대청문·숭정전·봉황루 및 청녕궁·관휴궁·연경궁·영복궁 등으로 구성되었다. 서로에는 건륭제 시기에 건축된 문소각·가음당·앙희재 등이 있다.

1. 동로東路

동로東路는 대정전大政殿과 십왕정으로 대표된다. 대정전은 고궁 동로에 있는 13개 건축물 중 중국 어디에서도 볼 수 없는 독특한 형태의 건축물로서 지붕이 2층의 구조로 되어 있다. 곳곳에 용을 조각하거나 장식하여 그 격을 높였다. 비록 단청은 색이 바래졌으나 아직도 그 흔적이 잘 남아있다. 이 대정전은 수미좌대須彌座台 위에 세워졌다. 대정전은 정자식 건축물로 겹처마를 하였으며 황금색과 녹색의 유리기와를 사용하여 팔각의 지붕을 하였다. 정문에는 두 마리의 용이 얽힌 기둥이 있어 장엄한 모습을 보여준다. 또한 기둥과 난간 등을 화려하고 조각하였고, 주춧돌은 복련伏蓮과 연주문聯珠紋으로 장식하였다. 대정전 건축구조는 송나라(960~1279)때의 건축양식을 사용했다.

대정전은 국가의식이나 예식을 거행하던 곳이다. 이 외에도 큰 제전이 열리거나 조서 반포, 군대 출정을 선포하거나 개선장병을 마중하는데 사용되었다. 그리고 숭덕제와 순치제의 즉위 때에도 사용되었다.

▲ 대정전

대정전을 중심으로 양쪽으로 십왕정十王亭이라 불리는 10개의 정자가 있다. 십왕정은 좌우 왕정王亭과 팔기정八旗亭으로 되어있다. 이들은 각각 즉 우익왕정右翼王亭과 좌익왕정左翼王亭, 그리고 정황기정正黃旗亭 · 양황

▲ 십왕정

기정鑲黃旗亭 · 정홍기정正紅旗亭 · 정백기정正白旗亭 · 양홍기정鑲紅旗亭 · 양백기정鑲白旗亭 · 양람기정鑲藍旗亭 · 정람기정正藍旗亭으로 되어 있다. 십왕정은 제비날개 형태로 좌우 5개씩 배치되어 있으며, 모습이 모두 흡사하고 회색 기와에 붉은 기둥으로 되어있다.

군신회의君臣會議를 하는 식의 이러한 배치는 청나라 초기의 팔기제도八旗制度가 건축물에 반영된 것으로 다른 황궁에서는 찾아볼 수 없는 독특한 형태이다. 이곳은 좌우 보좌왕左右補佐王과 8기 대신들이 일을 처리하던 장소이다.

2. 중로中路

중로中路는 대청문大淸門 · 숭정전崇政殿 · 봉황루鳳凰樓 · 청녕궁淸寧宮이 축을 이루고 있다. 이 건물들은 홍타이지가 제위에 오른 후 건립한 것이다. 대청문과 숭정전은 정무를 보던 전조前朝(外朝라고도 함)에 속하며, 봉황루 · 청녕궁은 황제의 숙소인 후침后寢(內庭이라고도 함)에 해당한다.

대청문은 고궁의 중앙 정문으로 오문牛門이라고도 한다. 홍타이지 시절, 중문은 황제만 출입할 수 있었고, 친왕親王 이하 관원들은 좌우문을 사용했다. 이 외에 태감이나 궁녀들은 양쪽 쪽문을 이용했다. 청나라가 북경에 도읍한 후에는 몽골이나 조선의 사신을 접대하던 곳으로 사용되었다.

숭정전은 심양고궁 중로의 중심지이다. 홍타이지가 일상 국정을 맡던 곳으로서 임종 전까지 이곳에서 정무를 보았다고 한다. 후침은 청녕궁을 중심으로 좌우로 관휴關雎 · 인지麟趾 · 연경衍慶 · 영복永福 등 4곳

▲ 대청문

의 배궁配宮이 있는데 홍
타이지의 황후 및 4명의
비妃가 거주하던 곳이다.
　봉황루는 숭정전의 북
쪽에 위치하며, 고궁에서
가장 높고 외관이 아름답
다. 3층의 누각으로 되어
있으며 황제가 연회를 베
풀던 곳이다. 350여 년
전 봉황루에서의 해맞이
는 이른바 '성경팔경盛京
八景' 중에서도 첫손가락
에 꼽힐 정도였다. 봉황
루에 올라 고궁을 내려다
보면 전경이 한눈에 펼쳐
진다고 한다.
　청녕궁은 황제가 거주
하던 곳으로 고궁의 가
장 안쪽에 자리하고 있
다. 이곳은 청태종 천총
연간天聰年間(1627~1635)에
건립되었으며 심양고궁
의 중궁에 해당한다. 동
쪽의 작은 공간은 청태
종 홍타이지와 황후의
침궁이며, 서쪽의 4간間
은 궁정 내에서 제사가

▲ 숭정전

▲ 청녕궁

▲ 봉황루

▲ 신간

거행된 신당神堂과 황제의 연회 당시 손님들이 머무르던 장소이다. 제례공간에 놓인 온돌로 보아 이곳에서도 온돌을 사용하였음을 알 수 있다. 청녕궁에서 확인되는 주머니 방[口袋房]·만자항万字炕 등을 통하여 전형적인 만주족의 건축양식을 보게된다.

청녕궁 정문 앞에는 7m 높이의 나무 막대기가 있으며, 신간神竿이라고 부른다. 이는 만주족이 전통에 따라 하늘에 제사를 지낼 때 쓰였던 나무 막대기이다. 만주족의 전통에 따르면 이 신간을 이용해 하늘에 제사를 지낼 때 쌀과 잘게 썬 돼지 내장을 올려놓아 까마귀를 먹이며 제사 지냈다고 한다.

이러한 풍속은 다음과 같은 전설에서 기원하였다. 누르하치가 젊었을 당시 추격을 당했는데, 더 이상 도망갈 길이 없어 풀 구덩이에 누워 목숨을 하늘에 맡겼다고 한다. 이때 갑자기 까마귀 한 무리가 날아와 그의 몸에 앉아 누르하치를 은폐시켜 주었다. 덕분에 누르하치는 적들의 추격을 피할 수 있었다고 한다. 그 후 누르하치가 후금을 세우고 황제가 되자, 생명의 은혜를 갚기 위해 만주족 백성들로 하여금 자신의 집 마당에 나무막대기를 세우고 그 위에 음식을 올려놓아 까마귀에게 먹이도록 했다고 한다.

이 외에도 서궁에는 적광전迪光殿·보극궁保極宮·계사재繼思齋·숭모각崇謨閣이 있다. 적광전은 북경 천도 후, 황제들이 심양 순시 때 국가정무를 보던 임시거처에 해당한다. 보극궁은 천도 후 먼 길 나선 황제들이 휴식을 취했던 침실공간이다.

3. 서로西路

서로의 주요 건축물에는 문소각文溯閣과 유희대遊戲臺·가음당嘉陰堂·앙

희재仰熙齋, 그리고 가장
남쪽에는 교마장轎馬場이
있다.

▲ 심양고궁박물관

　문소각이 처음 만들어
진 것은 1782년(건륭 47)이
며, 다음해에 완성되었
고 맞배지붕의 2루3층二
樓三層의 건축으로 지붕
위에는 검은 유리 기와
를 씌웠다. 이곳에는 고궁 서로에 있는 역대 주요서적인 『사고전서』와 『고
금도서집성古今圖書集成』 등이 보관되어 있다. 가음당에서는 당시 황제가 경
극을 관람하였다고 한다.

　심양고궁의 바깥에는 심양고궁박물관이 있다. 심양고궁박물관에 전시
되어 있는 유물들은 거의 황제가 남겨 놓은 궁정문물이다. 누르하치가 쓰
던 검, 홍타이지가 쓰던 요도와 녹각 의자 등이 있다. 이 외에도 다양한 예
술품들이 있다. 그림 전시관에는 명청시대의 유명한 서화정품, 그리고 도
자기 · 조각 · 직조 · 칠기 등 공예품 등이 있다.

IV. 참고문헌

遼寧省文物管理委員會辦公室, 1994, 『遼寧文物古蹟大觀』, 遼寧大學出版社.

武斌, 2006, 『淸瀋陽故宮硏究』, 遼寧大學出版社.

武斌, 2007, 『瀋陽故宮與世界文化遺産』, 遼寧大學出版社.

宋曉明, 2008, 『解密 大淸皇宮』, 中國華僑出版社.

人民日報 http://www.people.com.cn/

百度百科 http://baike.baidu.com/

_ 송영대

02
등탑

등탑 개관
백암성

I. 개관

등탑시燈塔市는 중국 요령성 요양시遼陽市에 속한 현급시縣級市이다. 등탑
시의 위치는 요령성의 중부에 있으며 북으로는 요령성의 성도인 심양과 접
하고, 동으로는 본계시와 연결되며, 남으로는 요양시와 요양현과 접해 있
고, 서로는 요중현과 접해 있다.[01] 북위 41°14' 20"~41°36' 40", 동경 122°
52' 30"~123°40' 7"에 위치한다.

면적은 1.349km²이고, 인구는 49만 4천 명이다. 이 중 비농업 인구가 8만

▲ 등탑 백암성에서 바라본 태자하

太王의 나라 고구려 유적

3천 명이다. 청나라 때는 요양주, 중화민국 때에는 요양현, 1968년에는 등탑구, 1980년에는 등탑현이었으며, 1996년에 이르러서야 현縣에서 시市로 승격되었다.

II. 위치 및 자연환경

등탑시는 요동반도의 북쪽이며 태자하 중류에 위치한다. 지형은 동쪽이 높고 서쪽이 낮다. 동부로는 천산산맥의 일부와 접하고, 서부로는 혼하와 태자하, 북으로는 소하 충적평원과 접하고 있다.

연 강수량은 644.5mm이며 온대대륙성 계절풍 기후에 속한다. 이 지역은 농업이 주요 산업이다. 벼농사가 주를 이루며 이 외에도 담수양식과 벌목이 이루어지고 있다.

주요 산물은 벼 · 옥수수 · 수수 등이며 특산물은 산사나무이다. 주요 광산품에는 석탄 · 철 · 석유 · 천연가스 · 석고 · 석회석 등이 있다. 경내에는 석탄과 철의 양이 비교적 많은 편이다. 그러나 지나치게 많은 석탄 채굴이 이루어진 관계로 부분적으로 땅이 꺼지는 일이 발생하고 있다.

III. 주요 유적 및 인물

등탑시의 유적으로는 흔히 백암성으로 잘 알려진 연주성燕州城 · 만보교萬寶橋 · 황고분皇古墳, 청나라 때의 사찰인 안란사安瀾寺와 상운사祥云寺 · 고공관高公館 등이 있다. 주요 인물로는 중국의 유명한 역사학자인 진위부金毓

---

01 현급시는 시 아래에 편재된 또 다른 시를 의미하며, 등탑시의 경우 요양시에 편재되어 있다. 성도는 우리나라의 도청소재지와 비슷한 개념으로 성(省)의 수도를 의미한다.

歠(1887~1962)와 항일운동가이자 공산당 혁명가였던 리자오린李兆麟(1910~1946)이 있다.

특히 진위부는 중국 동북지역과 만주의 역사연구에 많은 족적을 남겨 '중국 동북사 연구의 선구자'로 불린다. 그는 고구려와 발해를 비롯한 이 지역의 역사를 지방사로 간주하여 중국사에 편입할 것을 주장하였다. 이와 관련하여 그는 『발해국지장편渤海國志長篇』·『동북통사東北通史』·『중국사학사中國史學史』·『송요금사宋遼金史』 등의 저서를 남겼다. 이 중에서 『발해국지장편』과 『동북통사』는 동북아역사재단을 통하여 번역되어 소개되었다. 이를 통하여 중국인 연구자들의 고구려나 발해에 대한 인식 등을 엿볼 수 있다.

IV. 참고문헌

中國大百科全書出版社, 1999, 『中國大百科全書中國地理』.
百度百科 http://baike.baidu.com/

_ 송영대

太王의 나라 고구려 유적

백암성白巖城

I. 개관

백암성은 고구려 서부 지방의 주요 성곽이다. 현재는 연주성燕州城으로 불리는 곳으로, 요령성 등탑현燈塔縣 서대요향西大窯鄉 관둔촌官屯村에 위치한다. 북쪽으로 개모성蓋牟城, 서쪽으로 요동성遼東城, 남쪽으로 안시성安市城이 있다. 성의 둘레는 약 2,400m로, 외성과 내성으로 구성되었다.

정확한 축조 연대는 알 수 없으나, 『삼국사기三國史記』에 547년에 신성과 함께 개축하였다는 기록이 남아있으며, 551년에는 돌궐의 침입을 막아내

▲ 백암성

었다고 한다. 645년 당 태종의 침입을 받았을 때 당시 고구려 성주 손대음 孫代音의 항복으로 함락되었다. 이후 당나라는 백암성을 암주巖州로 개칭하고 손대음을 자사刺史로 삼았다.

II. 축조 배경

고구려가 요동으로 영토를 넓혀나가던 당시, 고구려의 중심지에서 요양 방면으로 혼강渾江과 부이강富爾江의 합류지점으로 나가, 혼강의 지류인 육도하六道河를 거쳐, 태자하太子河 상류에 이르고, 그곳에서 태자하를 따라 요동에 내려가 닿을 수 있었다.

이 루트를 342년 전연前燕 주력군의 고구려 침공로인 남도南道로 보기도 한다. 이러한 남도는 넓고 평탄한 북도에 비해 좁고 험한 통로여서, 당시까지 잘 이용되지 않았다. 그런 만큼 남도 방면을 주 공격로로 삼은 전연군의 전략은 고구려의 의표意表를 찌른 것이었다.

전연전에서의 대패는 요동에 대한 고구려의 지배가 불완전했던 점이 근본적인 원인이었던 것으로 보인다. 이와 같은 뼈아픈 경험을 바탕으로 고구려는 태자하 연안로에 대한 방비와 지배력을 강화하고자 했다. 태자하를 거슬러 오는 경로 상의 여러 성들이 그 결과물이다. 대표적인 성으로는 요동성遼東城과 태자성 그리고 백암성이 있다.

III. 구조

백암성의 성벽은 현재 압록강 이북에 남아 있는 고구려 성벽 가운데서 가장 견고하고 웅장하며 보존도 잘된 편이다. 성벽은 능선을 따라 축조되었는데, 불규칙한 네모꼴의 평면 구조를 보인다. 서쪽에 조금 높은 구릉이 있고, 성벽은 그 위를 따라 올라가다가 서문지를 향해서 내려가는 양상이다.

太王의 나라 고구려 유적

1. 성벽城壁

안팎으로 견고하게 쌓아올린 석벽이 동·서벽과 북벽 구간에 잘 남아 있다. 다만 군데군데 보이는 회 접착 부분은 후대의 보수 흔적으로 보인다. 북벽과 동벽에서는 부분적으로 성가퀴([女墻]: 성 위에 쌓은 낮은 담)의 흔적을 발견할 수 있다. 외성과 내성의 구조로 계획하여 죽조되었다. 북벽에서 동쪽으로 1km 걸어가면 35㎡의 내성이 나타나는데, 이곳에 높이 약 5m의 점장대點將臺가 있다.

점장대는 전체 성벽 내·외부를 조망할 수 있는 제일 높은 위치에 구축되었으며, 후에 봉화대烽火臺로 사용되었다. 북벽의 높이는 5~6m이며, 태자하太子河와 마주하고 있는 동남쪽은 험준한 절벽이 있기 때문에 별도로 성벽을 쌓지 않았다.

▲ 백암성 서쪽 성벽

남쪽 모서리에 남문지南門址가 있었을 가능성이 있으나 지금은 농민들이 이곳 성 안까지 집을 지어 그 흔적을 찾아볼 수가 없다. 다만 문지가 있었을 것으로 추정되는 석조물이 발견 된

▲ 백암성 내성의 점장대

바 있다. 마을길을 따라 올라가면 훼손되어 잘 읽을 수 없는 표지석이 나오고 이어서 서문지西門址가 나온다.

중국 요령성의 지리지인 『성경통지盛京通志』에서는 백암성을 암주성巖州城이라고 부르고 있다. 이 기록에 따르면 "암주성은 요양 동쪽 57리에 있는 석성산 위에 있으며 둘레는 4리이고 문은 하나이다"라고 쓰여 있다. 이 기록대로라면 문이 하나 밖에 없었던 셈이다. 일반적으로 정문을 남쪽으로 정한다면 이 서문지는 후에 사람들이 다니면서 자연히 생겼는지도 모른다. 이 사이에 자리한 서벽西壁은 높이 7m 전후이고, 폭은 4m 정도로 다른 곳보다 비교적으로 높다. 그 이유는 서북쪽의 성 밖이 완만한 경사를 이루어 공격받기 쉬웠기 때문으로 보인다. 실제로도 『삼국사기』의 기록에 따르면 645년(보장왕 4) 당나라가 백암성을 공격할 때, 이세적이 서남쪽을, 당태종이 서북쪽을 공격하였다고 한다. 외측에 치雉가 다섯 군데 자리하고 있다. 또 그것과 위치를 조금 달리해서 성벽으로 오르는 성대城臺가 다섯 군데 있다.

2. 치雉

원래는 5개의 치성[02]이 있었으나, 그 중 하나는 무너져 내렸다. 각각 약 첫 번째 치에서 두 번째 치까지는 61.6m, 두 번째 치에서 세 번째 치까지는 55.1m 간격이다. 모두 화살의 사정거리 이내로 설계된 것으로 보인다.

형태는 대개 방형이며, 하단부의 경우는 쌓아 올라가면서 조금씩 들여쌓

---

02 성벽을 직선으로 쌓으면 시야가 좁아 사각(死角)지대가 생기므로 성벽 바로 밑에 접근하는 적을 놓칠 수 있고, 공격할 때도 행동 반경에 제약이 생긴다. 따라서 전투시 성벽으로 접근하는 적을 정면과 양쪽 측면, 즉 3면에서 공격하여 격퇴할 수 있도록 성벽의 일부를 튀어나오게 내 쌓은 것이 치이다. 치성은 간단히 치라고도 하는데 '꿩 치(雉)' 자를 쓰는 것은 꿩이 몸을 감출 때 꼬리를 내민다는 데에서 나온 말이라고 한다. 대개 각(角)을 이루고 있는 것을 치성(雉城), 둥근 것을 곡성(曲城)이라고 한다.

太王의 나라 고구려 유적

는 계단식 굽도리 쌓기를 했다. 그 높이는 약 2.6m 정도 된다. 굽도리 쌓기를 한 모서리는 타원형으로 다듬어 직선인 윗부분과 조화를 이룬다. 성벽 안쪽에서도 성으로 올라가도록 성벽을 쌓아올려, 양쪽에서 받치는 형상을 이루어 성을 더욱 견고하게 하였다.

▲ 백암성 치성

IV. 축조 방법

1. 성벽 기초

백암성의 기초부는 성돌을 놓아 견고한 구조가 되도록 부분적으로는 그렝이 공법으로 다듬어 맞추거나, 기초부와 만나는 암반을 적절하게 가공해 놓았다.

사실상 지형이 암반으로 형성된 곳이기 때문에 별도의 기초 공사를 할 필요가 없으며, 경사가 진 곳에 축조하였기 때문에 자연스럽게 배수 문제가 해결되었다. 성돌의 채석採石 또한 성벽 내부의 돌을 쪼개어 사용한 것으로 성내에 남아있는 암반에서 채석 흔적이 보인다. 또한 성돌의 재질이 성내에 깔린 돌과 같은 종류의 것이 이를 증명해준다.

성벽 축성시 제일 하단부에 깔리는 지대석의 경우는 일반 성돌과는 달리 매우 견고하고 크게 구축하는 것이 일반적이다. 백암성 역시 마찬가지로 가로 길이 약 1.8m 정도, 세로 높이 약 60cm 정도의 지대석을 사용하였다.

이렇게 초대형 성돌을 사용함으로써 경사지에 구축되는 성벽의 수평 줄눈을 더욱 정밀하게 시공할 수 있다.

2. 성돌의 형태와 가공

일반적으로 성돌을 수평으로 정연하게 수평 줄눈을 맞추어 쌓아 올렸다. 또한 성돌을 정방형의 형상으로 약간 도드라지게 표면을 가공 처리하고 있다. 그 이유는 전쟁수행 중 적의 공격무기에 의한 충격으로 성돌이 파손되지 않도록 내구성 강화를 목적으로 고안된 것으로 보인다.

만약 성돌 표면이 부분적으로 파손되어도 성벽 전체 면에는 그다지 영향이 가지 않기 때문에 전시 상황에서 보수에 공력을 들일 필요성이 적어진다. 이러한 가공 방법은 고구려 성에서만 볼 수 있지만 중국의 성에서는 찾아 볼 수 없다.

3. 성벽 구축

백암성은 성벽 내외부를 모두 성돌로 축조하며 체성 안에도 돌로 쌓아 올리고 있다. 성벽을 구조적으로 견고하게 구성하기 위해서 여러 가지 성벽 구축법을 구사하였다. 성벽을 보면 수평 줄눈이 어긋나게 성돌이 배열되고 있는 걸 볼 수가 있다. 이는 경사지에서 성돌이 산비탈 아래 방향으로 밀려나가면서 붕괴되는 것을 막기 위해서 고안된 축조법이다. 산성 축조와 같은 경사지에서의 성벽 축성에 구조적 안정을 도모한 축성법으로 평가된다. 상대적으로 수평적인 지형에서는 이와 같은 구축방법은 잘 확인되지 않는다.

또한 이 때 성벽 외측에 쐐기형 성돌을 사용하면서 체성 내부에는 역쐐기형의 성돌로 이것과 서로 맞물리게 하면서 구축한다. 쐐기돌 성돌의 모양을 자세히 살펴보면 성벽 면을 향하는 면을 둥그스름하게 가공하였다. 이러한 쐐기형의 성돌들이 서로 엇물리면서 견고한 성벽구조를 형성하게 된다.

기초부는 모서리 부분을 곡선형으로 만들었다. 약 12cm씩 들여쌓기로 축조하고 있는 것이 특징이다. 굽도리 들여쌓기를 하는 이유는 성벽이 붕괴되지 않도록 성벽의 구조적 안정을 위한 시공이었다. 이는 고구려성 축조 때 일반적으로 사용되어졌던 공법이다.

또한 성벽의 하단 모서리 부를 곡선형으로 계획하고 있다. 그 이유는 각져서 만드는 것 보다 구조상 파손 가능성을 줄이기 위해 곡선 형태를 의도한 것으로 보인다.

▲ 백암성 성벽의 굽도리 쌓기

Ⅴ. 참고문헌

동북아역사재단, 2006, 『高句麗城 사진자료집』.

서길수, 1994, 『高句麗 城』, KBS 한국방송공사.

이건하, 2007, 「고구려 석조건축의 축조법에 관한 연구 - 고구려 백암성곽의 축성법을 중심으로」, 『대한건축학회연합논문집』 9, 대한건축학회지회연합회.

아즈마 우시오 · 다나카 도시아키 지음, 박천수 · 이근우 옮김, 2008, 『고구려의 역사와 유적』, 동북아역사재단.

_ 손호경

03

환인

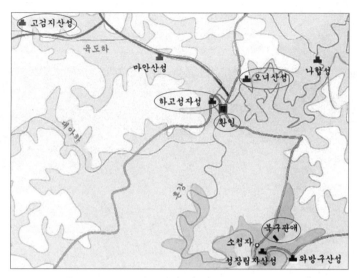

환인의 성곽 유적

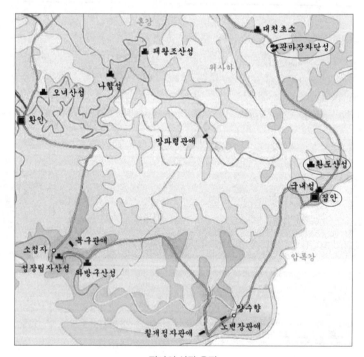

집안의 성곽 유적

太王의 나라 고구려 유적

환인桓仁 개관

I. 위치 및 행정구역

환인현桓仁縣은 요령성 동북부 가장자리에 위치하며, 면적은 3,504km²이다. 총 31만의 인구 중 30%가 만주족이며 한인을 비롯하여 조선족·회족 등 모두 14개 민족이 있다. 농업 인구가 22만 명이며 혼강渾江이 중심부에 흐르고, 삼림·수자원·광산 등 각종 천연자원이 풍부하다. 환인은 고구려 초기의 왕성이었고, 또한 발해의 환주桓州였다.

환인의 주변에는 여러 현縣과 시市가 있는데, 서북쪽으로는 신빈만족자치현新賓滿族自治縣, 서쪽의 본계만족자치현本溪滿族自治縣, 남쪽으로는 관전만

▲ 망강루 고분군에서 본 환인현 전경

족자치현寬甸滿族自治縣, 동북부에는 통화시通化市 · 집안시集安市와 서로 인접해있다.

행정구역은 10진鎭 6향鄕으로 이루어진다. 즉 환인진(환인진 · 사도하자향 · 육도하자향), 이호래진二戶來鎭 · 화첨자진鏵尖子鎭 · 사첨자진沙尖子鎭 · 목우자진木盂子鎭 · 팔리전자진八里甸子鎭 · 보락보진普樂堡鎭(보락보조선족진) · 괴마자진拐磨子鎭(괴마자조선족진) · 오리전자진五里甸子鎭 · 아하조선족향雅河朝鮮族鄕 · 향양향向陽鄕 · 업주구향業主溝鄕 · 북전자향北甸子鄕 · 사평향四平鄕 · 흑구향黑溝鄕으로 구성된다.

II. 연혁

환인이라는 지명은 발해시대의 '환주'에서 유래되었다. 환인현은 비교적 일찍부터 개발되었다. 본래 원고구려가 소재하던 지역이었고 한대漢代에는 현도군에 속하였다. 그 이후에는 고구려에 속하였고 흘본忽本이라 불렀다. 당대唐代에는 안동도호부安東都護府의 창암주會巖州에서 관할하였다. 서기 820년 발해 환주의 환도현에 속하게 되었다.

요대遼代에는 동경도東京道의 환주에 속하였고, 금대金代에는 파속부婆速府에 속하였다. 원대元代에는 요양행성遼陽行省의 심양瀋陽에 속하였고, 명대에는 노아간도사奴兒干都司였으며 여진족의 활동지역이었다. 청대淸代에는 봉천부奉天府의 홍경청興京廳에 속하였다.

1877년 회인현懷仁縣이 처음 설치되었고, 중화민국시절에는 1914년에 산서성山西省에도 회인현이라는 이름이 중복하여 존재하였기 때문에, 옛 환주에서 유래하여 환인현으로 고쳤다. 일본제국주의의 침략을 받았던 시기에는 안동성安東省에 속하였다.

1947년 인민정부에 의해 다시 환인현으로 바뀌어, 안동성의 관할에 속하였다. 1949년 요동성遼東省의 통화通化지구에, 1954년 요령성 안동安東지

구에 속하게 되었다. 1958년에는 본계시에, 1966년에 단동시丹東市에, 1975
년에 다시금 본계시에 속하였다.

III. 참고문헌

서길수, 1998, 『고구려 역사유적 답사』, 사계절출판사.
中國大百科全書出版社, 1999, 『中國大百科全書中國地理』.
百度百科 http://baike.baidu.com
遼寧省人民政府 http://www.ln.gov.cn/
行政區劃網站 http://www.xzqh.org

_ 김태중

미창구 장군묘 米倉溝 將軍墓

I. 개관

미창구 장군묘는 환인현桓仁縣 야하향雅河鄕 미창구촌米倉溝村에 위치하고 있다. 이 마을의 북쪽 구릉에 고구려 무덤 10기가 자리 잡고 있다. 그 중에서 가장 큰 1호분을 중심으로 사방 500미터 둘레에 소형의 봉토석실분들이 산재해 있다. 이 1호분이 바로 '장군묘'라고 불린다. 현재 이곳에는 이 미창구 장군묘를 제외하고 다른 무덤의 흔적은 찾기 어렵다. 1991년에 요령성문물고고연구소와 본계시박물관이 공동으로 발굴했다.

미창구 장군묘는 지표면에 돌을 쌓아 방을 만들고 그 위에 다시 흙을 덮어 봉분을 올린 고구려 중기 이후의 봉토석실분이다. 경사면의 길이는 25m, 봉분의 높이는 8m, 둘레가 150m, 남북 길이는 41m, 동서 길이가 45m, 면적 1845㎡(약 560평)인 대형 무덤이지만 도굴로 인해 많이 훼손되었다.

미창구 장군묘는 환인 지역에 남아 있는 유일한 대형 고구려 벽화무덤이다. 이 무덤의 방 안은 벽화들로 빽빽하게 장식되었다. 현재 무덤 안으로는 입

▲ 미창구 장군묘

장이 불가능한 관계로 발굴 보고서에 의존하여 겨우 그 존재를 확인할 수 있다.

▲ 요령성박물관에 전시된 미창구 장군묘 내부 모형

발굴 보고서에 따르면 봉토를 절개하는 과정에서 묘실의 남쪽 옆에서 돌 하나가 출토되었다고 한다. 석비石扉와 매우 흡사하게 생긴 이 돌은 먼저 묘실 위로 흙을 덮은 뒤에 다시 흙을 파서 세운 것으로, 비석 가까운 지점에서는 방형의 비좌碑座도 발견되었다고 한다. 이는 이전의 무덤에서는 발견되지 않는 희귀한 경우이다.

환인지역에서 발굴된 고분 중 유일하게 연꽃무늬 벽화가 발견되었다. 이를 통해 이 고분의 피장자가 높은 계층의 인물이었을 것으로 추정할 수 있다. 그러나 이미 도굴되었을 뿐만 아니라 무덤 바닥 부분까지 옥수수 밭으로 개간되어 피장자의 정확한 신원은 알기 어려운 상황이다.

II. 내부 구조

미창구 장군묘는 절두방추형의 봉토석실분封土石室墳이다. 무덤의 구조는 연도羨道와 측실側室, 석문石門과 현실玄室로 구성되었다. 잘 다듬은 돌을 쌓아올려 만든 묘실 전체는 연도를 제외하고는 모두 벽화로 장식되었다.

연도와 두 개의 퇴화형 측실·통로·현실로 이루어진 단실묘單室墓로 잘 다듬은 장방형 석재로 현실의 벽과 천장을 쌓았다. 현실 네 벽 위쪽에 일정한 간격으로 20군데에 걸쳐 뚫려 있는 정혈釘穴이 있다. 동벽의 정혈 2개에 동정銅釘의 일부가 남아 있는 것으로 보아 현실에는 만장이 걸려 있었던 것으로 추정된다. 무덤 주인부부의 장례 당시 측실과 현실 안은 장식무늬로

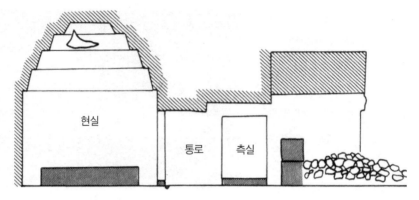

▲ 미창구 장군묘 실측도 (서길수, 1998, 『고구려 역사유적 답사』)

채워지고, 현실 네 벽은 만장으로 둘려졌을 것으로 볼 수 있다. 현실 안에는 두 기의 돌 관대가 나란히 놓여 있었던 것으로 보인다.

Ⅲ. 벽화

1. 도안

벽화의 주요 내용은 바로 연꽃이다. 현실의 네 벽과 들보, 천정부 그리고 무덤방문에 이르기까지 모두 연꽃으로 장식되었다. 벽화 제작 방법을 살펴보면, 우선 벽에 얇은 회를 바르고 그 위에 연꽃을 그려 넣은 프레스코 기법[01]을 사용하였다.

각 벽에는 한 송이의 연꽃을 여러 줄로 처리하였는데, 각 연꽃은 모두 같은 형상이다. 각 줄마다 열한 송이씩 다섯 단에 걸쳐 총 55개의 연꽃으로 처리 되었고, 남북 양 벽에도 역시 다섯 단에 열두 송이씩 60송이가 벽면에

---

01 벽에 회반죽을 바르고 그것이 마르기 전, 젖은(fresh) 상태의 바탕 위에 안료로 그리는 기법.

太王의 나라 고구려 유적

규칙적으로 배치되어 총 115 송이의 연꽃들이 장관을 이룬다. 연꽃 아래 검은 선으로 구부러진 '王' 자형 꽃받침이 확인된다. 한편 천정의 끝부분에도 9송이의 연꽃 그림이 있다.

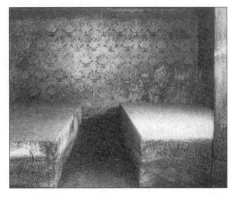

이처럼 현실 전체가 연꽃으로만 장식된 예는 드물다.

▲ 현실 내부 (서길수, 1998, 『고구려 역사유적 답사』)

이는 고구려에서 불교가 성행함에 따라 불교적 내세관이 벽화에 자연스럽게 반영된 것으로 보인다. 만발한 연꽃을 통해 사자死者가 극락정토에 이르기를 바라는 간절한 염원이 반영된 것으로 보인다.

2. 무늬

각 벽의 상부와 저부에, 즉 현실의 벽과 천정이 서로 만나는 경계 지점에 모두 주홍색으로 들보를 그렸다. 들보에는 머리를 맞댄 두 마리 용이 검은 선으로 그려졌다. 뿔은 뒤로 휘고 부릅뜬 눈에 입을 크게 벌리고 있는 모습이다. 용은 두 마리씩 쌍을 이루며 네 벽에 모두 여덟 마리가 등장한다. 두 용이 목을 감고 머리를 돌려 서로 마주 보고 있는 대칭의 기하학적 도안이다.

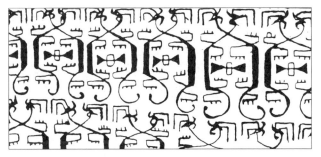

▲ 들보 위의 용문과 장고문 (서길수, 1998, 『고구려 역사유적 답사』)

이들 중간에는 북 모양의 도안이 그려있고 전체 도안은 대칭의 기하문이다. 측실에는 '王' 자로만 벽 전체가 장식되었다. 이러한 '王' 자형 도안은 집안 일대의 장천 2호분과 산성하 332호분에서도 발견된다. 하지만 지금까지 발견된 고구려 벽화 가운데서 완전히 장식문양으로 된 고분은 미창구 장군묘 뿐이다.

IV. 미창구 장군묘의 피장자에 대한 문제

미창구 장군묘의 피장자에 관해 의견이 분분하다. 무덤이 처음 발굴된 이후 끊임없이 논의된 문제이지만 발굴을 담당한 기관에서조차 공식적인 견해를 내놓기 어려웠다. 이 무덤은 일찍이 도굴되어 부장품이 거의 남아있지 않은데다가 벽화에서도 피장자의 신분을 알게 하는 자료가 전혀 보이지 않기 때문이다.

1. 발기發岐 후예설

당시 발굴을 담당했던 요령성문물고고연구소의 무가창武家昌이 주장한 설이다. 이 설의 근거는 발기가 환인, 즉 옛날 비류수에 정착했다는 기록을 바탕으로 한다.

179년 고구려 제8대 신대왕이 서거하자 고국천왕이 왕위에 오른다. 그런데 고국천왕은 신대왕의 장자가 아니라 두 번째 아들이었기 때문에, 장자인 발기는 원통하여 소노가와 함께 하호 3만여 명을 거느리고 공손강公孫康에게 나아가 항복하였다. 그 후 발기는 다시 고구려로 돌아와 왕의 용서를 받고 비류수(지금의 환인 일대)에서 살게 된다. 장군묘의 피장자는 바로 그 발기의 후예 중 한 사람이 묻혔다는 것이다.

2. 추모왕릉설

고구려의 시조인 추모왕의 무덤이라는 주장이다. 고구려가 환인에 첫 도읍을 정한 뒤, 40년 만인 유리왕 22년(서기 3년)에 수도를 국내성으로 옮겼다. 그렇기때문에 환인에서 서거한 임금은 추모왕 뿐이라는 점에 의거하였다.

환인에서 발견된 무덤 가운데 미창구 장군묘가 가장 크기 때문에 큰 지지를 얻고 있다. 하지만 이는 평양에서 발굴하여 대대적인 복원사업을 마친 전傳 동명왕릉과 관계에 대해 의문이 일고 있다. 묘실 전체가 연꽃으로 장식된 전 동명왕릉과 유사한 무덤구조의 장식무늬 벽화고분인 미창구 장군묘 역시 평양성 천도를 계기로 고구려가 국가적 차원에서 추진하던 왕실 신성화 작업의 산물이라는 것과 국가 및 왕실 차원의 정기적인 시조묘 제사를 위해 새롭게 추모왕릉을 축조하게 한 것은 아닌가 하는 주장도 있다.

한편 이 무덤은 추모왕릉이 될 수 없다는 것이 국내 학자들의 일치된 판단이다. 미창구 장군묘는 연꽃무늬로 장식된 벽화에 봉토석실분이다. 이러한 무덤은 불교를 받아들인 이후에 확인되므로 추모왕과는 시대적으로 많은 차이가 난다는 것이다. 그렇지만 이러한 주장은 논리로서는 적합하지 않다.

V. 참고문헌

동북아역사재단, 2007, 『고구려 문명 기행』.

東潮, 2004, 「土器로 본 高句麗의 正體性」, 『高句麗硏究』 18, 고구려연구회.

武家昌·河惠丁 譯, 1997, 「米倉溝 將軍墓 壁畵 및 諸壁畵 被葬者 연구」, 『高句麗硏究』 4, 고구려연구회.

武家昌·崔茂藏 譯, 1998, 「桓仁 米倉溝 장군묘의 벽화에 대한 초보 검토」, 『講座 美術史』 10, 한국미술사연구소.

서길수, 1998, 『고구려 역사유적 답사』, 사계절.

_ 장유리

망강루 고분군望江樓 古墳群

Ⅰ. 개관

20세기 후반에 발견된 망강루 고분군은 혼강渾江 오른쪽 연안의 환인현 서남에 위치한다. 하고성자 남쪽의 남합달촌南哈㳠付과 북으로 약 100m 떨어진 용산龍山이라는 산의 언덕에 있다. 산 북쪽은 절벽이고 아래에는 혼강이 흘러간다.

고분은 혼강 서쪽 연안의 산등성이에 남북 방향으로 분포하며 현재 총 6기가 남아있다. 1974년에 발견되었으나 이미 파손되고 도굴된 상태였다.

▲ 망강루 고분군

그나마 원구형圓丘形 적석총 분구만 남아 있다. 가장 큰 무덤은 고분군의 동쪽에 위치하고 있는데 길이 10.5m, 너비 9m에 달한다.

형식은 기단식적석총 또는 그에 버금가는 무기단식적석총으로 추정된다. 무덤의 남쪽 변두리가 약간 직선으로 되어 있는 것으로 보아 본래 무덤의 평면은 장방형長方形으로 되어 있었음을 알 수 있다. 무덤은 이미 도굴당하여 금은기·동기·철검 등과 같은 유물은 이미 많이 없어졌고 철차와 구슬 장신구만 회수하였을 뿐이다.

II. 출토 유물

1. 돌구슬 장식품

망강루 고분군에서는 돌구슬 장식품 137점이 출토되었다. 재질은 주로 마노瑪瑙·수정水晶·사장석斜長石 등이 사용되었다. 그 중 4점에는 꽃무늬가 새겨져 있다. 이러한 돌구슬 장식품들의 형태를 관管·6각 마름모 기둥[六柱狀]·평면 6각[六邊形]·작은 도끼[小斧狀]·주판 알[算珠]·공·대추씨[棗核狀]·삼각형·양쪽 끝이 약간 들어간 관管으로 나눌 수 있다.

2. 동절약銅節約

모양은 십十자형이고, 가운데가 만두처럼 볼록하게 솟아 올랐다. 속은 비어 있고, 밑은 편평하며, 바닥에 불규칙한 방형 구멍이 있다. 네 끝이 밖으로 튀어나와 전체적으로는 4개의 통처럼 생겼다. 길이는 2.4cm, 너비는 2.4cm, 높이는 1.4cm이다.

3. 동차관銅車輨

통筒처럼 생겼는데, 밑이 넓고 위쪽이 약간 좁다. 겉 장식으로 두 줄의 볼록한 현문弦紋이 새겨져 있고, 바닥 가까이에 서로 대응하는 구멍이 양쪽

에 각각 하나씩 있다. 길이는 7.1cm, 너비는 4.8~6.5cm, 두께는 1.7~1.9cm
이다.

4. 금귀걸이[金耳飾]

상부에는 타원형 엽편葉片이 있고, 아래쪽으로 금실이 서로 감겨 4개의
작은 '8' 자의 형태를 이루고 있으며, 가장 아래 부분에는 하나의 환環으로
이루져 있다. 엽편 아래쪽으로는 또 다른 금실 하나가 수직으로 달려있는
데 원래 모양이 아닌 것으로 보인다. 길이는 5.2cm, 너비는 1.3cm이다.

5. 토기

망강루 고분군에서는
여러 점의 토기가 출토
되었다. 그 중에서 1점의
구연부는 안으로 들어갔
고 동체부는 불룩 튀어
나온 형태이다. 다른 1점
은 모래가 섞인 황갈색
토기인데 안쪽은 붉은
색을 띠며 토기 표면은
갈아서 반들거리고 구연

▲ 요령성박물관에 진열된 망강루 고분군 출토 유물

부와 가까운 쪽에는 작은 대상파수가 붙어 있다. 구경은 11cm, 동체경은
15.8cm, 잔존 높이는 12.4cm이다.

또 다른 1점은 모래가 섞인 붉은색 토기로 구연부 가까이 교상橋狀의 작
은 손잡이가 수직으로 붙어 있다. 구경은 10.4cm, 동체경은 14.6cm, 잔존
높이는 8.5cm이다.

Ⅲ. 망강루 고분군의 특징

망강루 고분군의 특징은 5가지를 들 수 있다. 첫째, 망강루 고분군은 혼강의 오른쪽 대지에 위치하고 있고 북쪽으로 하고성자, 동쪽으로는 오녀산성에 가까우며, 서쪽으로는 청동기시대 말기에 속하는 '남함달촌南晗達村 유적'과 가깝다. 이들 세 유적지의 거리는 서로 수 천 m 정도 떨어져 있다. 지리상으로 볼때 이들 유적지들은 「광개토왕릉비문」에 기록되어 있는 홀본에 도읍을 정한 고구려의 첫번째 도성과 밀접한 관계가 있기 때문에 졸본지역 문화를 살펴보는 데 지리적 우세를 갖고 있다.

둘째, 망강루의 고분들은 전형적인 적석총이다. 출토된 유물로 보아 시대는 서한 중후반 고구려가 혼강에서 건국된 초기에 해당된다. 지금까지 환인지역에서 발견된 적석총 중 시대가 가장 이른 무덤유형 중 하나이다. 시대적으로도 서한 중후반에 해당하기에 주몽이 남하하여 건국한 시기와 서로 부합된다.

셋째, 망강루 고분군은 장식과 장구 및 장례 풍속으로 볼 때 혼강유역(졸

▲ 망강루 M4호분

본천)의 '맥계(비류부)'에서 고구려 초기의 적석위봉積石爲封과 화장이 결합되어 있는 특징을 갖고 있다. 출토된 일부 구슬들이 불에 탄 흔적이 선명하게 남아 있다. 이를 통해 적석총에 화장 풍속이 있었다고 볼 수 있다. 따라서 이들 적석총은 요동의 '이강二江' 유역 토착민족인 맥족과 고구려 초기의 적석화장 문화 특징을 갖고 있다.

넷째, 부장품의 특징이 뚜렷하게 나타난다. 전반적으로 볼 때 남북 예맥족의 동일하지 않은 특징을 갖고 있다. 그 중에서도 '북계'에 속하는 부여의 특징이 뚜렷하다. 망강루 고분군에서 출토된 부장품들과 이미 공인된 유수대파楡樹大破와 서풍서차구西豊西岔溝 등 부여계 고분군에서 출토된 유물들을 서로 비교해볼 때 토기의 기형, 철기와 관식 등의 유형에서 모두 비슷한 양상을 나타내고 있다. 이러한 유물들은 서차구 유형과 많은 면에서 서로 같기 때문에 북부여와 초기 고구려 문화가 많이 결합된 특징으로 볼 수 있다.

다섯째, 무덤의 규모가 크고 또한 무덤구조도 뚜렷하게 남아 있다. 직경이 10여 m에 달할 뿐만 아니라 출토된 유물도 많은 편이다. 남아있는 무덤 구조로 볼 때 혼강유역에서 고구려 초기의 '지상식 적석 화장묘地上式積石火葬墓'를 주된 양상으로 하는 고구려 무덤의 기본 형태를 갖고 있다. 출토 유물로 볼 때, 관식의 경우 독특한 특색을 띠고 있어 무덤 주인이 높은 신분이었음을 말해 준다. 부장품 중에는 전형적인 한식 철기와 차마구車馬具 등이 있어 무덤 주인이 요동의 한군현 문화를 이미 받아들였다는 사실 또한 보여준다.

IV. 고구려와 부여에 대한 연관성과 중국의 역사왜곡

고구려의 건국설화에 따르면 시조 주몽朱蒙은 고구려보다 한발 앞서 선진 문화를 수용했던 부여에서 남하했다고 한다. 기존에는 부여와 고구려의 무덤 양식이 전혀 달라 주몽의 남하설을 부정하기도 했었다. 그러나 최근 환인의 망강루 고분군에서 부여 계통의 유물이 다량 출토됨에 따라 그 연관성이 더욱 주목받고 있다.

망강루 고분군에서는 서풍서차구西豊西岔溝나 유수노하심榆樹老河深 유적의 출토품과 유사한 유물이 다량 출토되었다. 특히 금귀걸이의 경우 부여 계통으로 추정되는 노하심유적의 출토품과 거의 동일하다. 이로 미루어 보아 망강루 고분군은 북방에서 남하한 부여계 유이민의 무덤일 가능성이 높다. 다른 적석총과는 달리 절벽을 낀 능선을 따라 고분을 조영한 사실도 이를 반영한다. 서차구유적이나 노하심유적은 기원전 2세기 후반에서 1세기 경에 조성되었다고 하므로, 망강루 고분군은 대략 기원전 1세기 경에 축조되었을 것으로 추정된다.

이처럼 망강루 고분군은 부여 계통의 유이민 세력이 적석총이라는 고유 묘제를 채용하며 토착사회에 융합되는 양상을 잘 보여준다. 이렇게 본다면 시조 주몽이 정복이 아닌 토착세력과의 연합을 통해 맹주로 부상했다는 건국설화는 당시의 실제 상황을 반영하게 된다. 다시 말하면 부여 방면에서 남하한 주몽집단이 새로운 맹주로 부상하였고, 고구려를 건국하는 과정에서 주민집단의 전면 교체와 같은 변화는 일어나지 않았다고 볼 수 있다. 그러한 점에서 건국설화를 근거로 고구려의 종족적 기원을 부여에서 찾는 견해는 성립하기 힘들다. 따라서 주몽의 건국설화는 고구려의 종족적 기원이 아니라, 건국과정과 관련하여 이해해야 된다는 주장이 제기 되었다.[01]

그런데 망강루 고분군은 입지 조건을 비롯해서 고구려 건국과 관련한 오녀산성이나 하고성자下古城子 주변의 고분군과 직접 결부 짓기 어려운 측면

---

01 동북아역사재단, 2008, 「졸본시기의 고구려 역사 연구」, 2008년 한 · 중 고구려역사 연구 학술회의.

이 있다.[02] 형태적인 측면에서의 유사성도 역시 현재의 자료로는 섣불리 판단하기 어렵다.[03] 유수노하심의 경우에는 토광묘이기 때문에 유구 상에서 엄연한 차이점이 보이기 때문이다. 망강루 고분군은 부여계 유이민의 무덤일 가능성도 있지만, 부여계 유물은 교류의 산물일 가능성도 배제할 수 없다.

2006년부터 중국 요령성박물관에서는 '요하문명전'을 개최하면서 우리나라 상고사에 대해 많은 왜곡된 설명을 하였다. 부여와 고구려의 경우도 예외는 아닌데, 부여는 일찍부터 한과 신속관계이고, 고구려의 기원을 고이족[04]에 두고 부여에서 남하해 온 주몽에 의해 건국되었다고 설명하였다. 전시된 유물들은 이에 부합되도록 자의적으로 선정되었다.

서풍서차구 유적과 망강루 유적이 그 단적인 예인데, 서차구 유적과 망강루 유적에서는 유사한 형태의 귀걸이가 출토되었지만, 서차구 유적의 종족에 대해서는 부여·흉노·선비·오환으로 보는 등 여러 견해가 있다. 그러나 이번 전시에서는 서차구 유적을 부여 문화를 대표하는 유적으로 전시하였다. 이어지는 진열장에서는 고구려 초기 유적으로 망강루 고분군의 유물을 전시함으로써 한에 신속된 부여에 의해 고구려가 건국되었다는 논리를 제시하고 있다.[05]

---

02 이도학, 2007, 「高句麗의 夫餘 出源에 관한 認識의 變遷」, 『고구려연구』 27.
03 박순발, 1999, 「高句麗土器의 形成에 대하여」, 충남대학교 백제연구소.
04 주나라 역사서인 『일주서(逸周書)』 왕회편(王會篇)에 "북방 동쪽에 고이가 있다 (北方臺正東高夷)"라는 구절이 있다. 현재 고이족은 중국 전설상의 인물인 고양씨(高陽氏)의 후예로 보는 설이 유력하며, 중국은 여기에 나오는 고이(高夷)를 고구려의 조상으로 설정해 고구려가 신하가로서 서주(西周)에 조공을 바쳤다고 주장하고 있다. 그러나 『일주서』는 사실 관계에 오류가 많아 위서로 규정되고 있다. 고이족의 활동 시기 역시 고구려의 성립 시기와 격차가 심해 신빙성이 떨어진다.

Ⅴ. 참고문헌

강현숙, 2007, 「중국 요녕성박물관의 요하문명전을 둘러보고」, 『동북아역사재단 NEWS』, 동북아역사재단.

동북아역사재단, 2008, 「졸본시기의 고구려 역사 연구」, 『2008년 한·중 고구려역사 연구 학술회의』.

박순발, 1999, 「高句麗土器의 形成에 대하여」, 『백제연구』 29, 충남대학교 백제연구소.

孫泓, 2001, 「遼寧省에서 發掘된 高句麗 遺物에 대한 綜合考察」, 『高句麗硏究』 12, 고구려연구회.

王綿厚, 2008, 「초기 고구려역사 연구」, 『환인지역의 '망강루 적석총'과 '졸본부여'에 대한 시론』, 동북아역사재단·중국사회과학원 편.

이도학, 2007, 「高句麗의 夫餘 出源에 관한 認識의 變遷」, 『고구려연구』 27.

張福有, 2007, 『高句麗王陵統鑒』, 香港亞洲出版社.

_ 장유리

---

05 중국측에서는 부여족을 애초부터 중국 북방민족 중 하나로 보았다. 요령성박물관에서는 부여의 영문 표기를 푸위(Puyu)라고 써 놓고 있다. 고구려의 경우에는 의외로 Koguryo라고 표기하였다. 이는 부여에 대한 중국인들의 인식을 알 수 있는 대목이다.

상고성자 고분군 上古城子 古墳群

I. 개관

상고성자 고분군은 환인현의 육도하자향 상고성자촌에서 동북쪽으로 약 100m 지점에 소재한다. 상고성자촌에서 남쪽으로 1.5km 되는 곳에는 고구려 초기의 평지성인 하고성자 토성이 있다.

동쪽으로 1.8km 지점에 혼강渾江, 즉 비류수沸流水가 흐르고 동북쪽으로는 1.5km 올라가면 육도하六道河가 있다. 고분군은 동쪽의 작은 시냇가를 경계로 해서 서쪽 산자락에 이르는데, 동서 길이는 약 250m, 남북 너비는 약 200m이다.

▲ 상고성자 고분군

太王의 나라 고구려 유적

II. 구조 및 특징

상고성자 고분군은 본래 꽤 넓은 면적을 차지했으나 문화대혁명[01] 당시 토지를 평평하게 밀어버렸고, 또한 주민들이 마을을 형성하면서 이 일대를 옥수수 밭으로 개간하는 등으로 인하여 매우 심하게 훼손되었다. 1960년 대의 조사 자료에서는 고분이 200여 기 남짓이라고 했는데, 1988년 국내 학자가 조사했을 때에는 그 수가 확 줄어 27기가 확인되었을 뿐이다. 현재 는 더 파괴되어 그 수가 얼마 남지 않은 상태이다. 하지만 환인 지역의 고 구려 유적을 세계문화유산으로 등재하는 과정에서 대대적으로 정비가 이 루어져, 지금은 주변에 담장을 둘러 보호되고 있다.

상고성자 고분군의 적석총은 세가지로 나누어진다. 즉 무덤 주위에 큰 돌을 쌓아 방형으로 기단을 만든 전형적인 기단식과 무덤의 모서리마다 각 각 무거운 돌을 놓고 그 사이에 돌을 채워 장방형으로 만든 초기 기단식이 다. 또 기단이 없는 적석총도 있다. 적석총 중 가장 큰 것은 길이가 12m, 너 비 9m, 높이 2.3m에 이른다. 일부 무덤의 봉분 위에 있는 타원형 구덩이는 주검을 안치했던 석곽의 흔적으로 본다.

독특한 형태의 무덤으로는 서쪽 끝부분에서 발견된 기단식적석총을 예 로 들 수 있다. 동서 길이 19.7m, 남북 너비 10.2m, 높이 2.5m로 봉분 위의 네 곳에 구덩이 흔적들이 있다. 이러한 흔적을 통해 묘실이 여러개였음을 추측할 수 있다.

상고성자 고분군은 고구려의 가장 초기 묘제군에 속한다고 할 수 있다. 즉 상고성자 고분군은 고구려의 봉토석실분이 출현하기 이전에 조성되어 존속하였다고 볼 수 있다.

---

01 문화대혁명(文化大革命)은 1966년부터 1976년까지 10년간 중국의 최고지도자 마오쩌둥[毛澤東]에 의해 주도된 극좌 사회주의운동이다.

상고성자 고분군의 피장자들은 망강루 고분군과 지금은 수몰된 고력묘자 고분군과 함께 고구려 초기의 귀족들이나 일반인으로 추측된다.

III. 참고문헌

동북아역사재단, 2005, 『고구려 문명 기행』.

서길수, 1998, 『고구려 역사유적 답사』, 사계절출판사.

遼寧省文物考古硏究所, 2004, 『五女山城』, 文物出版社.

_ 윤정아

 하고성자下古城子 토성

Ⅰ. 개관

고구려에서는 평상시 평지성에 거주하다가 외적이 침입하면 산성으로 들어가 방어하는 도성체계를 지니고 있었다. 고구려 초기 도성의 경우 외적을 방비하는 산성을 오녀산성으로 보고, 그 축을 담당하는 평지성을 하고성자 토성으로 보기도 한다. 그러나 이 견해 역시 정밀한 검증이 필요하다.

하고성자 토성은 환인현에서 북서쪽으로 약 3km 거리에 있는 요령성 환인현 육도하자향 하고성자촌에 있다. 이곳은 수원이 풍부하고 교통이 편리하기에 입지적으로 유리한 곳이다.

▲ 하고성자 토성의 위치 (서길수, 1998, 『고구려 역사유적 답사』)

II. 구조

하고성자 토성은 혼강보다 5m 정도 높고 주위보다 1m 정도 높은 곳에 자리 잡고 있다. 1987년에 중국 정부가 실측한 자료에 따르면 동벽 226m, 서벽 264m, 북쪽의 잔존 성벽은 237m이고, 남쪽의 잔존성벽은 212m이다. 성벽의 너비는 2m, 잔존 높이 0.5m쯤 된다. 서북쪽 모서리는 잘 보존된 편이라 잔존 높이가 2m쯤 되는데 근래에 그 위에다 돌담장을 쌓았다. 이 성에는 원래 동벽과 남벽의 중간에 두 개의 문이 있었다. 그러나 동문은 이미 홍수로 없어졌고 남문 자리에는 현재 도로가 지

▲ 하고성자 토성 표지석

▲ 하고성자 성벽

나고 있다. 마을 안에는 두 개의 넓은 길이 '十' 자로 교차되는데, 성안에 원래 있던 길을 약간 발전시킨 것으로 보인다.

이곳은 보존이 일찍 이루어지지 않아 훼손이 심한 편이다. 학교 운동장 끝의 2단으로 된 축대가 바로 성돌이라고 한다. 그것도 성돌을 빼내어 다

　　太王의 나라 고구려 유적

시 쌓은 것이니 완벽
하게 파괴된 셈이다.
현재 서·남·북쪽의
성벽 일부가 남아있
다. 동벽은 원래 혼강
과 접하고 있었는데
동문東門과 함께 홍수
로 유실되어버렸다고
한다.

▲ 하고성자 해자

　성벽 위에는 민가
가 들어서 있어 더욱 훼손되어가는 실정이다. 서벽 바깥쪽에는 너비 10m의
해자가 있었으나 지금은 일부 수심이 깊은 곳만 양어장으로 활용되고 있다.
　성곽의 전체 형태는 장방형이고, 동쪽으로 30° 정도 틀어져 있으며 판축
版築기법으로 축조되었다. 토성의 전형적인 모습을 보이며, 성벽의 구조로
보아 전체 길이는 대략 800m로 추정된다. 길이 관통하고 있는 네 성벽의
지점들이 각각 본래 성문터 자리였을 것으로 추측된다.

III. 역사

　유물은 대체로 서북쪽과 동남쪽의 모서리에 집중되어 있다. 청동기시대
부터 고구려·요遼·금金대에 이르기까지 다양한 종류가 출토되었다. 요·
금시기의 유물이 출토된데서 1m 정도 더 판 지점에서 고구려시대의 유물
이 다량으로 출토되었다. 이 때문에 본래 청동기시대의 주거구역에 고구려
가 축성한 고구려 초기의 평지성일 것으로 생각된다.
　비류수 너머로 서로를 바라보는 오녀산성에서 유사한 유물들이 출토되
어 축성 연대가 비슷할 것으로 짐작된다. 수면문獸面文 와당瓦當이나 시루의

바닥, 토기의 구연부 · 손잡이가 출토되었고, 철기로는 환두도環頭刀와 화살촉 등이 나왔다. 화살촉의 형식은 산형鏟形(대패모양) · 선형扇形 · 모형矛形 등으로 나뉘어진다.

많은 학자들이 하고성자 토성을 한漢 현도군의 군현성으로 추정하기도 한다. 그러나 한대漢代의 유물이 출토되지 않았기에, 한의 군현성으로 보기에는 힘든 면이 있다. 혼강 변에 위치한 평지성이라는 점에서 고구려 중 · 후기에 혼강 수로의 운영이나 이 지역 통치와 관련하여 핵심적인 기능을 수행하였을 것으로 보인다.

IV. 참고문헌

동북아역사재단, 2005, 『고구려 문명 기행』.

동북아역사재단, 2009, 『고구려 유적의 어제와 오늘 - 도성과 성곽』.

서길수, 1998, 『고구려 역사유적 답사』, 사계절출판사.

아즈마 우시오 · 다나카 도시아키, 2008, 『고구려의 역사와 유적』, 동북아역사재단.

遼寧省文物考古研究所, 2004, 『五女山城』, 文物出版社.

_ 윤정아

고검지산성高儉地山城

Ⅰ. 개관

고검지산성高儉地山城은 환인현桓仁縣 목우자진木盂子鎭 고검지촌高儉地村 북쪽의 산성자산에 자리잡은 산성이다. 동남쪽 7km에 목우자진, 남쪽 2.2km에 고검지촌이 있으며, 서쪽 산 아래에 이도구二道溝가 있고, 동쪽으로 험준한 산봉우리가 연이어진다.

고검지산성은 태자하太子河 상류에 있어 태자성 등과 함께 요동에서 환인으로 들어오는 교통로의 요충지를 장악하고 있던 방어성이다. 해발 831m의 봉우리에 1,466m에 이르는 성벽이 둘러졌으며, 서남쪽으로 골짜기를 품고 있는 포곡식산성이다. 고검지산성은 산봉우리로 둘러싸인 말발굽형

▲ 고검지산성 전경

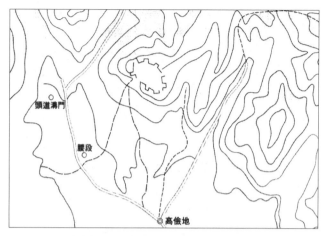

▲ 고검지산성 지세도 (서길수, 1998, 『고구려 역사유적 답사』)

산간분지에 자리잡고 있다. 동·서·북 3면은 산언덕으로 둘러싸여 있다. 남쪽은 탁 트이고 완만하게 경사진 산비탈이다. 평면은 대략 타원형이며, 동서가 넓은 반면 남북이 좁다. 성 내부 지세는 북쪽이 높고 남쪽이 낮다.

II. 성벽

전체적으로 성의 보존 상태가 좋은 편이다. 특히 절벽 위에 쌓아올린 동북쪽의 성벽 구간이 가장 잘 남아 있으며 성가퀴도 확인할 수 있다. 내외벽은 모두 잘 다듬은 쐐기형 돌로 축조하였다. 성돌의 형태는 거의 비슷하며 크기가 다를 뿐이다. 아래쪽 성돌은 비교적 큰 반면, 위로 갈수록 작아지며 층층이 수평으로 쌓았다.

1. 동벽

길이는 333m로서 잘 보존되어 거의 파괴되지 않았다. 북단 아래쪽은 험준한 낭떠러지이다. 절벽이나 높은 지형의 성벽은 비교적 낮고, 골짜기 입

▲ 고검지산성 성벽

구나 낮은 지형의 성벽은 높다. 성벽은 바깥쪽이 높고 안쪽이 낮다. 외벽 가운데 가장 높은 곳의 높이는 3.2m에 달한다. 내벽의 높이는 보통 1m 전후이며 성벽 위쪽의 너비는 2.5m이다. 성가퀴는 너비 1m, 높이 0.6m이다.

2. 남벽

길이 510m로서 기다란 산마루와 험준한 산비탈을 따라 축조하였다. 문화대혁명 기간에 계단식 밭을 개간하는 과정에서 서단 외벽이 거의 파괴되었다. 그러나 내벽과 성벽 위쪽의 성가퀴는 잘 남아 있다. 가장 서쪽의 100여m는 절벽을 자연성벽으로 삼았고, 동쪽 부분의 보존상태가 비교적 양호하다. 높은 부분의 높이는 약 2m, 너비는 2~2.8m이며, 성가퀴의 너비는 0.5~0.6m, 높이는 0.7m이다.

3. 서벽

길이 254m로 남쪽에서 북쪽으로 뻗은 기다란 산마루를 따라 축조하였다. 부분적으로 절벽을 이용하기도 했다. 남단 100여m는 많이 파괴되었고,

북쪽 부분은 보존상태가 비교적 양호하다. 가장 높은 곳의 높이는 2.8m, 너비는 2.5~3m인데, 성가퀴는 발견되지 않았다. 북단 30여m 부분은 성벽 안쪽과 산세가 서로 평평한 반면, 성벽 바깥쪽은 험준한 산비탈이다. 이곳의 성벽 위쪽에는 돌구멍 9개가 1.8~2m 간격으로 배열되어 있다. 한편 서벽 구간 성벽 위에서는 기둥구멍이 약 2m 간격으로 9곳에 걸쳐 남아 있다. 집안의 환도산성과 흑구산성黑溝山城 등에서 볼 수 있는 것과 같다.

4. 북벽

길이 369m로서 지세를 따라 축조하였는데, 바깥쪽으로 휘어진 활 모양이다. 성벽은 매우 잘 보존된 편인데, 내벽의 보존상태가 더욱 좋다. 내벽에서 가장 높은

▲ 고검지산성 북벽 일부

곳은 높이가 4.8m, 29단이며, 성벽 위쪽에 판석板石을 깐 곳도 있다. 성벽 위쪽의 너비는 3.2m이며, 성가퀴는 너비 0.6~1m, 높이 0.4m 전후로서 비교적 낮은 편이다.

III. 성내 주요 시설 및 유구

1. 성문

성문터는 남벽 1곳, 북벽 2곳, 동벽 1곳으로 모두 4곳이며, 서벽에는 성문이 없다. 동문은 동북 모서리에서 34m 떨어진 지점에 있다. 너비 3m로

서 성문의 흔적은 뚜렷하지 않으며, 하나의 트인 통로에 불과하다. 남문은 서남쪽 모서리에 있는데, 산의 입구를 이용하여 축조하였다. 이 성에서 가장 중요한 통로로서 성문 바깥은 완만하게 경사진 넓은 산비탈이다. 너비 4.5m로서 현재 성문의 성돌이 잘 남아 있다.

북문은 서북 모서리에서 48m 떨어진 곳과 92m 떨어진 곳 등 두 곳에 있다. 첫 번째 성문의 너비는 7.5m로서 서쪽 내벽이 직각으로 꺾여있다. 두 번째 성문의 너비는 4m이다. 북문에 가까운 곳을 중심으로 성 안에 넓은 대지가 펼쳐져 있다. 이곳에 사람들의 주거지들이 있었을 것으로 보인다. 다만 기와는 확인되지 않았다.

2. 장대將臺와 망대望臺

남벽 동단 부근에 우뚝 솟은 바위가 있는데 윗면을 평평하게 다듬었다. 이곳에 서면 남쪽으로는 고검지촌을, 동쪽으로는 여러 갈래의 산봉우리 등을 멀리까지 조망할 수 있어, 군사상으로 장대와 망대의 조건을 두로 갖추고 있다.

3. 저수지와 우물

성의 서남쪽에 '凹' 자형 웅덩이가 있는데, 현지 주민은 '수정水井'이라고 부른다. 현재 거의 매몰되었지만 당시에는 물을 저장하던 못으로 사용되었을 것으로 추정된다. 그 밖에 성 가운데에 물이 흐르는 개울을 수원水源으로 사용하였을 것으로 본다.

4. 성가퀴와 안쪽의 돌구멍

각 성벽 위에는 성가퀴가 잘 남아 있다. 동벽 성가퀴가 너비 1m, 높이 0.6m인 것을 비롯하여 남벽 성가퀴는 너비 0.5~0.6m, 높이 0.7m, 북벽 성가퀴는 너비 0.6~1m, 높이 0.4m 전후로서 비교적 낮은 편이다.

또한 서벽 북단 약 30m 부분은 성벽 안쪽과 산세가 서로 평평한 반면, 성벽 바깥쪽은 험준한 산비탈이다. 이곳의 성벽 위쪽에는 돌로 쌓은 구멍 9개가 1.8~2m 간격으로 배열되어 있다. 구멍은 장방형으로 돌로 쌓았는데, 수직으로 길이 30cm, 너비 25cm, 깊이 50cm이다. 그 가운데 비교적 좁고 깊은 구멍은 방형으로 한 변의 길이 23cm, 깊이 75cm이다.

이 외에 기타 시설물로 병사의 주둔지로 추정되는 직경 8.5m, 깊이 1.5m의 원형 수혈이 있다. 출토 유물은 적은 편으로 소수의 토기편들이 채집되었다. 주민들에 의하면 철촉鐵鏃·철창鐵槍 등을 수집하기도 했다고 한다.

IV. 역사적 고찰

고검지산성은 태자하에서 환인분지로 들어오는 교통로의 길목에 위치하였다. 그런데 고구려는 유리왕 33년 태자하 상류 일대의 양맥梁貊을 정벌한 다음 소자하蘇子河 연안의 제2현도군을 공격하였다.[01] 또한 20세기 전반이나 최근의 지도를 보면 평정산平頂山 일대에는 환인 목우자진에서 평정산을 거쳐 소자하 유역으로 나아갈 수 있는 산간로가 다수 확인된다. 이로 보아 고구려 시기에는 환인에서 평정산 일대나 태자하 상류를 경유하여 소자하 연안으로 나가는 교통로가 개설되었던 것으로 추정된다. 따라서 고검지산성은 태자하 뿐 아니라 소자하 유역에서 환인분지로 들어오던 교통로를 차단하는 역할을 하였을 가능성이 높다. 더욱이 축성법이 오녀산성五女山城이나 산성자산성山城子山城과 거의 비슷하고, 흑구산성·패왕조산성覇王朝山城·산성자산성 등에 있는 성가퀴 안쪽의 돌구멍이 발견된다. 고검지산성은 이들과 함께 압록강 중류 일대의 입체적 군사방어체계를 구성한 것으로 보인다.

---

01 『三國史記』 권13 유리명왕 33년조.

한편 성가퀴 안쪽의 돌구멍을 고구려 초기 산성의 주요 특징으로 보고 축성 시기도 건국 초기로 추정하는 견해도 있다. 따라서 건국 초기 서쪽 국경 일대의 중요한 성으로 비정하기도 한다. 혹은 태자하 유역과 접하고 있다는 점에서 태자하 상류일대의 양맥梁貊과의 관련성을 상정하거나, 고구려 후기의 창암성蒼巖城으로 비정하기도 한다.

V. 참고문헌

국방군사연구소, 1998, 『고구려성 - 압록강 중상류편』.
동북아역사재단, 2008, 『고구려를 찾아서』.
서길수, 1998, 『고구려 역사유적 답사』, 사계절출판사.

_ 박진호

오녀산성五女山城

I. 개관

　　중국 길림성吉林省 환인현桓仁縣에 소재한 고구려의 성이다. 오녀산성은 고구려의 첫 수도로 고구려의 왕성 중에서 유일한 산성이다. 오녀산의 북쪽과 동쪽에 연결되어 있는 높고 낮은 여러 산봉우리 가운데서 가장 높고 험준한 800m의 산마루를 중심으로 그 둘레에 축조되어 있다. 오녀산의 서남쪽에는 환인분지가 있고 동남쪽에는 혼강渾江이 있다. 오녀산의 서쪽 산기슭에서 시작되는 좁고 험한 골짜기는 통화通化로 통하는 길이 지나간다. 동남쪽에서 흐르는 혼강은 여러 산굽이를 지나 오녀산 기슭에 이르러 가파

▲ 오녀산성 전경

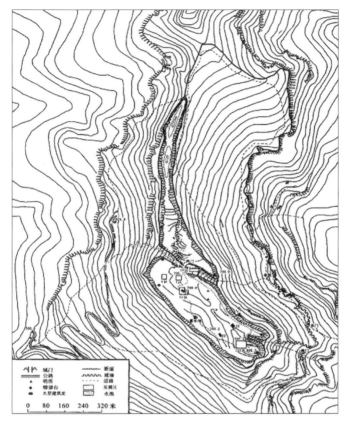

▲ 오녀산성 평면도 (遼寧省文物考古硏究所, 2004, 『五女山城』)

른 벼랑 사이를 통하여 환인분지로 흘러든다.

환인에서 집안集安으로 가려면 통화로 통하는 육로와 혼강을 거슬러 올라가는 수로를 이용해야 했으며, 집안에서 심양 방면으로 가기 위해서는 반드시 환인을 거쳐야 했다. 이와 같이 오녀산성은 고구려의 수도인 집안과 서쪽 지방을 연결하는 교통의 요지要地에 위치하였다.

「광개토왕릉비문」에는 추모왕鄒牟王이 비류곡沸流谷의 홀본忽本 서쪽의 산 위에 성을 쌓고 도읍을 정하였다고 하였다. 이곳 오녀산성이 이때에 쌓은 성으로 비정하는 견해가 많다. 유리왕은 이 성이 험준한 산 위에 있어 불편

함이 많음을 깨닫고, 골천鶻川에 이궁離宮을 세우고 양곡凉谷에도 동·서 두 궁실을 지었다. 이 성은 서기 3년(유리왕 22) 10월 국내성으로 천도할 때까지 모두 40년간 고구려 최초의 왕성으로 기능하였다.

II. 부속시설

1. 차단성

오녀산성의 성벽은 주로 산중턱에 쌓아 일차적인 방어를 하였다. 그러나 산중턱의 성벽이 무너져 방어선이 붕괴될 경우, 다음 공격의 목표가 되는 정상으로 가는 길목에 대한 방어시설이 필요하였다. 바로 차단성이 그 구실을 했다. 오녀산성에는 꼭대기 가까운 곳에 차단성이 설치되어 있다.

2. 산꼭대기의 샘과 못

성 안 산꼭대기 중부의 서남쪽 절벽 가까운 곳에 위치한다. 산꼭대기 지세 가운데 가장 낮은 곳으로 속칭 천지天池라고 부른다. 평면은 장방형이고, 4면 둘레가 대부분 암벽이며 남북 양쪽 벽면은 평평하다.

서벽 아랫 부분은 대부분 쐐기꼴의 돌로 쌓았는데 기단부 위치가 옮겨져 벽면이 가지런하지 못하다. 윗 부분은 여러 형태의 돌을 섞어서 쌓았는데 벽면의 층위가 분명하지 않아서 후대 사람들이 덧쌓은 것으로 추정한다. 동벽은 자연 석대인데 못 안쪽으로 계단처럼 3층이 이어져 내려간다.

못바닥은 평평한 바위로 되어있으며 동쪽에서 서쪽으로 기울어졌다. 북벽 아래쪽 부근에 길게 패인 도랑이 있는데 너비 1.2m, 깊이 0.35m이다. 서남 모서리 아래쪽 우묵하게 파진 부분이 못 안에서 가장 깊은 곳이다. 못 위의 너비는 3.3~5m, 길이 11.5m이다. 바닥의 너비는 3.5~4.8m, 길이 11m, 깊이 1.5m이다.

산성의 수원 확보
는 전쟁시, 혹은 평상
시에도 필수적인 요
소이다. 수원 확보가
되지 않으면 장기전
長期戰을 치룰 때 불리
하게 작용한다. 이런
점에서 고구려의 성
들은 수원 확보가 잘
되어 있는데 그 일례

▲ 천지(天池)

로 오녀산성의 천지를 들 수 있다. 이러한 수원 확보는 고구려시대부터 이
미 이루어지고 또한 활용되었던 것으로 볼 수 있다.

3. 망대

망대란 적과 주변의 동태를 살피기 위해 높이 세운 곳을 말한다. 이러한
망대는 인위적으로 축조하기도 하지만 자연지형을 그대로 활용하기도 한
다. 성 꼭대기 동남쪽 끝에 속칭 점장대點將臺가 있는데 해발 806.32m 지점
이다. 위에는 자연적으로 형성된 석대石臺가 있다. 석대 표면은 평평하고
동남쪽으로 기울어져 있다. 석대 위에는 인공적으로 파낸 둥글고 작은 구
덩이가 하나 있는데 지름 10m, 깊이 8cm이다. 기둥 구덩이 남은 것일 가능
성이 있다. 석대의 너비는 15m, 길이는 17m이다. 석대에 서서 아래를 내려
다보면 시야가 확 트여, 혼강의 물길과 그 양쪽 기슭을 다 살펴볼 수 있다.

이 외에도 산꼭대기 주봉에서 사방 둘레의 동정을 살필 수 있는 또 다른
자연 석대들도 있다. 소점장대小點將臺 · 서남모서리 석대 · 서문 남쪽 절벽
위의 석대와 북쪽 절벽 위의 석대 등은 모두 산 아래 동정을 살피는 데 알
맞은 곳이다. 그 가운데 서문 남쪽 절벽 위의 석대 가장자리에는 담장이 낮

게 절반 이상 쌓여 있다. 현재 남은 것은 1~3층으로 길이 약 2m, 높이 0.3~0.5m이다.

Ⅲ. 성벽 축조 방법 특징

오녀산성의 겉쌓기와 속쌓기에 사용된 성돌의 형태와 규격은 매우 다양하다. 그리고 성돌의 가공 기술이 주변 산성에 비해 조잡하다. 이를테면 고구려 성벽 겉쌓기의 특성 가운데 하나인 육합쌓기가 잘 이루어지지 않았다는 점을 들 수 있다. 이것은 오녀산성 성돌이 다듬기 좋은 화강암으로 만들어지지 않아서, 혹은 축조 당시 가공기술의 숙련도가 낮았기 때문이라고 볼 수도 있다.

그리고 오녀산성 성벽 내벽은 주로 약간 가공한 석재를 사용하여 외벽에 비해 공력功力을 덜 들였다는 것을 알 수 있다. 내벽은 들여쌓기를 하지 않았으며 대부분 북주기(흙을 덮어서 돋구는 것)를 했다. 성벽 안쪽에 북주기를 하여 생긴 평평한 곳에 너비 2m쯤 되는 말길[馬道]이 조성되어 있다. 기단부 옆 흙을 파서 북주기를 하기 때문에 판 곳에 너비 2m, 깊이 1m쯤 되는 도랑이 생기고 비가 올 때는 배수로 역할을 하며 성벽을 보호하게 했다.

오녀산성의 성벽은 대부분 들여쌓기를 했다. 그 기울기가 보통 10° 안팎이며, 기단부의 큰돌덩이와 내벽은 들여쌓기를 하지 않았다. 성벽 꼭대기에는 황토로 0.2m쯤 포장되어 있다. 동벽 2구간과 5구간에 성벽 꼭대기에는 판석板石이 깔려 있고, 판석 위에 다시 황토가 깔려있다. 견고한 기

▲ 오녀산성 서문

단부를 조성하기 위해 맨 아래 기단은 큰 돌로 받쳤다. 큰 돌을 1~5층까지 쌓아올려 기단부를 단단하게 한 뒤 그 위에 쐐기꼴돌을 정연하게 쌓아 올렸다. 동시에 기단부를 튼튼하게 하기 위해 그렝이 공법도 사용하였다.

가파른 비탈에도 성벽을 수평으로 쌓았다. 비탈에 성벽의 기단부를 수평으로 쌓으려면 비탈이 심한 곳은 아래쪽은 더 높이 쌓고 위쪽은 얕게 쌓아 수평을 이루게 쌓아야 한다. 이럴 경우 자연히 성벽 꼭대기에 층이 생기게 된다. 오녀산성 남벽에서는 꼭대기에 계단을 만들어 마무리했다. 계단 사이의 거리는 2~3m이며, 아래로 내려가며 비탈이 심해지면 계단의 낙차가 0.4~0.6m로 낮아진다.

IV. 발굴 성과

오녀산성에 대한 본격적인 발굴은 요령성문물고고연구소 · 본계시박물관 · 환인현문관소가 연합하여 1996년 5월부터 1998년 10월까지 30개월 동안 4차례로 나누어 실시하였다. 이 때 오녀산성 전체에 걸쳐 조사 · 탐사 · 측량 제도 및 발굴을 하였는데 주거지가 상당수 발견되었다. 그리고 1,000점 남짓한 유물이 출토 되었으며, 산성의 범위 · 구조 · 형태를 밝히는 성과를 거두었다.

1999년에는 동벽을 보충 측량하고 무너진 곳을 정리하면서 성벽을 절개하였다. 2003년에는 중국이 오녀산성을 유네스코 세계문화유산에 등록하기 위해 갑자기 발굴하면서, 그 동안 미진했던 부분에 대한 본격적인 발굴이 이루어졌다. 2004년에는 중국에서 완전한 보고서가 출간 된 이후로, 오녀산성에 대한 본격적인 연구가 이루어졌다.

1996년에는 1,700m², 1997년에는 1,630m², 1998년에는 1,015m², 2003년엔 1,300m²을 종합해 모두 5,645m²나 되는 대규모 발굴이 이루어졌다. 아울러 큰 건물터 3곳, 집터 72곳, 철기 가마 1곳을 발굴해 고구려는 물론 고

구려 전후 시대의 역
사적 사실을 밝히는
데 결정적인 자료를
제시하게 되었다. 오
녀산성의 발굴은 성
벽 자체를 자세히 발
굴해 고구려의 축성
법을 연구하는데 큰
자료를 제시하였다고
평가할 수 있다.

▲ 오녀산성 외성 남벽과 말길

V. 층위

1기 문화층 : Ⅱ구역과 Ⅳ구역의 서부에 조금 나타난다. 극소량의 사질
홍갈색紅褐色 돋을새김무늬刻劃文 토기조각이 나왔다. 토기 종류로는 통형관
筒形罐과 도호陶壺가 있다. 시대는 신석기시대 말기쯤으로 보인다.

2기 문화층 : Ⅱ · Ⅲ · Ⅳ구역에서 보인다. 3층 밑과 2 · 3층에 들어있는
작은 양의 곱돌滑石이 섞인 사질 홍갈색 · 회갈색 토기 조각이 나왔다. 토
기는 모두 수제이고 대부분 민무늬이다. 토기들은 주로 화려한 구연부에
단단한 손잡이가 달린 도병陶瓶 · 세로로 파수가 달린 통형관 · 파수가 달
린 관罐 · 두豆 · 가락바퀴 · 그물추 따위가 있다. 석기로는 주로 도끼 ·
끌 · 칼 · 검 · 화살촉 같은 것들이 있다. 연대는 청동기시대 말기쯤에 해당
된다.

3기 문화층 : Ⅱ · Ⅳ구역에서 보인다. 또한 Ⅲ구역과 3호 대형 건물터 가
까이에서도 소량의 유물이 발견되었다. 이 기간의 문화층에서는 사질 회갈
색 토기조각 · 쇠괭이 · 쇠가래 같은 기물이 출토되었다. 토기는 모두 수제

太王의 나라 고구려 유적

이고 소성도가 낮은 편이며 대표적인 기물은 두 개의 파수가 달린 관, 매다는 파수가 4개 달린 관, 세로로 파수가 달린 동이, 외손잡이 잔 같은 것들이고, 오수전·대천오십大天五十전이 나왔다. 이 시기의 유물은 시대는 대체로 양한兩漢이므로 고구려 초기에 해당한다.

▲ 오녀산성 동남쪽 낭떠러지 길

4기 문화층 : 이 문화층은 1·2층 밑의 대부분과 3층을 포괄한 모든 구역에서 고르게 나타난다. 이 시기 유구 중 가장 다수를 차지하는 것은 밀집된 주거지이다. 토기의 질은 사질과 점토질[泥質] 두 가지로 나눌 수 있다. 사질 토기는 대부분 운모雲母와 곱돌이 섞여 있는게 토기의 절대다수를 차지한다. 점토질은 적은 편인데 소성도가 높지 않은 편이다. 이 시기의 토기는 모두 윤제輪制로 제작하였다. 기형은 독·관·동이·단지·시루·쟁반·접시·그릇뚜껑 등이다. 철기는 대다수가 단조鍛造로 만들었고, 병기兵器가 가장 많지만 일정량의 생산공구와 생활용구도 포함되어 있다. 연대는 약 4세기 말에서 5세기 초에 해당한다.

5기 문화층 : 각 발굴 구역에 두루 나타난다. 1·2층 대부분의 집터와 2층 대부분의 유물을 포괄한다. 집터는 장방형 수혈이며 출토 유물은 토기·자기·철기·동기·은기·옥기 등이 있다. 토기는 모두 점토질로 회색과 흑색으로 나타난다. 윤제로 만들어졌고 소성도는 높은 편이다. 토기의 종류는 관·단지·시루 등이다. 자기에는 회색·검은색·진한 홍갈색·녹색 등의 유약을 발랐다. 독·관·주발·병 같은 것도 있다. 또한 안무사의 도장按撫使之印·경략사사의 도장經略使司之印·도통소의 도장都統所印이 발견되었다. 이러한 도장을 만든 시대는 금金나라 때이다.

▲ 오녀산성 성벽

발굴 결과를 보면 3기와 4기 문화층이 고구려 시대에 해당된다는 것을 알 수 있다. 오녀산성에서 발굴된 고구려 유물들은 대부분 3세기 이전인 3기와 4~5세기의 4기 문화층에 속한다. 그리고 5세기 이후부터 발해 이전까지 6~7세기 유물은 발견되지 않았다.

VI. 참고문헌

방학봉, 2006, 『고구려 성과 절터 연구』, 신성출판사.
서길수, 1998, 『서길수 교수의 고구려 역사유적 답사』, 사계절.
서길수, 2003, 『대륙에 남은 고구려』, 고구려연구회.
서길수, 2005, 「오녀산성의 축성법에 관한 연구」, 『고구려연구회 2005 춘계학술대회 논문』, 고구려연구회.
遼寧省文物考古研究所, 2004, 『五女山城』, 文物出版社.
李殿福 著, 車勇杰·金仁經 譯, 1994, 『中國內의 高句麗遺蹟』, 學研文化社.

_ 선송희

북구관애 北溝構關隘

Ⅰ. 개관

관애關隘란 우회로가 없는 교통 요지를 방어하기 위해 계곡과 계곡 사이에 설치한 관문關門이다. 주로 도성으로 향하는 주요 길목에 설치되었는데, 양쪽 계곡을 연결하는 벽을 쌓고 문을 내었기 때문에 사람이나 마소는 이곳을 통할 수밖에 없다. 따라서 출입을 쉽게 감시하고 통제할 수 있었으며, 비상시에 차단하는 유효한 방어 시설이었다.

북구관애는 1980년에 발견되었는데, 환인현桓仁縣 사첨자진沙尖子鎭 북구

▲ 북구관애의 성벽

촌北溝村의 간구자干溝子 협곡에 위치한다. 환인에서 혼강渾江 하류를 통해 가다가, 이곳을 거쳐 집안시集安市 경내境內로 들어갈 수 있다. 즉 북구관애는 협곡에서도 가장 좁은 곳에 남북으로 잇는 기다란 석벽石壁이 길목을 가로막고 있었다. 하지만 지금은 북단과 남단 끝에 돌두둑으로만 남아 있다. 관애를 드나들던 문은 현재 도로가 지나가는 곳에 세워졌던 것으로 추정된다.

II. 위치와 자연환경

북구관애는 환인현 사첨자진 북구촌 서남쪽 1.5km의 '간구자' 라는 협곡에 위치하였다. 서쪽으로 3km 떨어진 지점에서 혼강의 지류인 누하漏河가 남쪽으로 흐르고 있다. 협곡 입구는 비교적 탁 트인 작

▲ 북구에서 간구자로 통하는 도로

은 충적평원이지만, 동쪽으로 가면서 점차 좁아지다가 약 2.5km 정도 지점에서 다시 두 골짜기로 갈라져 넓어지기 시작한다. 하나는 동쪽으로 향하고, 다른 하나는 동북쪽으로 향하는데, 각각 '남간구南干溝'와 '북간구北干溝'로 불린다.

골짜기 양 옆으로는 산들이 연이어 지면서 높은 산봉우리가 우뚝 솟아 있으며 골짜기는 안쪽으로 깊이 들어 갈수록 더욱 좁아진다. 관애는 북간구에 설치되어 있는데, 골짜기 입구에서 약 1km 떨어진 지점이다. 관애를 지나 동쪽으로 구불구불한 길을 따라가면 집안시 경내에 도달한다. 관애가 자리 잡은 곳은 협곡에서 가장 좁은 요충지이다.

III. 성의 구조 및 역할

관애의 양 끝은 산허리부터 쌓기 시작하였다. 인공 석벽이 우뚝 솟은 벼랑과 연이어져 봉쇄선을 형성하고 있다. 남쪽 벼랑은 길이 100m, 높이 약 20m로서 마치 자연적으로 구축된 석벽과 같다. 북쪽 벼랑은 길이 10여m, 높이 2~4m이다. 두 벼랑 사이에 남-북향으로 기다란 석벽을 가로질러 축조하였지만 허물어져 현재는 돌두둑이 되었다. 총길이는 259m로서 남단에 8m, 북단에 134m가 남아있고, 중앙부는 하천과 도로에 의해 파괴되었다. 석벽은 많이 파괴되어 바깥쪽의 큰 돌은 거의 남아 있지 않고 작은 돌만 남아있다. 다만 남단 10m는 보존 상태가 그나마 나은 편으로, 여러 층으로 쌓인 큰 돌을 볼 수 있다.

관문은 본래 현재 도로가 지나가는 지점에 설치되었을 것으로 추정된다. 그리고 하천이 흐르는 지점에는 수문水門이나 수책水柵[01]을 설치하였을 것으로 추정되지만 파괴가 심하여 흔적도 찾아 볼 수 없다. 관애 북단의 동쪽 밭에는 산기슭 가까운 지점에 조금 평평한 곳이 있는데 석벽과의 거리는 약 20m이다. 이곳에서 돌로 쌓은 건물의 기초가 발견되었는데 병사 주둔지 또는 지휘소로 추정된다.

북구관애는 집안과 비교적 근거리에 위치한다는 점에서 국내성을 보호하기 위해 축조한 방

▲ 북구관애 건너편 성벽

---

01 물의 흐름을 막기 위하여 물속에 세운 울타리.

어시설로 추정된다. 현재 집안시 경내에서는 관마장차단성을 비롯하여 기간정자관애[旗竿頂子關隘 : 七個頂子關隘]・만구관애[灣溝關隘 : 老邊檣關隘]・대천초소大川哨所・망파령관애望波嶺關隘・석호관애石湖關隘 등의 방어시설이 발견되었다. 북구관애 또한 이러한 집안시 경내의 관애나 초소와 동일한 계열의 방어시설 가운데 하나로 추정된다. 특히 성장입자산성城墻砬子山城이나 와방구산성瓦房溝山城 등과 함께 환인지역에서 혼강 하류 방면으로 가다가 집안 경내로 진입하는 도로변에 위치한 것이 유의된다. 북구관애는 이들과 함께 혼강 하류일대에서 도성 외각의 호형방어선弧形防禦線을 구성했다고 파악된다.

고국원왕 때 전연의 모용황이 남도南道와 북도北道에 군사를 보내어 공격하고, 고구려가 이를 방어했다는 기록이 있다. 남도는 험하고 좁으며, 북도는 평탄하고 넓은 길이라고 한다. 이 중에서 남도를 요양에서 대자하 산간도를 거슬러 올라가는 경로로 보고있다.[02] 이러한 연장선상에서 북구관애가 있는 루트에 성장립자산성과 칠개정자관애가 있기에 이를 남도로 볼 수 있지 않나 싶다.

IV. 참고문헌

국방군사연구소, 1998,『고구려성 : 압록강 중상류편』.
동북아역사재단, 2006,『高句麗城 사진자료집』.
동북아역사재단, 2008,『고구려를 찾아서』.

_박지완

---

02 동북아역사재단, 2008,『고구려를 찾아서』, pp.43~46.

04
집안

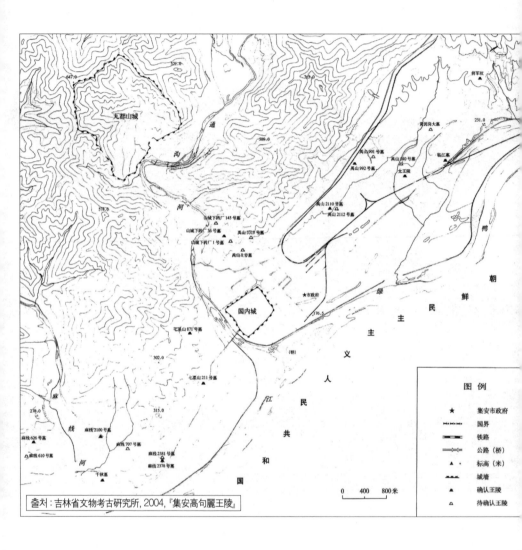

丸都山城

國内城

★市政府

朝鮮民主主義人民共和國

通尚河

鴨綠江

麻線河

647.0

531.0

765.0

231.0

589.0

578.0

302.0

315.0

270.0

176.5

176.5

(朝)

將軍墳

黃泥崗大墓

禹山 901 号墓

禹山 992 号墓

禹山 580 号墓

太王陵

臨江墓

禹山 2110 号墓

禹山 2112 号墓

山城下內厂 145 号墓

山城下鈔厂 36 号墓

禹山 3319 号墓

山城下鈔厂 1 号墓

禹山 2 号墓

七星山 871 号墓

七星山 211 号墓

麻線 2100 号墓

麻線 707 号墓

麻線 2381 号墓

麻線 2378 号墓

麻線 626 号墓

麻線 610 号墓

千秋墓

图　例	
★	集安市政府
	国界
	铁路
	公路（桥）
▲	标高（米）
	城墙
▲	确认王陵
△	待确认王陵

0　　400　　800米

출처：吉林省文物考古研究所, 2004, 『集安高句麗王陵』

太王의 나라 고구려 유적

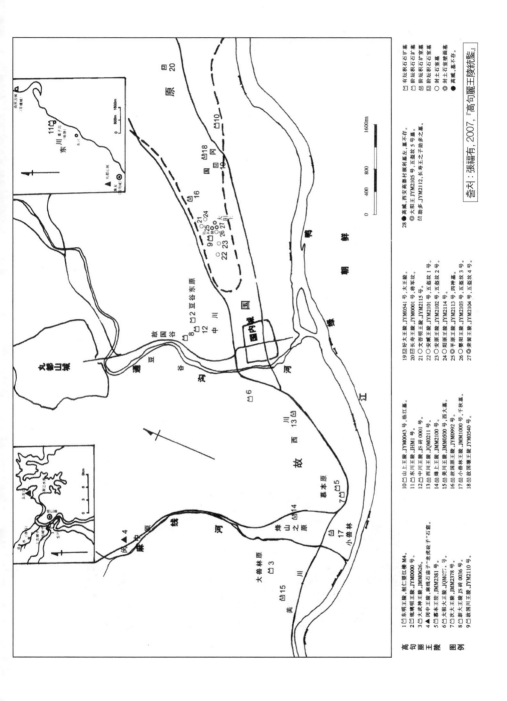

Ⅰ. 개관

집안시集安市는 동서 길이 80km, 남북 너비 75km로, 총면적은 3,217km²이며 인구는 23만 명(1998)이다. 길림성의 동남부에 위치하며, 동경 125°34′33″~126°32′48″ 사이, 북위 40°52′7″~41°35′18″ 사이에 있다.

한족漢族이 86.4%를 차지하고 조선족朝鮮族·만족滿族·회족回族·몽골족蒙古族·석백족錫伯族 등 다른 여러 민족이 13.6%를 차지한다. 이 중에서 조선족이 가장 많다.

▲ 집안 장군총

동남쪽으로는 압록강을 사이에 두고 북한과 마주하고 북쪽으로는 백산 시白山市·통화시通化市·통화현通化縣과 경계를 이루고 있다. 본래 명칭은 집안輯安이며 통구通溝라고도 불린다. 1965년부터 집안현集安縣이라 불렸으며 1988년 5월에 시로 승격되었다.

II. 역사

집안에서는 신석기시대부터 거주가 시작되었으며 고구려 문화의 발상지이자 고구려 정치·경제·문화의 중심지였다. 집안은 고구려 유리왕이 졸본에서 천도한 수도였기에 고구려 유적이 많이 남아 있다. 집안에 남아있는 고구려 유적은 2004년 세계문화유산으로 지정되었다. 시市 중심에는 국내성 성벽이 남아있고, 환도산성과 광개토왕릉비, 그리고 장군총과 태왕릉 등이 유명하다. 집안에 남아있는 고구려의 고분은 약 12,000기에 이른다.

서기 3년에 고구려는 도성을 오녀산성 중심의 환인에서 집안 시내의 국내성으로 천도하였다. 427년에 평양성으로 천도할 때까지 425년간 고구려의 수도였다.

고구려가 멸망하면서 당나라 조정은 가물주哥勿州를 설치하였으며, 이후 발해·요나라·금나라·원나라의 통치를 받았다. 청나라 조정이 들어서면서 백두산 일대는 '용맥'이라는 신성한 땅으로 여겨져 봉금封禁 지역으로 묶였고, 집안으로의 출입이 제한되었다. 그러나 청나라 말기가 되면 점차 개발이 진행되어 1902년에 집안현이 설치되어 1965년에 집안현으로 개명하였고, 1988년에는 현급 시로 승격해 현재에 이른다. 1994년 풍부한 역사 유적으로 인해 국가역사문화명성國家歷史文化名城으로 지정되었다.

Ⅲ. 기후와 환경

온대 대륙성 계절풍 기후에 속한다. 노령산맥老嶺山脈이 동북쪽에서 서남쪽으로 시 전체를 관통하여 산맥 남쪽과 북쪽이 기후 차이를 보인다. 산맥의 남쪽은 대륙성기후와 해양성기후의 특색을 고루 갖추어 기온이 높고 비가 많이 내린다. 산맥의 북쪽은 전형적인 대륙성기후이다.

소나무 · 백양나무 · 가래나무 등 250여 종의 삼림자원이 자라며 광산자원은 붕소 · 흑연 · 아연 · 금 · 대리석 등이 많이 난다. 그 밖에 인삼 · 산삼 · 당삼 · 녹용 · 웅담 · 우황 등 약재가 이 지방의 특산물이다.

Ⅳ. 참고문헌

中國大百科全書出版社, 1999, 『中國大百科全書中國地理』.
百度百科 http://baike.baidu.com/

_ 선송희

국내성國內城

Ⅰ. 개관

국내성은 고구려 유리왕 22년(AD.3) 졸본으로부터 수도를 옮긴 이후 다시 압록강 건너 평양으로 수도를 옮기는 장수왕 15년(AD.427)까지 425년간 고구려 수도로 사용된 궁성이다. 고구려 역사상 이곳을 도읍으로 삼은 기간이 가장 길었고(AD.3~427), 가장 전형적인 평원성平原城이다. 국내성은 고립된 평지성이 아니라 위나암성尉那巖城이라는 산성과 연계되어 있다. 위나암성에 대한 기록은 『삼국사기』 유리왕기瑠璃王紀에서 유리왕 22년에 국내

▲ 국내성 성벽

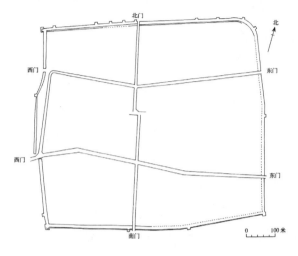

▲ 국내성 평면도 (集安縣文物保管所, 1984,
「集安高句麗國內城址的調査與試掘掘」『文物』)

國內로 도읍을 옮기고 위나암성 尉那巖城을 쌓았다고 적혀 있다. 적의 공격에 대비하기 위해 국내성에서 가까운 산에 축조한 산성이 위나암성이었다. 위나암성과 환도산성의 관계는 앞으로도 정밀한 검증이 요망된다.

성 안은 건물이 들어섰기 때문에 발굴하지 않고서는 유적의 상태를 자세히 알 길이 없다. 그러나 성안에서 붉은 색의 고구려 기와들이 많이 출토되었다. 이것들은 환도산성에서 출토된 것들과 비슷하다. 또한 성안의 서북쪽에서 고구려 시기의 주춧돌이 나왔다. 이것은 당시에 성안에 큰 건물들이 존재했다는 것을 말해준다. 그리고 큰 길로는 성문들을 서로 연결하는 남북로와 두 곳의 동서로가 있었던 것 같다.[01]

II. 국내성의 위치

『삼국사기』에 의하면 유리왕 21년(서기 2년) 봄에 교제郊祭(하늘에 지내는 제사)

---

01 고고학연구소, 1995, 『고구려문화』, 민족문화, p.38.

에 쓸 돼지가 국내 위나암성尉那巖城으로 달아난 것을 설지薛支가 쫓아가서 붙잡아왔다고 한다. 그때 그는 왕 앞에서 국내성을 다음과 같이 소개하였다. "물이 깊고 산이 험하며 땅은 오곡을 재배하기에 안성맞춤입니다. 산짐승과 물고기들이 욱실거려 그곳으로 천도하면 백성들에게 주는 이득이 무궁하거니와 전쟁 걱정도 없습니다" 라고 하며 천도의 당위성을 주장하였다.

고구려의 두 번째 수도인 국내성의 위치가 어디인지에 대해서 학자들간에 여러가지 문제가 제기되었다. 『삼국사기』에서는 당나라가 고구려를 멸망시킨 후 고구려의 원지역에 도독부都督府와 주현州縣을 설치하였을 때의 국내성 위치가 압록강 이북에 있으며 평양으로부터 17역驛이 떨어져 있다고 하였다. 17역이라는 거리는 당나라 때의 이수里數로 계산한다면 한 역 사이가 30리이므로 평양으로부터 국내성까지의 거리는 510리이다. 평양부터 압록강 남안에 있는 평안북도 초산楚山까지의 거리가 500리라고 하였다. 국내성은 압록강 북안에 있는 초산에서 멀지 않은 곳이다.

『통전』에도 "… 압록강은 국내성 남쪽으로 흘러가며 국내성 서쪽에서 염난수(지금의 혼강)와 합류된다 …" 라고 국내성의 위치가 명확히 기록되어 있다.

위의 자료들을 종합해 본다면 압록강 북안에 있고 평양에서 약 510리 떨어져 있는 곳, 특히 평안북도 초산에서 멀지 않은 곳에 국내성이 있었다는 것을 알 수 있다. 이러한 위치에 들어맞는 곳이 바로 지금의 길림성 집안集安

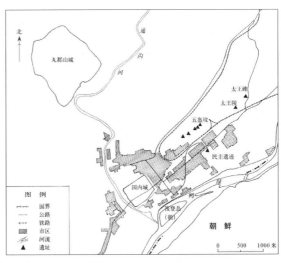

▲ 국내성과 주변도 (吉林省文物考古硏究所, 2004, 『國內城』)

이다. 그러므로 집안을 고구려의 국내성터로 보는 것이 옳을 것이다. 뿐만 아니라 지금 집안에 있는 고구려 유적은 집안이 바로 고구려의 국내성이었다는 것을 더 명확히 증명해 준다. 동방의 금자탑이라 불리는 장군총, 웅위한 광개토왕릉비, 12,000여 기에 달하는 무덤, 지금까지도 보존되어 있는 국내성과 환도산성, 당시의 생활풍속이 그래도 반영되어 있는 벽화와 각종 유물들은 이곳이 바로 고구려 국내성 유적이라는 것을 증명해 준다.

집안은 압록강 북안에 있는 평지 중에서도 가장 넓은 지대에 속한다. 그러나 북쪽에는 동쪽으로부터 서남쪽으로 뻗어나간 백두산 줄기의 한 갈래인 노야령老爺嶺 줄기를 따라 높은 산들이 솟아 있고 골짜기들이 험준한 지형을 이루고 있다. 남쪽으로는 압록강이 흘러 천연적인 해자垓字를 이룬다. 이러한 자연조건은 『삼국사기』의 기록과 집안의 실제 자연조건이 일치함을 말해준다.[02]

III. 유적의 조사와 발굴

집안은 오랫동안 봉금封禁지역이었다. 1902년에 집안현輯安縣을 설치하고 집안현 치소를 국내성 안에 두었다. 이후 도시가 확장되면서 국내성 유적은 파괴되기 시작했다.

러일전쟁 직후 1905년에는 도리이 류조[鳥居龍藏]가 처음으로 집안의 광개토왕릉비와 고분에 대한 조사를 진행하였다. 또한 일본 대륙침략을 계기로 1909년부터는 한반도 전역에 걸친 조사가 시작되었다. 이 조사는 1914년까지 계속되었다. 그 성과는 1915~1935년에 걸쳐 간행된 『조선고적도보』가 15책으로 소개되기도 했다.

---

02 박진석, 1995, 『高句麗遺蹟 研究』, 예하, pp.33~36.

1912년에는 중국에서 국내성을 대대적으로 보수하였다. 그 10년 뒤인 1931년에도 다시 보수하였다. 이 때 국내성의 모습이 크게 달라졌다. 달라진 모습은 1936년에 국내성을 조사하여 발간된 『통구通溝』

▲ 국내성 동북쪽 성벽 (池內宏, 1938, 『通溝』 上)

라는 책에 실린 내용과 세키노 타다시[關野貞]의 조사 내용을 비교해 보면 쉽게 알 수 있다.

1937년에는 중일전쟁으로 다소간의 파괴가 있었다. 신중국 성립 후 1961년에는 길림성중점문물보호단위로 지정되면서 보호되고 있다. 하지만 당국의 노력에도 불구하고 현지 주민들의 무분별한 유적 파괴 등이 계속 자행되어 왔다. 성돌을 빼내어 담장을 쌓는데 사용하는 일이 자행되었다. 이 때문에 상당구간이 크게 훼손되기에 이르렀다.

1975년 5월부터 1977년 5월까지 3년간에 걸쳐 집안현문물보호관리소에서는 국내성의 동서남북 성벽 단면을 절개하였고, 당시 조사 면적은 960m²였다. 1980년에는 국내성을 실측했다. 1990년에는 길림성문물고고연구소와 집안시문물보관소에서 국내성 북쪽성벽과 중문 동쪽 치에 대한 발굴조사가 있었다. 조사 면적은 150m²였다.

최근 조사는 2000·2001·2003년에 걸쳐 시행되었는데 2000년 5~11월까지의 조사는 길림성문물고고연구소와 집안시문물보관소에서 진행하였다. 국내성 북쪽 성벽의 시굴조사와 성 내부 건물지 8곳을 발굴조사 하였는데 총 발굴 면적은 1,439m²였다. 2001년 4~8월에는 성내 9개 지점의 건물지 발굴이 있었는데 총 발굴 면적은 1,235m²이다. 2003년 4~8월까지는

성내 2곳의 건물지와 서쪽 성벽에 대한 시굴조사가 있었다. 총 발굴 면적은 2,525m²였다.[03]

IV. 성의 구조 및 축조 방법

1. 성벽

국내성은 북·동·남 삼면에 해자를 설치하였다. 서쪽으로는 통구하가 자연 해자 역할을 하였다. 남 해자에는 지금까지 물이 있으나, 북·동 해자는 이미 말라붙었으며 폭은 약 10m이다. 이 북·동 해자는 해방 초기까지만 해도 명확하게 볼 수 있었다. 그러나 지금은 이미 메워졌고 여기에 민가가 들어섰다. 전체 성지의 안팎은 이미 번화한 집안시로 변했다. 그러나 고구려 때 성돌로 쌓은 성벽의 기초는 아직까지 잘 보존되어 있다. 성은 대략 방형이다. 동벽의 길이는 554.7m, 서벽의 길이는 664.6m, 남벽의 길이는 751.5m, 북벽의 길이는 715.2m이며, 성둘레는 총 2,686m이다.

남벽의 서단西端은 비교적 보존이 잘 돼 있으며 높이는 대략 3~4m이다. 동벽은 주택을 세우느라 성벽의 대부분이 허물어졌다. 다만 동벽 북단北端 쪽에서만 띄엄띄엄 성벽의 기초를 볼 수 있다. 북벽은 대체로 비교적 보존이 잘 되어 있으며 현존 성벽 높이는 1~2m이다. 서벽 북단 역시 비교적 보존이 잘 되어 있는데, 현존 성벽의 높이는 2~4m이다. 그러나 그 남단南端은 심하게 파괴되어 기초부만 남아 있으며, 그 폭은 7~10m이다.

국내성의 성벽에는 치를 구축했는데 각 방면마다 숫자가 일정하지 않다. 각 치의 넓이와 폭에도 차이가 있는데, 일반적으로 길이는 8~10m, 폭

---

03 금왕직, 2005, 「고구려 국내성 발굴의 의의」, 『고구려연구』 20집, 2005.09, 학연문화사, p.50.

은 6~8m이다. 국내성의 서북·서남·동남 모서리는 모두 직사각형이다. 각 모서리에는 바깥쪽으로 볼록하게 튀어나온 철형凸形의 각루가 세워졌다. 동북 모서리는 나머지 세 귀퉁이와는 달리 부채꼴이다.[04] 성의 네 모서리에는 각루터가 남아 있다. 일정한 거리를 두고 치雉[05]도 설치하였다. 도성에 치를 설치한 것은 국내성의 것이 제일 이르다.

국내성 성벽의 기초는 흙을 다져 쌓은 토성이다. 토성 밑에서 석부·석도·원형석

▲ 국내성 동남쪽 모서리 (池內宏, 1938, 『通溝』 上)

▲ 국내성의 치(雉)

기 등이 발굴되었다. 이런 발굴결과로 인해 토성은 고구려가 천도하기 이전부터 존재하였다고 볼 수 있으며, 고구려는 이 토성의 기초 위에 석성을

---

04 이전복, 1994, 『中國內의 高句麗遺蹟』, 학연문화사, pp.19~21.
05 성벽에 기어오르는 적을 쏘기 위하여 성벽 밖으로 군데군데 내밀어 쌓은 돌출부. 성벽을 앞이나 옆에서 보호하는 구조물로서, 그 위에 성가퀴를 쌓았다.

쌓은 것으로 짐작할 수 있다.

토성 위에 장방형의 돌을 사용하여 계단식으로 돌기초를 쌓았다. 지금 남아 있는 성벽 기초를 관찰해 보면 북쪽 성벽은 11단으로 되었고 서쪽 성벽은 4단으로 되었으며 동쪽 성벽의 기초는 6단으로 되었다. 돌기초 위에 다듬은 장방형 석재를 가로뉘어 균형 있게 쌓았다. 이런 구조는 성벽의 밑부분에서 잘 보인다. 이를 고구려 때에 쌓은 원原국내성으로 볼 수 있다. 성벽의 중상부와 상부는 석재의 규격이 같지 않은 여러 가지 형태의 돌을 불규칙적으로 쌓아올렸다. 이는 원국내성 성벽이 아니라 후에 쌓은 것으로 추측된다.[06]

2. 배수로

국내성의 서벽 바깥쪽 북으로 치우친 귀퉁이에는 동서방향으로 돌로 쌓은 배수로가 하나 남아 있다. 폭 80cm, 길이 870cm, 깊이 95cm이다. 비교적 큰 돌로 두 층을 쌓았으며, 윗부분은 7개의 대형 석판石板으로 평평하게 덮었다. 돌의 두께는 약 75cm이다. 동쪽 배수로 입구와 서벽 기초부위와의 거리는 10m이다. 배수로 바닥은 동쪽이 높고 서쪽이 낮아 경사가 약 10°이다. 현존하는 성벽 아래에 있지 않고 성벽 바깥쪽에 있는 것으로 보아, 이 배수로는 현존하는 성벽보다 이른 시기의 것으로 추정된다.[07]

3. 성문

문터는 현재 동·서·남벽에 각각 하나씩 있다. 북벽에도 원래 문이 있었던 것을, 후에 성벽을 수축할 때 막아버린 흔적이 남아있다. 그 문밖에 성문을 지키는 적대의 옛 모습이 남아있는 것으로 보아 문이 있었던 것으

---

06 박진석, 1995, 위의 책, pp.40~41.
07 이전복, 1994, 위의 책, p.41.

로 본다.

그러나 1905년 처음 조사 당시에는 동벽남쪽에 옹성을 갖춘 문이 1개, 서쪽에는 옹성을 갖춘 문이 2개, 남벽 동쪽에 폐문 흔적이 있는 문 1개, 북벽에 폐문 흔적이 있는 문이 1개가

▲ 국내성 남문 (池內宏, 1938, 『通溝』 上)

있었다고 한다. 그런데 성문의 위치에서 동문은 남쪽에, 남문은 동쪽에 각각 치우쳐 있다. 이렇게 성문을 설치하는 것은 고구려 초기부터 평지의 도성 건설에서 일반적으로 적용된 격식인 것 같다. 이러한 사실들로 미루어 본다면 국내성에는 동·서·남벽에 각각 2개문과 북벽에 1개의 문이 있었던 것 같다. 성내의 길은 질서 정연하며, 각 문은 똑바로 마주 보고 있고, 각 도로는 서로 연결되어 있었을 것이다.[08]

4. 축조방법

1975년 집안현문물보호관리소의 자료에 따르면 국내성에 있어서 현존하는 석축 성벽은 본래 있었던 토성의 기초 위에 쌓은 것이다. 남벽 T5의 조사를 예로 들어 볼 때, 성벽은 총 세 차례로 나누어 축조된 것으로 보인다.

제1차는 거친 흙으로 성벽을 쌓은 것으로서, 거친 흙 아래에는 1.2m의 기초 토층이 있다. 색깔과 토질로 볼 때 기초 토층은 두 층으로 나뉜다. 첫 번째 층은 거친 모래에 자갈이 섞여 있으며 두께는 약 1m이고, 두 번째 층

---

08 고고학연구소, 1995, 위의 책, pp.36~38.

은 가는 모래로서 두께는 20~40cm이다. 가는 모래층 위에는 자갈을 한 층 깔고 거친 흙을 쌓았다. 거친흙 층의 밑 부분의 폭은 7.40m이고, 윗면은 만수상饅首狀이며, 여기까지의 높이는 1.7m 안팎이다.

두번째 축성은 첫 번째의 거친 흙층 바깥쪽으로 기초층을 더 넓힌 뒤 돌로 벽을 쌓는 것이다. 기초층은 현재 지표보다 1.38m 낮은 곳에 자갈과 황토를 이겨서 만든 것으로 대단히 견실하다. 이 기초층은 거친 흙벽 바깥쪽으로 3.2m를 넓힌 것이다. 이 기초층 위에 두번째와 세번째 층을 쌓았다.

자른 단면을 볼 때 두번째 축성은 첫번째의 거친 흙벽 바깥쪽으로 기초층을 넓힌 후에 석벽을 쌓은 것이다. 석벽이란 곧 벽 중간에 흙과 돌을 채워 넣고 그 안과 밖을 다듬은 돌로 쌓는 것이다. 벽의 바깥 부분은 층이 올라갈수록 조금씩 안으로 들어가고, 안쪽의 벽면은 비교적 수직이다. 두번째 축성 단계를 거친 뒤, 외벽의 높이는 4.25m이다. 세번째 개축은 두번째 쌓은 벽 바깥쪽으로 다시 1.2m를 더 넓혀서 또다시 돌로 외벽을 쌓은 것이다.

이들을 분석 검토해 보면, 첫번째의 거친 흙벽은 마땅히 고구려가 성립되기 이전의 것이며, 두번째 축성은 고구려가 국내성으로 도읍을 옮긴 뒤에 쌓은 것이다. 세번째 축성은 이 층에서 광서통보光緖通寶가 발견되는 것으로 보아 민국民國 연간에 새로이 개축할 때 넓힌 것으로 보아야 할 것이다.[09]

5. 주변 방어시설

국내성과 위나암성은 모두 고구려의 수도성으로서 서로 밀접히 연관되어 있다. 이러한 수도성을 방어하기 위하여 북쪽·서북쪽·서남쪽에는 차단성을 쌓았으며 동쪽과 서남쪽에는 강변방어선을 쌓았다.

---

09 이전복, 1994, 위의 책, p.23.

집안시 서북쪽으로 54km 정도 떨어진 심산협곡에는 3개소의 차단성이 있는데 이것을 관마장차단성이라고 한다. 관마장차단성은 국내성에서 북쪽으로 통하는 교통요로로서 지형이 험악하여 진공하기는 어려우나 방어하기는 편리한 곳이다. 그 아래쪽에 또 석성인 대천초소大川哨所가 있어 관마장차단성과 밀접히 결합되어 북쪽 방어를 튼튼히 하고 있다. 그리고 서북쪽 길목에는 망파령산성望波嶺山城을 쌓아 북쪽 길목을 지켰고 집안시에서 97km 떨어진 동북쪽의 높은 산꼭대기에는 패왕조산성覇王朝山城을 쌓아 혼강을 건너오는 적을 막았다. 이밖에도 국내성을 방어하기 위한 많은 성들을 쌓았고 초소를 설치했으며 압록강 연안의 험한 지세를 이용하여 강변의 길목을 막는 석성들을 쌓았다.[10]

V. 참고문헌

고고학연구소, 1995, 『고구려문화』, 민족문화.

금왕직, 2005, 「고구려 국내성 발굴의 의의」, 『고구려연구』 20, 학연문화사.

吉林省文物考古硏究所·集安市博物館, 2004, 『國內城』, 文物出版社.

박진석, 1995, 『高句麗遺蹟 硏究』, 예하.

이전복, 1994, 『中國內의 高句麗遺蹟』, 학연문화사.

池内宏, 1938, 『通溝 : 滿洲國通化輯安縣高句麗遺蹟及壁畫墳』卷上, 日滿文化協會.

集安睍文物保管所, 1984, 「集安高句麗國內城址的調査與試掘掘」, 『文物』 1984年 第1期.

_ 선송희

---

10 박진석, 1995, 위의 책, p.42.

동대자 유적 東臺子遺蹟

Ⅰ. 개관

중국 길림성 집안시에 위치한 동대자 유적은 고구려를 고구려의 옛 도읍
인 국내성 동쪽 약 500m 떨어진 만도리彎道里에 있는 속칭 '동대자'라고 하
는 황토지대에 위치한다. 동대자 유적은 동서 500m, 남북 150m의 대지 위
에 자리 잡고 있으며, 8~10m 정도로 주변보다 높은 지형이다. 대지의 남쪽
으로는 탁 트인 충적 평원이 펼쳐져 있다.

동대자 유적은 1913년 세키노 다다시[關野 貞]의 조사에서 10개의 초석과
많은 양의 기와와 와당이 발견됨으로써 알려지게 되었다. 이 후 이케우치
히로시[池內宏]를 비롯한 일본인 학자들이 1935년 다시 조사를 시작하였지
만 이미 도로를 개설하고 토사를 채취하면서 유적이 많이 파괴된 상태였으

▲ 동대자유적 일대 (張福有 · 孫仁杰 · 遲勇, 2007, 『高句麗王陵通考』)

며 초석 역시 원래의 위치를 지키고 있는 것이 드물었다.

그 이후 1958년 4월에서 7월까지 세 차례에 걸쳐 길림성 박물관吉林省博物館에서 동대자 유적에 대한 대대적인 발굴조사를 실시하였다. 이

▲ 동대자 유적 현재 모습

조사로 회랑을 돌린 건물지 네 채가 확인 되었는데, 출토 유물과 층위조사를 통해 동일한 문화층의 퇴적에 의해 이루어진 고구려의 건물지임이 드러났다.

이 발굴을 보고한 집필자와 이후 많은 학자들은 이 유구가 제왕의 궁실 또는 사직을 제사 지냈을 가능성이 큰 것으로 보고 있지만 장대하고 화려한 건물이라는 것 이외에는 특별한 근거가 있는 것은 아니다. 또한 온돌의 존재로 보아 주거용으로 쓰였을 것이라고 보는 견해도 있다(김도경 · 주남철, 2003).

II. 유적의 배치 및 특징

이 유적은 회랑으로 연결된 4개의 건물지가 나왔는데 제1건물지와 제2건물지로 구성된 정옥正屋 두 칸과 제3건물지와 제4건물지로 구성된 편방偏房 두 칸으로 구성되어있다.

1. 제1건물지

중앙의 두 정옥 가운데 동쪽에 위치한 제1건물지는 동서 15m, 남북 11m

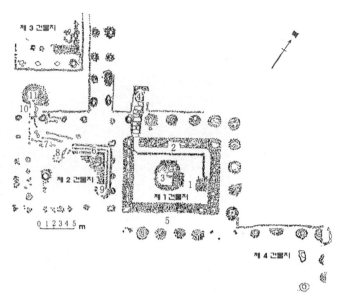

▲ 동대자 유적 평면도 (魏存成, 2002, 『高句麗遺蹟』 참고)
1, 8, 9.노지 2.연도 3. 방형석좌 4, 11.연통 5.회랑 6,7.온돌 10.연도

장방형이다. 주위는 1.5~2m 폭으로 황토와 자갈로 견고하게 다졌으며, 그 주위에 회랑回廊을 둘렀다. 그 바깥에 적심積心이 있는데 2중 원형으로 성형한 방형 및 원형의 초석이 남아있다.

제1건물지의 중앙에는 길이 80cm, 폭 60cm의 방형석좌方形石座가 있다. 석좌의 윗부분은 실내室內의 지면으로부터 60cm 높게 나와 있고 아랫 부분은 지하로 40cm 묻혀 있다. 석좌의 윗면 중앙에는 동서 방향으로 네 개의 장방형 홈이 파여 있다. 이 홈의 길이는 9cm, 폭은 4cm, 깊이 8cm이다. 석좌의 서측과 남측에도 네 개의 홈이 파여진 흔적이 남아있다. 이 석좌는 제1건물지 전체 면적의 5분의 1을 차지하고 있다.

동벽 남쪽으로 치우친 곳에 노지爐址가 있는데, 북면의 연도烟道와 서로 이어져있다. 연도는 동벽과 북벽 밑 부분을 따라 북에서 서로 쭉 뻗어 있으며 서북 모서리에서 실외의 연통으로 통한다. 폭 70cm, 높이 25cm, 길이

22cm 이며, 바닥은 기와조각을 깔고 위는 2~3cm의 얇은 판석으로 덮었다. 노지에서는 회토灰土 · 홍소토紅燒土 · 기와조각 등이 묻혀있으며, 부근에서 토기편과 철제 냄비편 등이 출토 되었다.

2. 제2건물지

제2건물지는 제1건물지 서쪽에 위치하고, 남북으로 뻗은 좁은 통로를 사이에 두었다. 동서 폭 15m, 남북 진심進深(건물 앞쪽에서 뒤쪽까지의 길이)은 14m로 거의 방형을 이루고 있다. 서쪽과 남쪽 부분의 파괴가 심하여 평면을 파악하는데 어려움이 있지만, 동벽은 비교적 초석과 적심석렬이 명확하게 확인된다. 도면 상에 나타는 초석 간의 중심 거리는 대략 2.5m이다. 제2건물지에는 총 두 개의 노지가 있다. 제1건물지와 마찬가지로 동벽 남쪽으로 치우친 곳에 노지가 있으며, 연도가 두 줄로 벽을 따라 북에서 서로 뻗어서 온돌 시설을 이룬다. 온돌은 30~50cm의 두터운 석판으로 덮여있고, 온돌의 면적은 길이 11m, 폭 2m이다. 온돌 내에는 아주 두터운 회토灰土가 있고, 노지에서는 토기편과 철제 냄비편등이 출토 되었다. 다른 노지는 서북으로 치우친 곳에 위치하며 연도가 서에서 북으로 뻗어서 제3건물지의 남쪽 연통에 이른다.

3. 제3건물지

제3건물지는 제2건물지의 서북쪽 모퉁이에 있고, 북쪽의 절반 이상이 파괴되어 전체적인 평면과 규모는 알 수 없다. 하지만 남쪽의 기단석렬基壇石列과 그 양쪽 끝에서 꺾여 북쪽으로 연결된 기단석렬 일부가 남아있다. 그 위에 일부 초석렬礎石列과 적심이 남아있어 평면과 규모의 일부만을 확인 할 수 있다. 제1건물지와 마찬가지로 좌향으로 축조되었으며, 건물지 남쪽 기단석렬의 길이는 약 11m이다. 제3건물지의 동쪽에 제1건물지 북쪽과 연결된 2.5m의 간격으로 초석 및 적심렬積心列과 함께 기단석렬이 남아 있어 회랑으로 추정된다. 이 회랑의 서쪽 기단은 제3건물지 동쪽 기단석렬과 약 1m 떨어져있다.

4. 제4건물지

제4건물지는 제1건물지의 동북쪽 모퉁이에 있으며, 동·남·서벽이 심하게 파괴되었다. 전체적인 평면과 규모는 확실하게 알 수 없고 일부 남아 있는 적심석과 초석 및 북쪽 기단석렬을 통해 평면의 일부만을 확인할 수 있다. 북쪽의 기단은 서쪽에서 북쪽으로 꺾여 제1건물지의 동쪽 기단과 연결된다. 따라서 이 건물지의 기단은 제1건물지와 연결되었던 것으로 보인다.

III. 출토 유물

출토된 유물은 초석과 기와 및 벽돌 등의 건축 자재와 도기陶器 및 철기鐵器가 있다.

1. 초석礎石

초석은 크게 줄기초[01] 위에 놓인 약간의 가공만 한 것과 독립기초[02] 위에 놓인 주좌柱座를 새긴 것으로 볼 수 있다. 줄기초 위에 놓인 초석은 주로 방형·장방형 혹은 불규칙한 형태의 것으로 그 윗면을 평평하게 가공하여 높이를 맞추었다. 독립기초 위에 놓인 초석들은 대부분 불규칙한 형태의 주춧돌 위에 주좌를 깎아 만들었다. 주좌는 대부분 원형이며 제2건물지 내부의 초석 하나만은 2단의 주좌를 새겼다.

---

01 한 건물에 기초가 줄처럼 연속되어서 건물을 지탱하는 것.
02 하나의 기초석이 하나의 기둥을 받쳐서 지탱하는 구조.

▲ 동대자 유적 초석 (張福有·孫仁杰·遲勇, 2007, 『高句麗王陵通考』)

2. 기와瓦

기와는 암키와와 수키와, 와당瓦當 등이 출토되었다. 암키와는 길이 45cm, 너비 30cm, 두께 2~3cm 정도이다. 배면에는 포목흔布木痕이 등면에는 격자문과 석문席紋이 있고 붉은색을 띤다. 이 수키와들은 붉은색을 띠며 배면에는 포목흔이 있고 등면에는 아무런 무늬가 없으나 '延' 자를 음각한 것도 있다. 와당은 직경 16cm, 두께 2cm이며 연화문蓮花紋과 인동문忍冬紋, 수면문獸面紋 세 종류가 출토되었다. 가장 특이한 것은 십곡十谷의 민民이 만들었다는 내용이 새겨진 와당편이 나왔는데, '광개토왕릉비'와 '모두루묘지'에서 나온 새로운 곡민谷民과 옛 곡민에 대한 내용과 같이 이곳에서도 곡민이 확인 된다.

이 외에도 벽돌·토기·철기·장식품 등이 발견되었다. 토기는 옹甕·관罐·분盆 등이 있고, 철기로는 도끼[斧]·가래·송곳[鑽]·화살촉[鐵鏃] 등이 있으며, 장식품으로는 금제 비녀[鎏金發簪]와 유금장식물[鎏金裝飾物] 등이 있다.

▲ 동대자 유적 출토 와당 (張福有 · 孫仁杰 · 遲勇, 2007, 『高句麗王陵通考』)

IV. 참고문헌

고구려연구재단, 2005, 『위성사진으로 보는 고구려 도성』.

吉林省博物館, 1961, 「吉林集安高句麗建築遺址的淸理」, 『考古』第1期.

김도경 · 주남철, 2003, 「집안 동대자유적의 건축적 특성에 관한 연구」, 『대한건축학
　　　회논문집』 19.

동북아역사재단, 2007, 『고구려의 문화와 사상』, 동북아역사재단.

아즈마 우시오 · 다나카 도시아키, 2008, 『고구려의 역사와 유적』, 동북아역사재단.

이전복 · 차용걸 외 옮김, 1994, 『중국내의 고구려유적』, 학연문화사.

魏存成, 2002, 『高句麗遺蹟』, 文物出版社.

張福有 · 孫仁杰 · 遲勇, 2007, 『高句麗王陵通考』, 香港亞洲出版社.

_ 강승호

석주 유적石柱遺蹟

Ⅰ. 개관

집안시 민주삼대촌民主三隊村에는 2기의 석주가 지표 상에 우뚝 솟아 있다. 2기의 석주는 동서로 약 40m 정도 떨어져있다. 현재 두 석주 사이에 두 채의 집이 동서방향으로 배열되어 있으며 이 집에 주민이 거주하고 있다. 석주 토대의 구조를 파악하고 유구의 배열을 조사하기위해 총면적 59.07㎡에 걸친 발굴을 진행하였다.

▲ 석주 유적 (吉林省文物考古研究所, 1994, 『國內城』)

II. 동측 석주

1. 개관

1963년 9월, 중국과 북한의 고고 발굴단이 석주에 대해 고고학적 조사를 실시하였으나 발굴 자료로 아직 공표하지 않았다.

석주는 민주삼대촌에서 한춘림韓春林의 집 동쪽 채소밭 안에 있으며, 이 외에도 북쪽과 동쪽, 남쪽에는 3가구의 집이 가까이 있다. 이렇게 민가가 막고 있기 때문에 정원 안에서만 석주의 존재를 조사 할 수 있었다. 조사가 이루어진 면적은 41.25m²이다.

▲ 동측 석주

2. 층위 관계

석주 지표 이하에서는 층위 관계가 2가지로 확인된다. 제1층은 흑갈색 점토층이며, 그 중에서 비교적 잡색토가 다량 포함되며 두께는 약 0.5~0.6m에 달한다.

제2층은 황갈색 사양토이며 토질은 비교적 푸석푸석하다. 석주 북쪽의 담장 기초 부분의 퇴적 상태는 교란되어 있는 상태이다. 유적의 퇴적양상을 전반적으로 잘 보여주고 있다.

3. 유적의 배치 및 특징

석주는 화강암질이며 총 높이는 3.25m이다. 지표 상에 노출된 높이는 2.15m, 지하에 묻힌 깊이가 1.1m로 총 높이는 3.25m이다. 석주는 사각뿔의 모습으로 위가 좁고 아래가 넓은 형태이다. 꼭대기 부분은 다듬지 않았

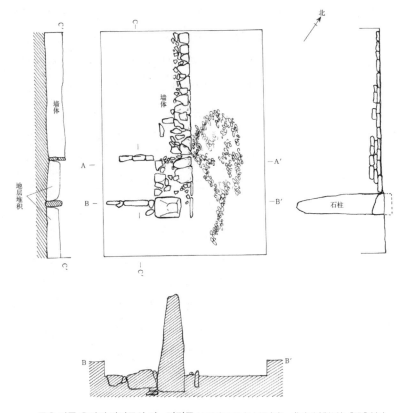

▲ 동측 석주 유적의 평면도와 입·단면도 (吉林省文物考古硏究所·集安市博物館, 『國內城』)

으며, 불규칙적인 곡선으로 나타난다. 남·동·서쪽의 3개 측면은 고르고 다듬어진 반면 북면은 거칠게 되어있다.

　석주 기저부의 서측에는 1기의 석회암이 기대고 있다. 입석의 저부를 견고하게 하기 위해 자갈돌들이 깔려있으며, 입석과 석주 간의 거리를 자갈돌로 채워 놓았다. 왼쪽 석주 기부의 북측에는 발굴 당시 돌담장의 외면에 층이 진 유구가 남북 쪽으로 함께 나왔다.

　해체에 사용된 돌들이 석주 축조 때 주로 사용되었으며, 돌담장의 남단에 덧붙인 부분이 석주의 북면에 인접해 있다. 동쪽 부분은 보존 상태가 비교적 좋은 편이다. 외측 열의 가장 높은 부분은 3층 정도 잔존해 있다. 돌담장의 기저부는 석주의 저부처럼 균일하지 않고, 기저부의 높이는 석주 저부에서 약 0.35m 정도로 나타난다. 발굴 구역을 제한해서 살펴보면 대체로 길이 약 5.8m의 외측 돌담장으로 나타나고, 돌담장 북쪽으로 연접한 부분은 아직 전면적인 발굴이 이루어지지 않았다.

돌담장 내측(서측) 부분과 남단의 층계 석주의 서측 입면 부분은 남북 방향으로 1열로 배치되어 있으며, 내측 돌담장 층계 부분은 북쪽 방향으로 1.25m 정도 늘어서서 직각으로 서쪽으로 꺾어서 늘여 놓여있다. 내측 돌담장은 3층의 층계가 잔존한다. 기저부와 석주의 저부는 균일하고, 불규칙적으로 석재를 이용하여 틈새를 쌓아 다졌다. 석재의 틈새에는 하천의 자갈돌들을 이용하였고 서측은 동서방향으로 쌓아올렸다. 제1층과 3층은 석재를 불규칙적으로 쌓아 올렸고 제2층은 석회암과 돌들을 이용해서 쌓아 올렸다. 돌담장 내측의 층계는 직각으로 맞물려서 같이 쌓아 올려놓았다. 서쪽 부분은 동남향으로 돌담장의 북쪽 부분을 황갈색 점토로 메웠다.

이곳에서 출토된 유물로는 마름모무늬로 장식한 길이 24.6cm, 너비 12.6cm, 두께 2.5cm의 전돌 등이 있다.

III. 서측 석주

1. 개관

서측 석주는 민주삼대촌에 거주하는 왕인춘王仁春의 집 채소밭 내에 있다. 동측 석주와는 남쪽 방향으로 약 4m의 거리를 두고 있다. 서측 석주유적은 그 채소밭의 남쪽 담장으로 약 13.5m에 떨어져 있다. 발굴 조사 이후 17.82m²의 구역이 정비되었다.

동쪽과 남쪽 양측에 4m 약간 못 미치는 거리에 민가가 위치하고 있으며, 서측 석주의 층위 관계는 동측 석주와 같다.

2. 유적의 배치 및 특징

석주는 화강암질이며, 총 높이는
3.1m이다. 지하에 묻힌 깊이가 1.1m
이고, 지표 상에 노출된 높이는 2m로
총 높이는 3.1m이다. 평면이 방형이며
기본 형태는 동측석주와 같다. 몸체는
서남쪽으로 약간 기울었다. 서쪽 면과
남쪽 면은 정교하게 다듬었고, 동쪽과
북쪽 양측 면은 끌이나 정으로 거칠게
다듬었다. 석주의 저부도 평평하지 못
하고, 서고동저로 기울어져 있다.

▲ 서측 석주

동서양측 담장은 불규칙적인 석회
암으로 쌓여 이루어졌다. 담장 내부의 벽체는 보존 상태가 좋지 않다. 벽체

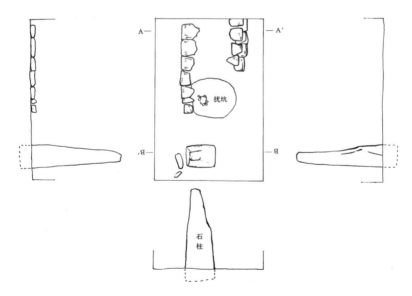

▲ 서측 석주 유적 평면도와 입면도 (吉林省文物考古研究所 · 集安市博物館, 『國內城』)

의 기부基部는 석주의 저부와는 다르며, 석주의 저부가 약 0.25m 정도 더 높이 드러나 있다. 담장 기부의 너비는 약 2m이고, 동서 양측 담장 벽면은 석주의 동서양측 입면 너비와 같다. 동측 담장면의 길이는 약 1.5m이고, 잔존하는 양층벽체兩層壁体 또한 상층벽체 방향으로 약간 안쪽으로 향해있다. 서쪽 담장벽체의 정리된 길이는 약 3m이고, 밑바닥[底層] 벽체는 거의 존재하지 않는다.

IV. 석주 유적의 연구

두 개의 석주 유적을 새롭게 얻어진 자료를 통해 학술연구를 위한 조사가 진행되었다. 그러나 새롭게 얻어진 자료 또한 매우 부족하여 석주의 성질을 분석하는 데는 불충분하다. 이 두 석주의 초석을 통해 연구를 하려는 노력도 있으나 현재 석주가 소재한 구역에는 이미 민가들이 자리잡고 있어서 어려움이 많다.

이 유적에 대해서는 고구려 사람들이 제사를 지내던 곳이라는 추측도 있다. 혹은 북쪽으로 1km 떨어져 있는 오회분 5호분과 4호분으로 들어가는 돌문이 아닌가 하는 추측도 있다. 또한 초문사肖門寺와 이불란사伊弗蘭寺로 비정하는 견해도 있지만 앞으로 새로운 고고학적 성과가 뒷받침되어야 한다.

V. 참고문헌

吉林省文物考古研究所・集安市博物館, 『國內城』, 文物出版社.
김삼, 1997, 『고구려 문화유적 산책』, 대륙연구소출판부.
방학봉, 2006, 『고구려 성과 절터연구』, 신성출판사.
서길수, 2003, 『대륙에 남은 고구려』, 고구려연구회.

_박진호

장천 1호분

I. 개관

장천 1호분은 집안으로부터 동북쪽으로 25 km 떨어진 장천마을 구릉에 위치한다. 이 무덤에는 백여 명의 인물이 동시에 등장하며, 특히 행렬도·수렵도·사신도·예불도禮佛圖·씨름도 등이 한 무덤에 그려져 있다. 즉 이 벽화를 통해 고구려의 생활과 사상, 그리고 예술을 한 눈에 볼 수 있는 셈이다.[01] 현재 무덤은 철문으로 입구를 폐쇄시킨 상태이다.

▲ 장천 1호분 표지석

---

01   吉林省文物工作塚, 1982, 「集安長川一號壁畵墓」, 『東北考古與歷史』.

II. 구조와 벽화

무덤은 연도 · 전실 · 용도 · 현실로 구성된 전형적인 이실묘二室墓이다. 연도의 길이는 1.4m, 폭은 2.9m, 높이는 1.9m이며, 바닥은 통째로 된 석재를 깔았다. 묘도의 양 벽은 백회白灰를 발랐으며, 천정은 큰 돌로 덮었다.

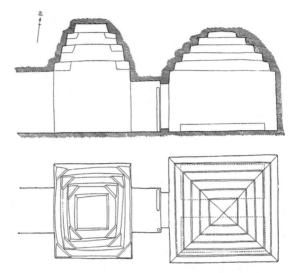

▲ 장천 1호분 단 · 평면도
(吉林省文物考古研究所, 2009, 『吉林集安高句麗墓葬報告集』)

1. 전실

1) 구조

전실은 비교적 큰 편이며 길이가 2.37m, 폭은 2.9m 높이는 3.25m이다. 천정은 3단의 평행고임과 3단의 삼각고임을 번갈아 얹은 말각천정[02]을 하고 있다.

현실의 천장 구조는 5단의 평행고임이다. 현실 바닥에는 2기의 관대가 설치되었다. 현실 벽 위쪽에는 일정한 간격으로 동벽에 여덟 군데, 남북 벽

---

02 말각조정식천정. 무덤의 네 벽 위에서 1~2단 안쪽으로 비스듬히 괴어 올린 후, 네 귀에서 세모의 굄돌을 걸치는 식으로 모를 줄여 가며 올리는 천장. 모줄임천장이라고도 한다.

太王의 나라 고구려 유적

에 각각 일곱 군데씩
의 못 구멍이 뚫려 있
다. 만장輓章을 걸기
위해 설치한 못자리
로 추정된다.

연도를 제외한 묘
실 안에 벽화를 그렸
는데, 전실과 용도의
벽화는 벽면과 천장
고임에 덧입혀진 백
회 위에 그렸으며, 현
실 벽화는 석면石面

▲ 장천 1호분 전실 북벽 벽화
(吉林省文物考古研究所, 2009, 『吉林集安高句麗墓葬報告集』)

위에 직접 그렸다. 벽화 가운데 백회가 떨어져 나가거나 습기로 말미암아
지워진 부분이 많다. 벽화에는 생활풍속과 장식무늬가 주로 그려져 있다.
현실 천정석에 '북두칠청北斗七靑'이라는 명문이 있다.[03]

전실을 지나 현실에 이르는 용도甬道는 1.1m 정도의 길이에 폭은 1.3m,
높이는 1.6m이며, 남북 쪽에는 각각 시녀가 한 사람씩 그려져 있다. 이 그
림은 주인공을 극락 세계로 인도하거나, 장례 행렬의 인도자일 가능성이
있다.[04]

2) 벽화

장천 1호분은 다른 벽화고분과 달리 전실 벽에 묘주인공의 생전 생활상
을, 천정에는 사후 세계의 삶을 그리고 있다. 동벽에는 좌우 양편에 문지기

<hr />

03 전호태, 2000, 『고구려 고분벽화 연구』, 사계절.
04 문명대, 1991, 「장천1호 묘불상예배도 벽화와 불상의 시원문제」, 『선사와 고대』.

가 마주보고 있는 그림이 그려져 있다. 한쪽(남자)은 다이아몬드형 점박이 흰 저고리를 입었으며, 콧수염을 달고 있다. 다른 쪽(여자)은 파란 저고리를 입고 있으나 하반신은 거의 훼손되어 있다.

시종의 양쪽에는 기둥 그림이 있고 고임 받침은 연꽃으로 장식되었다. 서벽에도 문지기가 있는데 벽화는 거의 없어져 알아볼 수 없다. 남벽에는 주인공 부부가 여러 가지 가무를 즐기는 그림이 그려져 있다.

① 북벽

북벽의 벽화는 다양한 내용이 묘사되어 있다. 즉 상단에는 백희기악도百戲伎樂圖가 있고 하단에는 수렵도가 있다. 우선 상단을 살펴보면 열매가 주렁주렁 달린 보리수가 있다.

그 우측에 주인공이 의자에 앉아 있으며, 뒤에는 시녀가 따른다. 나무 왼쪽에는 주인공의 부인이 우산을 든 사람과 다양한 악사와 시중을 대동하고 있다. 이들 주인공 부부는 원숭이놀이 · 곡예 · 씨름 · 노래(연주) 등을 감상하는 것으로 보인다. 또 개와 큰 말이 중앙에 자리하고 있고, 상단 왼쪽에 씨름도와 매사냥 그림이 있다.[05]

중앙 부분 이하의 수렵도는 사슴 · 호랑이와 돼지들을 사냥하는 것으로 우측은 거의 보이지 않으나, 좌측은 어느 정도 확인할 수 있다. 좌단 하부에 산과 큰 나무가 있으며, 개 · 멧돼지 · 호랑이 · 사슴 · 말 등이 서로 어울려 있다.

여기에 등장하는 인물의 복식에서 특이한 점은 옷의 무늬가 한결같이 점박이무늬라는 것이다. 무용총이나 삼실총 벽화의 복식이 형태가 거의 같아 고구려 옷의 공통점으로 보인다.

---

05 李殿福, 1994, 『中國內의 高句麗遺蹟』, 학연문화사.

② 천장

천장 고임의 북벽 제1단에는 각 면에 사신도가 있다. 특히 중앙의 주작 좌우에는 말 모양의 기린이 있으며 고임 받침에는 연꽃이 연이어져 있다. 사자(또는 말) 모양의 기린은 붉은 바탕에 긴 갈기와 꼬리가 불꽃 모양을 하고 있어 무용총 묘실의 서북쪽 벽화의 그것과 같고, 사슴형에서 말형으로서 변화된 기린상을 확인할 수 있다.[06]

고임 제2·3단의 중앙에는 예불도禮佛圖가 있으며, 그 좌우에 주인공 부부의 시녀가 서 있다. 콧수염을 단 부처는 양손을 맞잡고 있으며, 대좌 아래는 혀를 내민 사자가 양측에 앉아 있다. 부처의 오른쪽에는 부처님께 엎드려 절을 하는 주인공 부부가 있으며, 그 뒤로 남녀 시종이 서 있다. 부처의 왼쪽에는 우산을 든 남녀 2인과 시녀 2인이 뒤따른다. 앞의 남자는 모가 진 우산을, 뒤의 여인은 둥근 우산을 들고 있다.[07] 그리고 주인공 부부의 윗편에는 비천飛天이, 그리고 왼쪽 끝에는 2인의 동자의 '연화화생蓮花化生'이 있어 연화세계를 표현하고 있다.[08] 제4·5단은 비천·화염보주 등이 뚜렷이 새겨져 있다. 제6단에는 완함阮咸·횡적橫笛 등 악기를 연주하는 모습이 그려져 있다.

남벽 위층 고임의 제1단에는 천장 길이의 큰 백호가 길게 누워 있다. 제2단에는 두광頭光이 있는 보살상이 연꽃대좌 위에 있는데 훼손되어 알아보

---

06 이재중, 1994, 「삼국시대 고분미술의 기린상」, 『미술사학연구』 203, 한국미술사학회.
07 최무장·임연철, 1990, 『고구려 벽화고분』, 신서원.
　　문명대, 1991, 「장천1호묘불상예배도벽화와 불상의 시원문제」, 『선사와 고대』 1, 한국고대학회.
08 전호태, 1989, 「5세기 고구려 고분벽화에 나타난 불교적 내세관」, 『한국사론』 21, 서울대.
　　孫仁杰, 1986, 「談高句麗壁畵中蓮華圖案」, 『北方文物』.

기가 쉽지 않다. 그리고 양편에 연화화생이 불국토의 사상을 반영하고 있다. 제3단 이상에는 비천이 그려져 있으며, 사방에 연꽃이 날리고 있다. 특히 천정 삼각고임에는 하늘을 상징하는 천정을 떠받고 있는 역사가 있는데, 웃통을 벗어젖히고 아래는 짧은 잠방이만 걸친 콧수염의 사나이로 묘사되고 있다.

2. 현실

현실은 정방형의 모습으로 폭 3.2m, 길이 3.3m, 높이 3.1m의 크기를 갖고 있으며, 두 개의 관대棺臺가 있다. 천장은 5중의 평행고임으로서 천장은 큰 돌로 덮고 있다. 현실에는 2개의 석관대石棺臺가 있으며, 다른 무덤과 달리 거의 전체가 연꽃무늬로 되어있다.

더욱이 관대의 옆면까지 연꽃무늬를 그리고 있다. 천장에는 두 개의 북두칠성과 해·달 그림을 그린 성좌도星座圖가 있다. 이러한 성좌도는 일본의 다까마스 고분[高松塚]과 상호관계가 있는 것으로 보며 고구려 문화의 전파상을 추측하게 한다.

Ⅲ. 벽화를 통해 본 고구려의 생활상과 문화교류

장천 1호분의 벽화는 주인공 부부의 현생과 미래의 삶을 표현한 것만이 아니라, 고구려인의 의식세계를 나타내었다. 특히 주인공의 생애와 연화화생에서 본 서방정토로의 환생을 기원하는 불교적 윤회관을 알 수 있다.[09]

---

09 전호태, 1989, 「5세기 고구려 고분벽화에 나타난 불교적 내세관」, 『한국사론』 21, 서울대.

이는 당시 남북조 내지는 서역과의 빈번한 문화교류상을 역력히 나타낸 것이다. 결국 이 벽화를 통해서 고구려 귀족들의 삶과 사상을 엿볼 수 있다.

특히 고구려 고분벽화에서 볼 수 있는 종교적 색채와 백제와 신라에의 영향은 여러 부분에서 찾을 수 있다. 장천 1호분 북벽의 기린도와 경주의 천마총에서 출토된 천마도를 비교할 수 있다. 천마로 일컬어지는 이 서수瑞獸는 사슴형에서 말형으로 바뀐 것으로도 본다. 높이 올라간 외뿔, 신기를 내뿜는 긴 혀, 치솟아오른 갈기, 그리고 화려한 꼬리는 양자 간의 연결을 가늠해 볼 수 있다. 이재중李在重은 이 동물을 고대신앙에서 숭배대상이 된 관념상의 동물로 보고 우주 운행질서의 정령이자 사후세계의 인도자이며 덕德과 인仁의 상징인 기린麒麟으로 주장하였다.[10]

IV. 장천 1호분 도굴사건

지금 현재 장천 1호분의 벽화는 볼 수 없는 상태이다. 중국 정부에서 문을 굳게 걸어 잠궈 놓았기 때문이기도 하지만, 2000년에 있었던 도굴 사건 때문이기도 하다. 삼실총과 장천 1호분는 벽화를 도굴 당하였는데, 이에 연루된 사람들이 바로 조선족과 한국인들이다. 이 중에서 조선족 4명은 지난 2003년에 사형선고를 받았으며 이 중 3명은 처형되었다.

이번 도굴로 사라진 벽화는 전실의 풍속도, 정면 상단의 예불도 등이다. 묘실 벽화를 떼어내는 일은 고구려 벽화가 회칠을 하였기 때문에 가능하다고 한다. 칼로 넣어서 뜨면 뜯기기 때문에 가능한 일이라고 한다. 이로 인하여 벽화의 형태는 형체를 알아 볼 수 없게 되었으며, 나중에 벽을 본 사람이 벽이 그냥 하얗다고만 전하였다.

---

10 이재중, 1994, 「삼국시대 고분미술의 기린상」, 한국미술사학회.

이 도굴범들에게 한국인 아무개가 55만 위안을 건네었다고 했다. 이에 대한 세부적인 내용은 2010년 9월 28일과 10월 5일 각각 방영된 MBC PD 수첩을 참조하기 바란다.

V. 참고문헌

吉林省文物考古研究所, 2009,『吉林集安高句麗墓葬報告集』, 科學出版社.

吉林省文物工作塚, 1982,「集安長川一號壁畵墓」,『東北考古與歷史』.

문명대, 1991,「장천1호묘 불상 예배도 벽화와 불상의 시원문제」,『선사와 고대』1.

孫仁杰, 1986,「談高句麗壁畵中蓮華圖案」,『北方文物』.

서길수, 1998,『고구려 역사유적 답사』, 사계절출판사.

서길수, 2003,『대륙에 남은 고구려』, 고구려연구회.

신형식, 2003,『高句麗史』, 이화여자대학교출판부.

李殿福, 1994,『中國內의 高句麗遺蹟』, 학연문화사.

이재중, 1994,「삼국시대 고분미술의 기린상」,『한국미술사학연구』203, 한국미술사학회.

전호태, 1989,「5세기 고구려 고분벽화에 나타난 불교적 내세관」,『한국사론』21, 서울대.

전호태, 2000,『고구려 고분벽화 연구』, 사계절출판사.

전호태, 2004,『고구려 고분벽화의 세계』, 서울대학교출판부.

전호태, 2004,『벽화여, 고구려를 말하라』, 사계절출판사.

최무장 · 임연철, 1990,『고구려 벽화고분』, 신서원.

MBC PD수첩, 2010년 9월 28일,「873회 사라진 고구려벽화」.

_ 정동귀

장천 2호분

Ⅰ. 개관

장천 2호분은 중국 길림성 집안시의 장천분지 동쪽 낮은 구릉 위에 자리 잡았다. 1972년 집안현박물관과 집안현문물보관소의 합동 발굴로 무덤 구조와 벽화 내용이 조사되었다. 무덤의 외형은 절두방추형截頭方錐形이며, 둘레 143m, 높이 6m로 100여 기에 이르는 장천 고분군 가운데 가장 큰 무덤이다. 무덤의 동남쪽 174m 지점에 있는 장천 1호분과 함께 불교적 내용의 벽화로 유명하다. 무덤 서쪽 250m 거리에 압록강의 지류인 건구하乾溝河가 흐른다.

▲ 장천 2호분

II. 구조와 벽화

무덤은 연도羨道·남북 2개의 측실側室·용도甬道·현실玄室로 이루어진 이실형석실봉토분二室形石室封土墳으로 묘실의 방향은 서향이다. 측실의 길이는 남측실이 1.58m, 북측실이 1.52m이며 너비와 높이는 각각 1.14m, 1.26m이다. 현실은 길이 3.48~3.52m, 너비 3.60m, 높이는 3.32m이다. 널방천장구조는 4단의 평행고임이며 바닥에는 화강암으로 만든 2기의 관대棺臺가 설치되었다. 현실벽의 위쪽에는 도금쇠고리를 걸었던 구멍이 일정한 간격으로 뚫려 있는데, 고리 구멍의 간격은 남북벽은 59cm, 동서벽은 36cm이다. 도금고리 구멍은 만장輓章을 걸기 위해 설치된 것으로 추정된다.

현실 안에는 백회를 입힌 위에 그림을 그렸는데 백회가 많이 떨어져나갔다. 발견 당시에는 측실의 세 벽과 천장, 현실입구의 석문石門, 현실벽과 천장의 일부에만 벽화가 남아 있을 뿐 용도의 좌·우벽에서는 벽화가 발견되지 않았으며 현실벽화는 화재로 인해 그림 내용을 알아보기 어려운 곳이 많다. 연도와 용도 사이의 남북 측실 세 벽에는 사각형 구획을 짓고 그 안에 변형 구름무늬를 가로방향으로 연속해 그렸다. 그 위에 자주색과 짙은 녹색으로

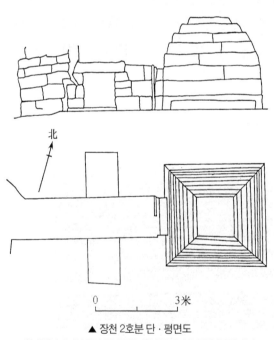

北

▲ 장천 2호분 단·평면도

(吉林省文物考古研究所, 2009, 『吉林集安高句麗墓葬報告集』)

'王'자 도안을 번갈아 그려넣었다. 북측실의 동벽에 가로·세로로 열과 행을 이루며 쓴 '王'자는 모두 575개에 이른다. 현실입구의 석문 바깥면에는 방형 책幘을 쓰고 풀빛 바탕에 검정 꽃무늬로 장식된 바지를 입은 문지기와 노랑 바탕에 검정 꽃무늬가 장식된 치마를 걸치고 두 손을 가슴에 모은 여인을 그렸다. 석문과 현실 사이의 좌·우벽에는 꽃받침과 줄기가 달린 5엽 연꽃을, 천장면에는 벽면과 같은 유형의 8엽연꽃을 묘사했다. 현실벽과 천장부는 8엽겹꽃잎연꽃으로 장식했다. 각 평행고임 밑면에는 꼬임구름무늬를 그렸다. 천장은 묵선墨線으로 9개의 방형구획으로 나눈 뒤 중앙구획에는 4엽연꽃을 배치하고 나머지 구획에는 마름모꼴무늬를 그려 넣었다.

현실 안에서는 다수의 철제 및 도금 장식 조각·목기木器·도기陶器·비단조각이 수습되었다. 관대 위에서는 관을 장식했던 것으로 보이는 금동 매화 장식 조각이 불에 타 숯덩이가 된 관의 잔해와 함께 발견되었다. 현실 바닥에서는 금동도금제 벽걸이 2개가 다른 유물과 함께 수습되었다. 이는 만장을 거는 데 쓰인 장치였을 것으로 추측된다. 비단 조각과 금동도금벽걸이는 고구려 벽화고분에서는 처음 출토된 것으로 고구려의 장속葬俗 연구에 중요한 자료이다.

장천 2호분은 무덤의 규모와 묘실구조뿐만 아니라 현실을 같은 계통의 연꽃무늬로 장식한 점에서 장천 1호분과 유사하다. 현실의 연꽃무늬는 장천 1호분에서와 같이 묘주인의 극락왕생을 희구하는 불교적 표현으로 이해된다. 무덤의 축조연대는 장천 1호분과 거의 비슷한 5세기 중엽을 전후한 시기로 보고있다.

III. 연화문의 특징

장천 2호분의 연화문을 살펴보면, 산연화총과 달리 측실과 현실 벽화 대부분이 잘 남아 있다. 때문에 5세기 연꽃 장식 고분벽화의 특징을 파악하는 데 도움을 주는 벽화 고분이라 할 수 있다. 측실 벽 액자꼴 틀 안은 돌기 호선문 및 '王' 자문 결합 무늬로 장식되었다. 연꽃은 현실 문, 벽과 천장고임에 장식되었다. 연봉오리는 보이지 않고 연·측면 연꽃·평면 연꽃만 묘사되었다.

측면 연꽃은 현실 천장고임 각층에 열과 행이 교차되게 배열되었다. 무용총이나 삼실총류의 꽃받침과 받침줄기를 지니고 있는 반면, 잎맥과 꽃술은 투시되지 않았다. 천장고임 제1·2·3·4층 각 벽에 각 4·5·8·7송이씩 그려졌다.

IV. 참고문헌

吉林省文物考古硏究所, 2009, 『吉林集安高句麗墓葬報告集』, 科學出版社.

吉林省文物工作塚, 1982, 「集安長川一號壁畵墓」, 『東北考古與歷史』.

孫仁杰, 1986, 「談高句麗壁畵中蓮華圖案」, 『北方文物』.

신형식, 2003, 『高句麗史』, 이화여자대학교출판부.

李殿福, 1994, 『中國內의 高句麗遺蹟』, 학연문화사.

이재중, 1994, 「삼국시대 고분미술의 기린상」, 한국미술사학회.

전호태, 1989, 「5세기 고구려 고분벽화에 나타난 불교적 내세관」, 『한국사론』 21, 서울대.

전호태, 2000, 『고구려 고분벽화 연구』, 사계절.

전호태, 2004, 『고구려 고분벽화의 세계』, 서울대학교출판부.

전호태, 2004, 『벽화여, 고구려를 말하라』, 사계절.

최무장·임연철, 1990, 『고구려 벽화고분』, 신서원.

_ 권민정

하해방 고분군 下解放古墳群

I. 개관

하해방 고분군은 통구 고분군洞溝古墳群의 최동단에 위치한다. 남쪽에는 압록강이 있다. 용산龍山 산기슭에서 압록강 기슭의 대지에 걸쳐서 30여 기가 분포한다. 대표적인 무덤으로는 모두루묘 · 환문총 · 31호분 등이 있다.

II. 하해방 고분군의 주요고분

1. 모두루묘 牟頭婁墓

1) 개관

압록강과 나란히 있는 도로의 동쪽 2기의 원분 중 북쪽에 있는 좀 더 큰 무덤이 모두루묘이다. 모두루묘는 전실과 현실로 이루어진 봉토석실분封土石室墳으로 1935년부터 이듬해에 걸쳐서 조사되었다. 벽화는 없었으나 전실의 북벽에서 서벽에 걸쳐서 상부에 80행 정도의 묵서묘지墨書墓誌가 발견되었다. 이 묵서묘지를 보고 중국인들은 모두루묘를 염모묘苒牟墓로 부르고 있으나, 이는 판독을 잘못한 것이다.

2) 모두루묘 구조

모두루묘는 절첨방추형截尖方錐形의 봉토석실분이다. 봉토의 둘레는

70m, 높이는 4m이
다. 방향은 남쪽에서
서쪽으로 55° 기울었
다. 앞 뒤 두개의 묘
실로 인해 묘도墓道와
통도通道로 나눈다.
묘도의 길이는 1.3m,
폭은 1.1m, 높이는
1.1m이다. 전실의 평
면은 횡장방형橫長方
形이며, 길이는 2.9m,
폭은 1.1m, 높이는
1.1m이다. 현실의 평
면은 방형이며, 한 변
의 길이 3.0m, 높이
2.9m이다. 현실의 좌
· 우벽 아래에는 관
대가 각각 하나씩 놓
여 있다. 이 관대의
길이는 2.05m, 폭은
80cm, 높이는 20cm

▲ 하해방 고분군 모두루묘

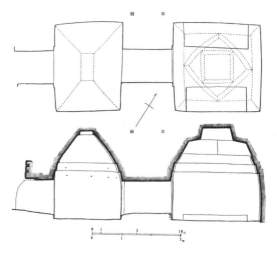

▲ 모두루묘 실측도 (池內宏, 1940, 『通溝』 下)

이다. 그리고 전후 벽과는 각각 40cm 떨어져 있다.

묘도와 통도의 밑바닥에는 약 25cm의 높이로 할석을 깔았다. 묘도 · 통
도 및 앞뒤의 두 묘실은 모두 석재로 쌓았으며 백회를 발랐다. 두 묘실의
천정은 각기 달라 현실은 이중의 말각抹角 상태를 만든 뒤 거석으로 윗부분
을 덮었다. 반면 전실의 조정藻井은 사아식四阿式이다.

太王의 나라 고구려 유적

3) 모두루묘지

묘지 전문全文 가운데 판독되는 글자가 적기 때문에 구체적인 내용은 분명히 파악되지 않는다. 현재 확인되는 글자에 의거해 그 개략적인 윤곽을 추정해 볼 따름이다. 먼저 1·2행은 제기題記에 해당하는 것으로 고구려의 대사자大使者였던 모두루의 묘지임을 밝히는 글이 쓰여졌던 것으로 보인다.

3~6행은 고구려의 내력을 서술한 부분이다. 7행 이하는 모두루의 조상에 관한 서술이다. 즉 추모왕 이래로 모두루의 조상이 왕실과 밀접한 관계를 가져왔던 사실을 시기순으로 차례로 기술하였다. 11행 이하는 모두루 조상들과 역대 고구려왕들의 관계, 즉 조정에 복무하면서 봉사한 공훈功勳에 대한 사례들을 나열한 것이다. 구체적인 사실은 글자가 거의 다 판독되지 않아 알 수 없다. 다만 14행 첫 두 자가 '반역叛逆'이고 15행의 첫 두 자가 '염모冉牟'이니, 이 부분에선 어떤 반역에 관한 사항에 모두루의 조상인 염모가 공을 세웠다는 사실을 기술한 것으로 볼 수 있다. 26행 이하 38행까지는 글자가 거의 판독되지 않아 내용을 파악하기 어려우나, 39행에 '□조대형염모수진□祖大兄冉牟壽盡'이라고 하였으므로 26~39행은 대형 염모의 공적 및 그의 죽음에 관한 것임을 짐작할 수 있다.

40~43행은 대형 염모가 죽은 이후에도 모두루 집안의 대형大兄 자□慈□와 대형 아무개 등은 선조의 공훈에 힘입어 대대로 관은官恩을 입어 어떤 지역의 성민城民을 통령統領하는 지위를 누렸음을 서술하였다. 44~48행은 광

▲ 모두루묘지 세부

개토왕 대에 모두루가 관직을 받은 일을 서술했다. 즉 "국강상대개토지호태성왕國上大開土地好太聖王에 이르러 (모두루의) 조부祖父와의 연緣으로 노객 모두루와 염모冉牟에게 은혜를 베푸시어 영북부여수사令北夫餘守事로 파견하니, 하박河泊의 손孫이요 일월日月의 아들인 추모성왕鄒牟聖王 … " 이라 하였다.

49~54행은 광개토왕의 죽음에 대한 모두루의 감회를 서술한 부분으로 여겨진다. 즉 "호천昊天이 어여삐여기지 않아 (광개토왕이 승하함에) 노객 [모두루]은 원지遠地에 있었으나 그 애절함이 마치 해와 달이 빛을 잃은 듯하여 … " 이란 뜻의 표현이 있었던 것 같다. 이어 광개토왕 사후에도, 57행의 "노노객老奴客에게 교敎를 내려 … 관은官恩이 (계속되어) … " 란 표현에서 미루어 보아, 모두루는 계속 관직에 있었던 것 같다. 그에 관계된 사실이 58행 이후에 서술되었던 것으로 여겨진다. 그 이후 기사의 내용은 자획字劃의 명확하지 않아 제대로 파악되지 않는다.

2. 하해방 31호분下解放 31號墳

1) 개관

하해방 31호분은 하해방 고분군의 북쪽 산언덕에 위치하고 있다. 이 무덤은 봉토석실분으로, 봉토는 황색의 점사토粘沙土이다. 외형은 절두방추형이고, 둘레는 50~60m, 높이는 약 6m이다. 무덤은 남향이며 서쪽으로 30° 정도 치우쳐졌고 산언덕 방향과 일치한다.

2) 하해방 31호분의 구조

이 무덤은 묘도·통도 및 전실과 현실에는 각각 조정을 구축해 놓았으며, 그 사이로 통도가 이어져있다. 묘실은 질서 정연하게 구축하여 묘도·통도 및 전실·현실이 모두 중축中軸과 연결되어 있으며, 중축을 중심으로 좌우대칭을 이루고 있다.

묘도 좌우에는 토장土墻을 쌓았다. 토장은 내단內端이 조금 높고, 외단外端이 낮아 층계모양을 하고 있다. 묘도의 길이는 1.70cm, 내폭은 1.26m, 외

폭은 1.44m이다. 묘도
내단의 53cm되는 지점
의 토장 위는 돌로 덮였
다. 이 돌과 밑바닥 사이
의 높이는 1.78m이다.

통도의 높이와 폭은
묘실보다 더 낮고 좁다.
다른 벽과 이어지는 동
서쪽은 모두 번갈아가며
들여 쌓았다. 통도의 벽
면은 약간 안쪽으로 기
울었으며 길이는 68cm,
폭은 1.13m, 높이는 1.40m이다.

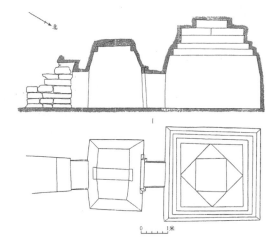

▲ 하해방 31호분 단 · 평면도
(吉林省文物考古硏究所, 2009, 『吉林集安高句麗墓葬報告集』)

전실은 길이 2.15m, 폭 2.74m이다. 네 벽은 약간 안으로 기울어 위쪽으
로 가면서 조금 오므라 들었다. 남 · 북 벽면의 위쪽 꼭대기 부근(지상 2.0m)
에는 각각 하나의 작은 천정석이 뻗쳐나와서 위로 석방石枋을 받치고 있다.
꼭대기 부분은 동서로 양분하여 각각 거석을 덮었다. 개정석蓋頂石까지 전
실의 높이는 2.70m이다.

전실과 현실 사이에는 통도가 있다. 통도는 전실의 북벽 정중앙에 위치
하고 있으며, 길이 84cm, 폭 1m, 높이 1.36m이다. 통로의 남단과 전실의
북벽이 서로 만나는 모서리는 돌을 'ㄱ'자로 꺾은 모양인 요형凹形으로 오
목하게 팠다. 그 윗부분의 개석은 통로의 개석보다 24cm 높다. 아울러 좌
우의 벽면으로 20cm 뻗어 있어 그 아래와 오목하게 들어간 부분 사이에 두
개의 홈을 형성한다. 이것은 본래 목필木筆의 문광門框[01]과 문미門楣를 설치

---

01 문틀. 창문이나 문짝을 달거나 끼울 수 있도록 문의 양옆과 위아래에 이어 댄 테
   두리.

했던 부분이다.

현실은 정방형正方形이며, 길이와 폭이 모두 3.8m이다. 벽면의 상단부는 안쪽으로 기울어 있으며 벽면의 높이는 2.04m이다. 네 벽의 윗부분에는 조정藻井을 구축했다. 이 조정藻井은 세 층의 평행측개석平行側蓋石 위에 다시 2층의 두사식대斗四式의 큰 말각석抹角石을 쌓고 마지막으로 하나의 거석巨石을 덮었다. 조정의 전체 높이는 3.16m이다.

3) 벽화

무덤 내부는 통도 안쪽부터 백회를 발랐으며 그 위에 그림을 그렸다. 애석하게도 벽화는 벗겨져 아주 희미하기 때문에 알아볼 수 있는 부분이 적다. 동벽 북부 상단의 조정측개석藻井側蓋石과 바짝 근접한 곳에 묵선墨線으로 그린 보주화염문寶珠火焰紋이 있다. 이는 염방染枋형상을 그린 뒤에 장식한 일종의 화식花飾이다.

평행측개석에는 측연側蓮을 그렸는데 모두 세 개의 꽃잎 밑을 두 개의 꽃잎이 받치고 있다. 붉은 색이 위주인 것도 있고 검은색을 뒤섞어 배치하였다.

북벽의 제2층 말각석末角石 측면에 회색의 동그라미 안에는 검은색의 어떤 형상이 그려져 있다. 이것이 무엇인지는 판별할 수 없으나, 이것은 두꺼비일 가능성이 있다. 그 동쪽에는 회색의 새가 한 마리 있다.

서북쪽 귀퉁이 제1층 말각석 아래쪽에는 성상星像이 그려져 있다. 이 성상은 검은 선의 동그라미로 되어 있으며 현재 6개가 남아있다. 또한 어떤 것은 검은 선을 서로 이어 놓아 성좌星座를 표시했다.

3. 환문총環紋塚

1) 개관

환문총은 하해방 고분군下解放古墳群의 서쪽편에 위치하고 있다. 남쪽으로 하해방촌下解放村과 약 500m 떨어져 있으며, 동북쪽으로 100m 되는 지

▲ 환문총 근경 (池內宏, 1940, 『通溝』下)

점에 하해방 31호분이 있다. 환문총은 1966년 측량 · 제도 할 때 JXM33으로 편호되었다.

2) 구조

환문총은 절두방추형의 봉토
석실분이다. 현재 봉토의 잔존
높이는 3m이고, 둘레는 80m이
다. 방향은 남쪽에서 서쪽으로
60° 정도 치우쳐졌다. 묘도의 길
이는 3.20m, 폭은 1m, 높이는
0.7~1.40m이다. 묘도의 바닥은
경사진 언덕 모양으로 돌을 깔
았다. 묘도는 묘실의 서남벽을
마주하고 있으며, 중축선상中軸
線上에 놓여있다. 묘실의 평면은
정방형이며, 서북벽은 중축선과
평행하다. 묘실의 각 변의 길이
는 3~3.30m이다.

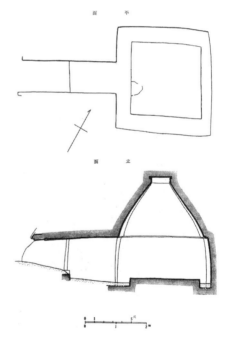

▲ 환문총 실측도 (池內宏, 1940, 『通溝』下)

네 벽은 안쪽으로 약간 기울어 있으며, 윗부분은 복두형覆斗形이며, 전체 높이는 3.48m이다. 묘실의 중앙에는 방형의 관대가 하나 놓여 있는데 길이 2.25m, 높이 26cm이다.

묘도와 묘실의 석벽은 모두 백회를 발랐으며, 이 백회 벽면에 벽화를 그렸다. 오랜 세월이 흘러 백회가 심하게 얼룩지고 탈색했기 때문에 벽화의 보존 상태가 완전하지 못하다.

3) 벽화

묘실의 양측에는 각각 한 마리의 사나운 짐승이 그려져 있다. 그 짐승은 밖을 향해 머리를 들고 입을 벌려 혀를 내밀고 있으며, 그 옆에는 각각 고목나무가 하나씩 그려져 있다. 북벽의 짐승몸은 호랑이무늬로 그려졌고, 한쪽 앞발을 들어올리고 등의 털이 날리듯이 솟아있어 세차게 달리는 모양을 하고 있다. 남벽의 짐승몸은 조문條紋과 환문環紋으로 단장되어 있고 취하고 있는 자세는 북벽의 짐승과 같다. 묘도에 짐승을 그려넣은 의도는 그 짐승으로 하여금 악귀를 몰아내는 데 있었을 것으로 추정된다.

▲ 환문총 벽화 일부

묘실의 네 벽과 윗부분[頂部]이 만나는 곳에는 양방樑枋을 만들어 그 네 귀퉁이에 기둥의 두공枓栱을 그림으로 그려 만들었다. 대들보 기둥[梁柱]의 아랫쪽은 황갈색으로, 그 위에는 암홍색暗紅色

의 서린 반룡蟠龍을 그렸는데 묵선墨線으로 윤곽을 그렸다. 전체 묘실은 마치 양계梁桂를 채색하여 그린 한 채의 집과 같다.

네 벽에는 20여 개의 환문環紋을 그렸다. 이 환문들은 모두 균일하게 분포하고 질서 정연하게 배열되어 있으며 크기와 간격이 서로 같다. 환문은 정원正圓이며 직경 18.5cm이다. 이 환문의 바깥쪽 테두리는 굵은 흑선이며 안쪽으로 가면서 암홍색·엷은 난색·홍색·난색·자색의 고리가 여러 겹 있다. 중심고리는 황색이고 그 가운데 작은 구멍이 있다. 이 작은 구멍은 원을 그릴 때 취한 원심圓心일 것으로 보인다.

색채가 매우 짙은 고리무늬 사이에는 가늘게 그려져 있는 인물人物이 희미하게 보이는데 남벽쪽에 있는 인물은 조금 더 분명하게 보인다. 인물의 복식復飾은 각저총角觝塚과 무용총舞踊塚 두 고분의 벽화와 유사하다. 이는 아마도 당시 인물의 그림이 채 완성되기 전에 환문으로 개작改作했기 때문으로 보인다. 묘실의 윗부분은 이미 백회가 심하게 벗겨져 벽화의 전모를 볼 수 없다. 아직까지 남아 있는 부위에서 청룡靑龍의 가늘고 긴 몸통과 백호白虎의 발톱을 볼 수 있다. 이것이 바로 청룡·백호신 도상圖象이다. 관대棺臺의 측면에도 백회가 발라져 있고 색깔 얼룩이 남아 있다. 이 곳에는 본래 벽화가 그려져 있었을 가능성이 있다.

III. 참고문헌

吉林省文物考古研究所, 2009,『吉林集安高句麗墓葬報告集』, 科學出版社.

아즈마 우시오·다나카 도시아키 지음, 박천수·이근우 옮김, 2008,『고구려의 역사와 유적』, 동북아역사재단.

池內宏, 1940,『通溝 : 滿洲國通化輯安縣高句麗遺蹟及壁畵墳』下, 日滿文化協會.

한국고대사회연구소, 1992,『한국 고대 금석문』, 가락국사적개발연구원.

한국금석문 종합영상정보시스템 http://gsm.nricp.go.kr/

_차승연

임강총 臨江塚

I. 개관

우산하 고분군 중 형태가 비교적 큰 적석총 중 하나로 용산에서 서남쪽으로 갈라져 나온 작은 구릉 위에 자리하고 있다. 서쪽으로 460m에는 광개토왕릉비, 900m에는 태왕릉이 있고, 북쪽으로 1.5km에 장군총이 있다. 1900년대 초 이래 압록강에 접해 있어서 임강총臨江塚으로 불리게 되었다.

고분의 형태는 계단석곽적석총이며 규모는 가로 76m×세로 71m×높이 10m 정도이다. 무덤은 가공하지 않은 비교적 커다란 돌로 둘레를 만들고, 내부는 작은 깨진 돌들을 채웠으며, 계단의 바깥면은 산돌의 깨진 면을 이

▲ 임강총 원경

▲ 임강총 근경

용하여 축조하였다.

소위 제대祭臺는 고분의 동쪽으로 13.5m 떨어진 곳에 고분과 평행한 방향으로 위치한다. 소위 제대의 규모는 50m×5~9m의 장방형이며 잔존 높이는 0.2~0.5m이다. 금기金器·동기銅器·철기鐵器·토기·기와 등 50여 건의 유물들이 소위 제대와 묘상부와 무덤 주변 등에서 출토되었다.

임강총은 무덤의 구조나 입지조건과 규모 등으로 미루어 왕릉으로 비정되는 무덤이다. 무덤의 연대는 제대에서 출토된 청동인형차할靑銅人形車轄과 금동장식구·꼬아 만든 재갈·토기 등이 보이며 4세기에 등장하는 권운문 와당이 출토되지 않은 것으로 보아 3세기 말경에 조성된 것으로 추정된다.

II. 무덤 구조

임강총은 가공되지 않은 큰 덩어리의 폭 좁은 석재를 이용하여 무덤 둘레를 만들고, 계단 형태로 돌을 쌓아 올렸다. 내부는 작은 깨진 돌들을 채웠으며, 계단의 바깥 면은 산돌의 깨진 면을 이용하여 0.4~0.6m의 평평한 두께로 안으로 들여쌓고 제2층단을 쌓았다. 주변을 이은 석재는 일반적으로 길게 있는데 0.5~0.9m, 폭은 0.2~0.4m이며, 두께는 0.3~0.35m로 평행하지 않다. 제2층적석은 2~4층으로 쌓고, 높이는 0.3~0.4m이다.

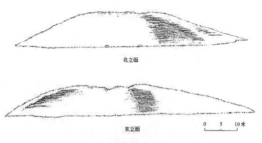

▲ 임강총 입면도
(吉林省文物考古研究所, 2004, 『集安高句麗王陵』)

계단 외측은 산돌을 사용하였고 작은 강돌을 쌓아 평평하게 조화시켰다. 두께는 두 방향을 일정한 거리를 두고 쌓아 제3층 계단을 만들었다.

임강총 입지의 형세로 인하여 네면에 쌓인 계단의 층은 각각 다르다. 동남각과 서남각은 21~23층으로 나누어 만들어졌다. 지형은 비교적 북면이 더 낮기에, 그 계단은 30~33층으로 만들어졌다. 또 네 면의 계단이

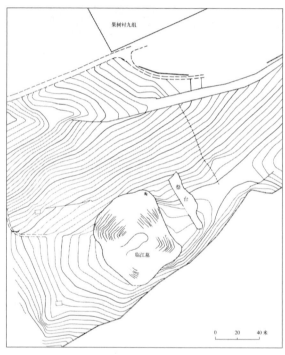

▲ 임강총 부근 형세도
(吉林省文物考古研究所, 2004, 『集安高句麗王陵』)

높이와 넓이가 균일하지 못하다.

무덤 정상부는 비교적 평평하며 길이 20m, 폭 18m의 장방형이다. 그 중심에 길이 17m, 폭 10m, 깊이 2m의 구덩이가 하나 있다. 이것은 동남부 부

　　　　太王의 나라 고구려 유적

분에 근대에 세워진 벙커로, 이로 추측컨대 묘실은 나중에 교란되어 덮인 것으로 보인다. 이곳에는 많은 양의 수키와가 산재해있고, 암키와와 소량의 척와脊瓦가 계단에 남아있으며, 봉석封石 위에 비교적 많은 기와가 남아 있는 것이 발견되었다.

III. 제대

무덤의 동변에서 13.5m 거리에 있으며, 길이 50m, 너비 5~9m, 높이 0.3~0.5m의 장방형이다. 주변은 큰 산돌로 쌓았으며, 안쪽을 메운 돌들의 크기는 일정하지 않다. 제대 추정 유구의 왼쪽 상부와 하부에는 낮은 도랑이 있는데, 너비는 0.5m 내외, 깊이는 0.35m이다. 상부는 길이가 11.5m, 하부는 8m이며, 가운데의 약 10m 부분은 파괴되었다.

아래쪽과 가운데 부분에는 불에 탄 흔적이 있는 3개의 원형흑토권圓形黑土圈이 크게 형성되어 있다. 또한 이 위에서 도관陶罐·철제 허리띠고리·도금장식편 등이 나왔다. 이 유구 북쪽 서변의 약 18m 지점에서는 청동인형차할이 나왔다. 소위 제대 위에선 도기와 철정·철도·철촉 등의 철제유물과 청동관靑銅管 등의 청동유물이 나왔다.

이 유구에 대해서 중국에서는 제대라고 부르고 있지만 실제 그 성격이 제대인지에 대해서는 의구심을 표하는 학자들도 많다. 이는 다른 유적

▲ 임강총 소위 제대 추정 유구
(吉林省文物考古硏究所, 2004, 『集安高句麗王陵』)

들과 마찬가지로 제대방향의 일관성이 없기 때문이다.

IV. 임강총의 피장자 문제

임강총은 규모가 크며 중소형 고분들과 달리 군집 형태나 열상 배치로 존재하지 않고, 독립적으로 일정한 묘역을 갖는다. 또한 소위 제대가 보이며, 적석부의 기와나 와당이 존재한다는 점에 미루어 볼 때 임강총은 왕릉의 구성 요소를 갖춘 것으로 판단된다. 현재 고구려 왕릉으로 비정하고 있다.

고구려왕의 시호는 장지명葬地名에 따르게 되는데 그에 따라서 피장자被葬者는 동천왕으로 보는 견해가 많으며, 그 밖에 소수림왕·산상왕·봉상왕으로 보는 견해가 있다.

1. 동천왕릉설

현재 임강총은 다수의 학자들이 동천왕릉으로 파악하고 있다. 동천왕릉은 동천東川가에 소재한 왕릉으로, 동천이라는 하천을 태왕향 앞을 흐르는 작은 하천으로 파악하기 때문이다. 물론 이 하천은 현재 존재하지 않는다. 그리고 왕릉 소재지의 지표가 될만한 수량水量을 갖춘 하천도 아니었다.

그러나 반대 의견을 피력하는 학자들은 임강총의 무덤 양식이나 출토 유물의 편년을 들어, 대체로 3세기 말~4세기 전반경의 무덤으로 보고 있다. 따라서 209년에 태어나 248년에 사망한 동천왕과는 시간적 괴리가 생기기 때문에 동천왕릉일 수 없다고 말한다. 이 견해에 따르면 지리적 위치만으로 왕릉을 비정하기는 어려워진다.

2. 봉상왕릉설

정호섭의 견해로는 봉상왕은 300년에 사망하였으며, 지명인 봉산지원烽山之原을 생각해 보더라도 임강총은 국강상 인근 지역의 높은 구릉 혹은 산

위에 위치하고 있어서 지명과도 어느 정도 일치한다고 했다.[01]

하지만 이 견해에 반대하는 학자들은 봉상왕의 봉상烽上은 통신용의 봉화를 올리는 산을 가리키므로, 임강총이 소재한 야산은 지형상 맞지 않다고 주장한다. 따라서 임강총이 봉상왕릉이라는 설은 타당성이 없다고 본다. 이런 점에 미루어 보아 봉상왕릉을 마선구 2100호분으로 추측하기도 한다.

V. 참고문헌

강현숙, 2006, 「중국 길림성 집안 지역 고구려 왕릉의 구조에 대하여」, 『한국고대사연구』 41.

김유정, 2007, 「집안지역 고구려 고분군의 분포 및 변화양상에 관한 연구」, 동아대학교 석사학위논문.

길림성문물고고연구소, 2004, 『집안고구려왕릉』, 문화출판사.

吉林省文物考古研究所·集安市博物館, 2004, 『集安高句麗王陵』, 文物出版社.

박영범, 2005, 「집안일대 고구려 왕릉의 '제단'」, 『고구려연구』 19.

이도학, 2008, 「집안지역 고구려 왕릉에 관한 신고찰」, 『고구려발해연구』 30.

임기환, 2009, 『고구려 유적의 어제와 오늘』 2, 동북아역사재단.

정호섭, 2008, 「고구려 적석총 피장자에 관한 재검토」, 『한국사연구』 143.

_ 정동귀

---

01 정호섭, 2008, 「고구려 적석총 피장자에관한 재검토」, 『한국사연구』 143, p.22.

광개토왕릉비 廣開土王陵碑

Ⅰ. 개관

고구려 수도였던 중국 길림성 집안集安에 소재한 광개토왕릉비는 6.39m의 높이에 37t의 무게를 자랑한다. 그리고 화산암에 새겨진 비문의 글자는 크기가 무려 12cm에 이른다. 우리 역사상 현존하는 비석으로는 가장 연대가 올라간다.

「광개토왕릉비문」은 총 44행 1,775자에 3개 문단으로 구성되었다. 그 내용은 건국 설화와 정복 전쟁 기사, 그리고 묘지기인 수묘인守墓人에 관한 규정으로 구성되었다. 여기서 정복 전쟁 기사는 '전쟁 명분 + 전쟁 과정 + 전쟁결산' 이라는 구조로 짜여 있다. 정복 전쟁 기사 앞에 적

▲ 일제 때 촬영된 광개토왕릉비

혀 있는 건국 설화는 광개토왕이 무력을 행사한 배경과 근거를 제공해준다. 그리고 「광개토왕릉비문」 마지막 문단에는 무려 330가家나 되는 수묘인들의 출신 지역이 낱낱이 기재되었다.

Ⅱ. 비의 발견 및 조사

광개토왕릉비(이후 '능비'로 약기한다)는 고구려의 멸망과 더불어 잊혀 졌다가 19세기 말에 재발견되었다. 능비의 존재를 처음으로 기록한 것은 「용비어천가龍飛御天歌」를 비롯한 조선시대의 문헌들이다. 그러나 능비가 고구려의 유적으로 인식되었던 것은 아니었다. 심지어 『지봉유설芝峰類說』 등에는 능비가 여진족이 세운 금나라의 시조비始祖碑로 오인하기도 하였다.

오랫동안 잊혀져왔던 능비가 재발견된 경위는 여러가지 보고가 엇갈려 있어 정설은 없다. 대체로 청나라가 만주지역의 봉금封禁을 풀고 이 지역에 회인현懷仁縣을 설치한 뒤인 1880년을 전후하여, 개간에 종사하던 청나라 농부에 의하여 발견된 것으로 보고있다. 당시 지사였던 장월章樾이 관월산關月山을 시켜 비를 조사하게 한 뒤, 비의 부분적인 탁본이 북경北京의 금석학계에 소개됨으로써 비의 실체가 비로소 세상에 알려지게 되었다.

비가 재발견된 초기에는 비면의 상태 불량과 탁본 여건의 미비로 단편적인 탁본이나 쌍구가묵본雙鉤加墨本이 유행하였을 뿐 정교한 원탁은 1887년경부터 만들어지기 시작하였다.

이러한 과정에서 1882년경에는 마침 만주를 여행 중이던 일본군 참모본부의 밀정인 사카와 카게노부[酒匂景信] 중위에 의하여 비문의 일부 문자가 변조되기에 이르렀다. 또 이를 기초로 한 쌍구가묵본이 일본에 반입되자 참모본부를 중심으로 하여 비문의 초기 연구가 비밀리

▲ 2007년에 촬영한 광개토왕릉비

에 진행되었고, 1889년에 그 내용이 세상에 공표되었다.

거의 같은 시기인 1885년경부터는 중국학계에서도 비에 대한 조사와 금석학적 연구가 진행되었다. 그 뒤 1899년경부터는 일본 · 청나라 양국에서 비문 변조를 합리화하거나 고가 매매를 하기 위해 보다 선명한 탁본을 얻으려고 비면에 석회칠[石灰付塗]을 감행하였다. 이러한 과정에서 비면의 마멸과 일부 문자가 오독되기에 이르렀다.

한편 능비의 탁본과 함께 러일전쟁 이후에는 주로 일본인 학자에 의해 능비 주변의 유적조사가 진행되어 『조선고적도보朝鮮古蹟圖譜』·『통구通溝』·『조선고문화종감朝鮮古文化綜鑑』 등으로 정리 · 출간되었다.

Ⅲ. 비의 형상과 비문의 형태

능비는 지금의 압록강 중류의 만포진滿浦鎭에서 마주보이는 중국 길림성吉林省 통화전구通化專區 집안시輯安市의 시청 소재지인 통구성通溝城으로부터 동북쪽 약 4.5km 지점인 태왕촌太王村 대비가大碑街부근에 서 있다.

능비는 대석臺石과 비신碑身의 두 부분으로 되어 있다. 대석과 비신의 일부는 땅속에 묻혀 있다. 대석은 약 20cm 두께의 화강암을 사각형으로 다듬은 것이다. 길이 3.35m, 너비 2.7m의 장방형이다.

그리고 비신은 방주형

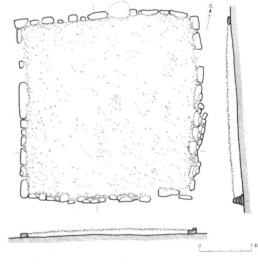

▲ 능비 대석 평 · 단면 실측도
(吉林省文物考古研究所, 2004, 『集安高句麗王陵』)

方柱形의 화산암[01]을 약간 다듬은 것으로, 너비 1.35~2.0m, 높이 6.39m[02]에 달하는 우리나라 역사상 최대의 크기이다. 개석蓋石이 없는 고구려 석비石碑 특유의 형태로 되어 있다. 비신의 사면四面에 모두 글씨를 새겼는데, 비문에 글씨를 새긴 면적은 각 면에 따라 차이가 있으나, 대체로 5.5m 높이에서부터 새기기 시작하였다. 또한 문자의 크기와 간격을 고르게 하기 위하여 각 면의 위와 아래에는 횡선을 긋고, 매 행은 약 13cm 간격으로 가는 종선을 그었다. 여기에 한예漢隸의 팔분서八分書[03]에 가까운 고구려 특유의 웅혼雄渾한 필체로 14~15cm 정도 크기의 문자가 음각陰刻되어 있다. 현재는 5mm 깊이로 남아 있다. 비신의 4면에는 모두 44행 1,775자가 새겨져 있다.[04]

IV. 「광개토왕릉비문」 내용

1. 전쟁기사 분석

「광개토왕릉비문」(이후 '능비문'으로 약기한다)에 보이는 광개토왕의 정복 사업은 대체로 동쪽으로는 동부여 정벌과 서북쪽으로는 패려稗麗 정벌 그리고 남쪽으로는 백제, 동남쪽으로는 신라와 가야 지역으로의 진출을 들 수

---

01 과거에는 각력응회암(角礫凝灰岩)으로 단정하기도 하였지만 지금은 취하지 않는다.
02 박시형(朴時亨)은 6.34m로 관측하였으며, 중국 측의 안내 표지판에는 6.12m로 되어 있으나, 여기에서는 왕건군(王健群)의 최근 실측에 의하였다.
03 예서가 성행하기 시작한 것은 전한부터이다. 전한 중기까지의 것을 고례(古隸)라 한다. 예서는 전한 말기(BC 1세기경)에 완성되었고, 이를 팔분예 또는 팔분이라고 한다.
04 종래에는 제1면 제6행만 39자로 생각하고 나머지 43행은 모두 41자로 계산하여 1,802자로 생각하였으나, 3면의 상부가 경사진 까닭에 2면과 4면의 일부에는 원래 문자가 없었다는 왕건군의 최근 연구가 타당성이 있으므로 이에 따랐다.

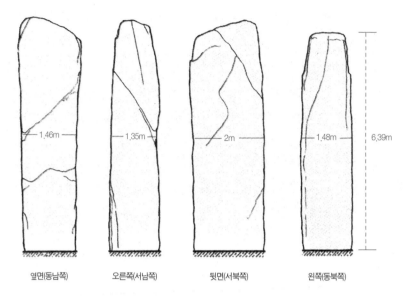

| 옆면(동남쪽) | 오른쪽(서남쪽) | 뒷면(서북쪽) | 왼쪽(동북쪽) |

▲ 능비 비면 실측도 (서길수, 1998, 『고구려 역사유적 답사』)

있다. 이것을 놓고 볼 때 고구려는 동서남북의 전방위에서 정복전을 힘차
게 펼쳐나갔음을 알 수 있다. 여기서 가장 주력한 곳을 관련해 능비문의 전
쟁기사가 광개토왕 당대의 그것을 모두 적시摘示하고 있는 것은 물론 아니
다. 하지만 그 비중을 엿보여 준다는 점에서 일종의 가늠자 역할은 한다고
할 수 있다. 왜냐하면 능비문은 단순히 사실을 기록하기 위한 차원에서만
쓰여진 문장이기보다는, 고구려 왕가의 정치적 의지와 정서를 품고 있거나
그것이 고여 있는 일종의 선전문이기 때문이다.

1) 영락 5년조의 패려稗麗 정벌 기사

능비문 영락 5년조에 의하면 고구려高句麗의 패려 정벌을 다음과 같이 적
고 있다.

永樂五年歲在乙未　王以稗麗不□□[人]　躬率往討　過富山[負]山　至鹽

　太王의 나라 고구려 유적

水上 破其三部洛六七百營 牛馬群羊 不可稱數 於是旋駕 因過襄平道 東來
□城 力城 北豊 五備□ 遊觀土境 田獵而還

위의 기사는 고구려의 남진경영과 무관한 염수상鹽水上에 소재한 패려로
의 진출일 뿐 정복활동은 아니다. 염수의 소재지에 관해서는 여러 가지 설
이 있지만 고구려의 서북 지역에 소재한 게 분명하기 때문이다. 염수는 문
자 그대로 소금을 산출하는 호수로 보인다. 고구려는 염수를 장악하여 해
염海鹽을 섭취할 수 없는 요하 상류를 포함한 내몽골과 대흥안령산맥을 포
함한 거란 등과 같은 내륙 지역의 세력에 대한 고삐를 쥐고자 했을 가능성
이 있다.

2) 영락 6년조의 백제 정벌 기사

능비문 영락 6년조에 의하면 고구려의 백제 정벌을 다음과 같이 적고
있다.

① 신묘년조辛卯年條의 해석

위의 문단은 전쟁의 동기에 해당하는 명분 격의 전치문前置文을 앞에 설
정하고 있다. 이 전치문이 유명한 이른바 신묘년조 기사로서 비문 변조설
變造說을 위시하여 각종의 설이 맺혀 있는 부분이다. 그런데 최근 중국의 경
철화耿鐵華는 능비문의 신묘년조에서 '海' 자字의 'ᄼ' 변邊이 종선 바깥으로
나와 있는 사실을 발견하고는 '海' 자를 위작으로 간주하였다. 경철화는 종
래 '海' 자로 판독하였던 글자를 '每' 자로 바꾸었는데, 여기에서도 이 견해
를 취하면서 문구의 전후 내용을 토대로 추정 석문을 삽입하여 띄어 읽기
를 새롭게 하였다.

百殘新羅 舊是屬民由來朝貢 而倭以辛卯年 來渡□破百殘□□[新]羅以
爲臣民 以六年丙申王躬率□軍 討伐殘國 軍□□[首]攻取寧八城 曰模盧城
各模盧城 幹氐利[城] □□城 閣彌城 牟盧城 彌沙城 □舍蔦城 阿旦城 古利

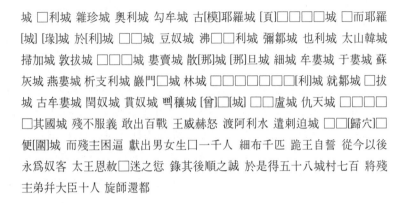

城 □利城 雜珍城 奧利城 勾牟城 古[模]耶羅城 [頁]□□□城 □而耶羅
[城] [瑑]城 於[利]城 □□城 豆奴城 沸□□利城 彌鄒城 也利城 太山韓城
掃加城 敦拔城 □□□城 婁賣城 散[那]城 [那]旦城 細城 牟婁城 于婁城 蘇
灰城 燕婁城 析支利城 巖門□城 林城 □□□□□□□[利城 就鄒城 □拔
城 古牟婁城 閏奴城 貫奴城 㘟穰城 [曾]□[城] □□盧城 仇天城 □□□□
□其國城 殘不服義 敢出百戰 王威赫怒 渡阿利水 遣刺迫城 □□[歸穴]□
便[圍]城 而殘主困逼 獻出男女生□一千人 細布千匹 跪王自誓 從今以後
永爲奴客 太王恩赦□迷之愆 錄其後順之誠 於是得五十八城村七百 將殘
主弟幷大臣十人 旋師還都

잘 알려져 있듯이 비문의 신묘년조는 이와 잇대어 적혀 있는 영락 6년조
의 전치문이라는 점이다. 영락 6년조는 고구려의 백제정벌 기사이므로, 고
구려의 백제원정의 빌미가 되는 사건이 신묘년조에 기록되어 있다고 간주
하는 것은 어렵지 않다. 능비문에 적혀 있는 고구려의 전쟁기사에는 출병
의 명분이 들어 있기 때문이다. 그러므로 신묘년조에는 백제의 어떠한 능
동적인 역할이 기재된 게 분명하다고 볼 수 있다. 그렇지 않고서는 고구려
가 백제만 공격한 이유를 설명할 수 없는 것이다. 종전의 해석대로 왜가 백
제와 신라를 격파하여 신민으로 삼았다면, 어째서 고구려는 자국 중심의
조공체제를 깨뜨린 왜倭를 응징하지 않고 백제만 공격했는지 이해되지 않
기 때문이다.

　게다가 백제뿐 아니라 신라까지도 왜의 신민臣民이 되었는데, 그럼에도
불구하고 고구려가 신라만을 공격하지 않은 이유를 설명할 수 없게 된다.
오히려 영락 9년과 10년조에 의하면, 신라는 왜의 공격을 받아 고구려의
구원의 대상으로 기록되어 있다. 그러므로 신묘년조 가운데 "신라가 왜의
신민이 되었다"라고 하는 식의 해석에는 문제가 있음을 알 수 있다. 신라
가 신묘년에 왜倭의 신민이 되었다면 그것에서 벗어났다는 기록이 능비문
상에 보이지 않는 한 '신민臣民' 관계가 존속되어야 할 터이지만, 오히려 영
락 9년에야 왜의 침공을 받고 있기 때문이다. 이러한 상황 논리에 비추어

볼 때, 신묘년조에서 신라가 왜의 신민이 되었다는 기존의 해석과 더불어 백제에 대한 그것까지도 의심하기에는 충분하리라고 본다.

요컨대 이러한 상황 인식을 토대로 하여 "백제와 신라는 예부터 (고구려의) 속민이었으므로 이때까지 조공하였다. 그런데 왜가 신묘년 이래로 건너오자, (고구려가) 매번 격파하였으므로, (고구려의 속민이면서 왜와 연계된) 백제는 [배반하여] 신라를 [침략해서] 신민으로 삼았다"라고 해석하고자 한다.

신묘년조에 관한 해석 가운데 그 논점이 되는 뒷 구절을 정리해 보면 다음과 같다. 즉 고구려는 강성한 수군력을 바탕으로 백제와 연결된 왜군의 신묘년 이래로의 침략을 저지하거나 격퇴하였다. 그러자 백제가 배반하여 그 보복으로 고구려의 속민인 신라를 쳐서 신민으로 삼았으므로, 영락 6년에 고구려의 백제 정토征討가 개시되었다는 이야기가 되겠다. 여기서 고구려 군대가 왜군을 격퇴한 지역은 고구려 영역에만 한정된다고 볼 수는 없고, 또 백제와 왜가 연합한 상태에서의 교전일 가능성도 크다.

그리고 백제가 신라를 신민화시켰다는 것은, 고구려가 영락 6년에 백제 원정의 명분으로 제시한 과장된 문구에 불과하다고 하겠다. 또 '신민'은 신묘년조의 동일 구절에 같이 보이거니와 흔히 과장이 내재된 문자라고 이야기하는 '속민屬民'보다도 지배의 강도가 떨어지는 표현인 바, 실제적인 의미는 거의 없다고 생각된다.

② 영락 6년조의 해석

영락 6년에 대한 전쟁 과정은 광개토왕이 직접 이끈 수군 작전에 의해 지금의 한강인 아리수를 건너 백제 왕성王城을 급습, 항복을 받아낸 것으로 되어 있다. 이때 백제왕은 광개토왕에게 영원히 노객奴客이 되겠다고 맹세를 하고 남녀 생구生口 1천 명과 세포細布 1천 필을 바쳤을 뿐 아니라 왕제王弟와 대신大臣 10명을 볼모로 바쳤다.

광개토왕은 영락 6년인 396년에 숙적宿敵인 백제에 대한 정벌을 성공적으로 마무리 지었다. 여기에는 첩보전과 기만술이 전제되지 않고서는 감행하기 어려운, 의표를 찌르는 수군 작전이 주효하였다고 본다. 능비문에 의하면 광개토왕이 직접 수군을 이끌고 한강을 건너 일제히 상륙하여 백제 왕성을 포위·함락시켜 백제 아신왕의 항복을 받아내었다. 이는 속전속결에 의한 기습전이었기에 가능한 일이라고 하겠다.

즉 요로要路마다 포진하고 있는 성곽을 일일이 깨뜨리면서 진격해야만 하는 육로공격은 시간이 많이 소요될 뿐 아니라 부담이 실로 큰 전투가 아닐 수 없다. 반면 뱃길을 이용한 수군작전은 신속한 기동력을 바탕으로, 예상치 못한 그 배후의 심장부인 백제 왕성을 강타하는 것이다. 이러한 작전이 성공하기 위해서는 백제의 지형지세와 방어망에 대한 사전 탐지가 이루어졌어야만 가능하다. 역시 첩보전이 뒷받침되지 않고서는 생각하기 어렵다. 게다가 기마전까지 복합되었으리라고 본다. 고구려의 소단위 부대가 정면 돌파하는 식으로 육로 공격을 시도하여 백제 군대의 주력을 북쪽 변경에 묶어둔 다음, 허를 찌르는 수군작전이 전격적으로 단행되었을 가능성이 높다.

3) 영락 8년조의 백신토곡帛愼土谷에서의 초략抄略 기사

능비문 영락 8년조에 의하면 다음과 같은 기사가 있다.

八年戊戌 教遣偏師 觀帛愼土谷 因便抄得莫□羅城加太羅谷 男女三百餘人 自此以來 朝貢論事

위의 기사에 의하면 398년 고구려는 소단위 부대를 파견하여 백신토곡帛愼土谷을 시찰하고 남녀 3백인을 잡아가지고 왔는데, 이로써 다시금 조공을 바치고 복종하겠다고 한 내용이다.

여기서 백신帛愼의 위치에 관해서는 지금의 목단강 이동以東의 연해주 지방으로 비정하는 등 고구려 동북 지역으로 비정하기도 한다. 이 문제는 쉽

게 구명하기 어려운 성질의 것이지만, 위의 기사가 영락 6년 백제 정벌의
여파로 이해하는 동시에 백신토곡을 백제와 인접한 한강 유역이나 강원도
지방의 예지濊地로 간주하는 견해를 취하면 이 기사의 성격이 드러난다.

고구려가 소백산맥 이남지역으로 진출하기 위해서는 남한강 상류의 충
청북도와 강원도 지역의 예인濊人 거주 지역을 통과해야만 하는데, 반발의
소지가 큰 예인을 견제한다는 측면에서 볼 수 있다. 그러니까 한반도 중심
부를 관통하는 대륙 교통로의 안전을 점검하기 위한 일종의 무력시위이지
정복전쟁은 아닌 것이다. 설령 영락 8년조의 백신이 강원도와 충북 내력에
소재한 세력이 아니라고 하더라도, 이들의 성격은 영락 5년조의 패려나 영
락 20년조의 동부여와 마찬가지로 전쟁 과정이 구체적이지 않을 뿐 아니
라, 영토를 복속시킨 언급이 전혀 보이지 않는다. 따라서 이들 세 기사는
서로 연결되는 면이 없지 않다.

4) 영락 10년조 낙동강 유역으로의 출병 기사

능비문 영락 10년조에는 전쟁의 명분으로 영락 9년 기사가 앞에 제시되
어 있는데, 이들 기사는 다음과 같다.

九年己亥 百殘違誓與倭和通 王巡下平穰 而新羅遣使白王云 倭人滿其
國境 潰破城池 以奴客爲民 歸王請命 太王[恩慈] 矜其忠[誠] □遣使還告以
□計十年庚子 敎遣步騎五萬 往救新羅 從男居城 至新羅城 倭滿其中 官軍
方至 倭賊退□□背急追至任那加羅從拔城 城卽歸服 安羅人戌兵□新[羅]
城□城 倭[寇大]潰 城□□□盡□□□安羅人戌兵[新]□□□□[其]□□□
□□□□言□□□□□□□□□□□□□□□□□□□□□□□□□□□
辭□□□□□□□□□□□□□□潰□□□□安羅人戌兵 昔新羅寐錦未有
身來[論事] □[國罡上廣]開土境好太王□□□□寐[錦]□□[僕]勾□□□□
朝貢

위의 기사는 백제가 영락 6년에 한 맹세를 어기고 왜와 화통하였는데,

영락 9년에 광개토왕이 순시 차 평양성에 갔더니 신라에서 사신을 보내어 대왕에게 고하기를 "왜인이 우리 국경에 가득히 들어와서 성지를 파괴하고 있으니 구원을 요청 한다"는 내용이다. 이 문구에 의하면 순시 차 평양성에 내려 온 광개토왕이 마침 구원을 요청하러 온 신라 사신을 만나 상황을 듣고, 신라를 구원하기 위한, 마치 종주국으로서의 의무를 수행하기 위해 출정한다는 이야기이다. 이어 영락 10년인 400년에 보기步騎 5만의 대병력을 보내어 신라를 구원했는데, 그때 고구려 군대가 남거성에서 신라성에 이르렀고, 왜적을 궤멸시킨 내용과 신라왕이 직접 찾아와서 조공한 내용으로 막을 내리고 있다.

여기서 400년에 출병한 고구려 군대의 성격은 어떻게 보아야 하는가? 능능비문에는 구원군으로 적혀 있지만, 이는 어디까지나 출병의 명분에 불과할 따름이고 사실상 정복군이었다. 그 이유는 다음과 같다. 첫째, 고구려는 소백산맥 이남지역으로 진출하기위한 준비를 진행시켰다는 것인데, 396년 남한강 상류의 내륙교통로를 확보했다. 398년에는 교통로의 안전을 점검하기 위한 목적에서 무력시위를 벌였다고 할 때 대병력 파견을 위한 용의주도한 준비가 갖추어졌음을 알 수 있다. 둘째, 399년에 신라 지역에 침공한 왜군의 규모는 알려진 바 없으나 보기步騎 5만에 이르는 대병력의 파견은 단순한 구원군의 차원을 넘어섰다고 본다. 결과론일 수도 있겠지만 이때의 전투는 고구려와 신라가, 백제와 가야 그리고 왜로 이어지는 3국 동맹군 간의 싸움인 국제전의 양상을 띠고 있었기 때문이다. 셋째, 고구려 군대의 출병 직후로 짐작되는 400년 2월 후연後燕의 3만 병력이 고구려 서변西邊의 신성新城과 남소성南蘇城을 비롯한 700여 리의 땅을 일시에 약취略取하였다. 이는 고구려가 낙동강 유역으로의 진출에 다대한 국력을 기울였음을 의미하는 움직일 수 없는 중좌이다.

그러면 400년에 고구려 군대가 신라에 출병한 목적은 어디에 있었을까? 이는 전쟁의 명분을 명시하고 있는 영락 9년조에 해답이 들어 있는데, 백제가 영락 6년에 한 맹세를 어기고 왜와 화통하였다는 점에서 찾을 수 있다. 즉 고구려 군대는 신라 구원을 명분 삼아 출병하여 왜군과 전투를 치른 것으로 되어 있지만, 기실 왜군을 끌어 들인 데는 백제의 입김이 작용하였음을 알 수 있다. 또 그 전장이 백제의 영향권인 가야 지역이었음을 놓고 볼 때, 백제를 정점으로 하여 가야와 왜로 이어지는 삼각동맹체제와의 전투가 되겠다. 그러니까 고구려의 낙동강 유역으로의 출병은 기실 이러한 삼각동맹체제의 정점에 위치한 백제를 타켓으로 한 것이다. 또한 가야 지역에 대한 지배권을 장악하여 백제를 배후에서 압박·고립시키는 한편, 왜군의 진출을 봉쇄하여 동북아시아에서의 새로운 정치적 관계의 재정립에 두었던 것이다. 그러나 고구려의 애초 구상과는 달리 예기치 않은 후연後燕의 기습 공격으로 인해 후방의 본토가 교란됨에 따라, 낙동강 하류 지역까지 진출했던 고구려군 주력 부대의 회군이 불가피해졌다. 요컨대 고구려의 가야 원정은 그 다대한 전과에도 불구하고 결과적으로 실패로 돌아가고 말았다. 다만 고구려군 일부가 신라 보호를 명분 삼아 신라 지역에 잔류하여 백제와 가야 그리고 왜의 동태에 대한 감시를 늦추지 않았을 뿐이다.

5) 영락 14년조의 대방계帶方界 전투 기사

능비문 영락 14년조에 의하면 대방계에 침입한 왜군을 고구려 군대가 궤멸시켰는데 그 내용은 다음과 같다.

十四年甲辰 而倭不軌 侵入帶方界 □□□□□石城□連船□□□ [王躬]率□□ [從]平穰□□□鋒相遇 王幢要截盪刺 倭寇潰敗 斬煞無數

위의 기사는 능비문에서는 이례적으로 고구려가 침공을 받았다는 유일한 내용이다. 일반적으로 영락 14년 전쟁기사의 전치문으로는 '왜불궤倭不軌'를 지목한다. 그런데 이 구절은 고구려가 주변 나라를 정벌하게 된 이유를 설명하고 있는 전치문의 기본 틀과는 거리를 두고 있다. 이어서 적혀 있는 영락 17년조에는 전치문이 보이지 않는데, 혹자는 영락 14년의 전치문이 포괄하고 있다고 하지만 전쟁의 대상이 왜와 백제로서 각각 다르다. 게다가 영락 10년의 경우도 전치문이 보이지 않는다. 그러나 영락 10년의 왜의 침공으로 인한 신라 출병이나 14년의 왜군의 습격을 격퇴한 기사, 그리고 17년의 백제와의 전투는 의심 없이 모두 영락 9년조에 명시된 "백잔百殘이 맹세를 어기고 왜와 화통하였다"는 대전치문 속에 포괄되는 내용이다.

6) 영락 17년조의 전투 기사

능비문에 의하면 영락 17년인 407년에 고구려 군대가 압승을 거두는 기사가 다음과 같이 보인다.

> 十七年丁未 敎遣步騎五萬 □□□□□□□□□師□□合戰 斬煞蕩盡
> 所獲鎧鉀一萬餘領軍資器械不可稱數 還破沙溝城 婁城 □[住]城 □城 □□
> □□□□城

위의 문구는 비문의 일부가 훼손된 관계로 종래 고구려 군대의 공격 대상에 관해서는 추측이 구구하였다. 예컨대 왜 혹은 가야 또는 후연이나 백제를 지목하기도 하였다. 게다가 이 문구의 첫머리에는 출정의 명분이랄 수 있는 전치문이 보이지 않고 있다. 그러나 영락 17년조의 전쟁은 백제와의 전쟁이다.

이 점을 명확히 해주는 것은 고구려에 공파된 사구성沙溝城이니 누성婁城과 같은 성명城名이 되겠다. 이 가운데 누성은 영락 6년조의 고구려에 공파된 백제의 58성 가운데 보이는 모루성牟婁城·고모루성古牟婁城·□루성□婁城·연루성燕婁城 등 이른바 '婁' 자 계통의 성명과의 관련을 시사해 주기 때문이다. 더욱이 고구려군이 공파한 사구성沙溝城·누성婁城·□[주]성□[住]城·□성□城 등 4개의 성에다가 결락된 부분에 2개의 성명을 넣으면 도합 6성城이 된다. 광개토왕은 능비문상 64성을 공파하였는데 영락 6년에 백제로부터 공취한 58성에다 영락 17년에 획득한 6성을 합치게 되면 64성이 된다. 따라서 고구려는 오로지 백제로부터 64성을 공취한 게 되며, 이는 백제와의 전승에 대해 각별히 의미를 부여하고 있음을 뜻한다. 고구려가 다른 지역과는 비교할 수 없을 정도로 남진경영에 주력하였음을 알려준다.

이렇듯 영락 17년조가 백제와의 전쟁에 대한 기록이었다면, 이 전쟁의 성격과 파급 효과를 생각해 보아야만 한다. 왜냐하면 고구려군 보병과 기병 5만 명이 동원되는 영락 17년의 전쟁은 영락 10년(400)의 출병 이래 최대 규모의 군대 동원이기 때문이다. 아울러 이 전쟁에서 고구려군은 백제 군대로부터 '갑옷 1만여 벌[鎧鉀一萬餘領]'을 노획했을 뿐만 아니라, 노획한 군자기계는 수를 헤아릴 수 없을 정도였다고 할 정도로 압승을 거두었다. 바꿔 말해 이 사실은 고구려군 보병과 기병 5만 명에 필적할 만한 수의 백제 군과 왜군이 대적했다가, 적어도 1만 명 이상의 희생자와 6개 성을 상실하는 참패를 당하였음을 뜻한다.

7) 영락 20년조의 동부여 정벌 기사

능비문 영락 20년 즉, 410년에 광개토왕은 동부여를 정벌하는데 그 내용은 다음과 같다.

> 廿年庚戌 東夫餘舊是鄒牟王屬民 中叛不貢 王躬率往討 軍到餘城 而餘
> □國駭□□□□□□□□□王恩普覆 於是旋還 又其慕化隨官來者 味仇婁
> 鴨盧 卑斯麻鴨盧 椯社婁鴨盧 肅斯舍[鴨盧] □□□鴨盧 凡所攻破城六十四
> 村一千四百

위에 보이는 동부여의 소재지에 관해서는 함경남도 영흥만 일대로 비정하는 견해를 비롯하여 몇 가지 견해가 있지만 여기에서는 두만강 하류의 혼춘 방면으로 비정하는 견해를 취한다. 광개토왕의 친정으로 고구려 군대는 동부여 왕성을 습격하여 일거에 함락시키고 회군하는데, 그때 대왕의 덕을 사모하여 지방 수장들이 따라 왔다고 한다. 이 기사에 이어 "凡所攻

破城六十四 村一千四百"이라는 구절이 적혀 있다. 이 수치를 동부여 정벌의 전과로 간주하는 견해도 있지만, '凡'이라는 글자가 있을 뿐 아니라 전쟁기사의 맨 끝에 적혀 있는 수치이다. 그러므로 현행 통설通說처럼 능비문상의 총전과總戰果로 보아야만 할 것이다.

능비문에 의한다면 영락 8년조에는 막사라성莫斯羅城이 보이지만 약탈한 남녀 300여 인의 소속처를 말하는 것일 뿐 영토로서의 지배를 의미하지는 않는다. 그밖에 고구려 군대가 영락 10년에 낙동강 유역으로 출병하여 전투를 할 때 성곽을 공파攻破한게 확인되지만, 영토로서의 점령은 아니었다. 후연의 침공을 받아 본토의 후방이 교란된 고구려 군대는 곧 퇴각하였기 때문이다. 그러므로 능비문에서 고구려가 성을 점령한 대상은 백제로부터였고, 바로 대왕 일대의 그곳으로부터 전과가 64성 1,400촌인 것이다.

요컨대 능비문상의 핵심인 전쟁기사는 고구려 최대의 라이벌인 백제를 염두에 둔 일종의 전승기념비요, 광개토왕의 조부로서 백제 군대에 피살된 고국원왕의 숙분을 말끔히 씻었음과 더불어 양국 간 정치적 역학관계의 재정립을 노리는 정치 선전문이기도 하였다.[05]

2. 수묘인 연호제도 확립

능비문의 마지막 문단은 광개토왕의 능을 관리하고 지키는 수묘인 연호에 관한 기록이다. 능비문에 보이는 수묘인 연호에 관한 기사는 다음 표와 같은 내용으로 짜여 있다.

즉 수묘인의 출신 지역과 차출 연호의 종류와 인원수, 광개토왕 이전과 그 이후 수묘인 편성 내용, 묘 곁에 비를 세우게 된 배경과 수묘제의 유지를 위해 수묘인의 전매를 금하는 내용이다. 이와 관련해 국연國烟과 간연看

---

05 이도학, 2006, 『고구려 광개토왕릉비문연구 - 광개토왕릉비문을 통한 고구려사』, 서경, pp.233~254.

	출신지	국연 (國烟)	간연 (看烟)		출신지	국연 (國烟)	간연 (看烟)
1	매구여민(賣勾余民)	2	3	8	배루인(俳婁人)	1	43
2	동해고(東海賈)	3	5	9	양곡(梁谷)		2
3	돈성민(敦城民)		4	10	양성(梁城)		2
4	우성(于城)		1	11	안부련(安夫連)		22
5	비리성(碑利城)	2		12	개곡(改谷)		3
6	평양성민(平壤城民)	1	10	13	신성(新城)		3
7	차련(此連)		2	14	남소성(南蘇城)	1	
					계(計)	10	100

烟의 성격과 담당하는 일에 대한 문제, 수묘인의 신분 또는 사회적 위상에 대한 문제, 그리고 수묘인의 거주 지역과 수묘역의 수행 방식 및 수묘제의 정비 시기와 능비문에 보이는 매매의 대상에 관한 접근이 있다. 그밖에 수묘인의 소속 왕릉이나 능비의 성격에 대한 논의도 있었다.

능비문에는 수묘인 연호를 배치하게 된 동기와 그 운영에 관한 구절에서 '조왕선왕祖王先王' 혹은 '조선왕祖先王'을 언급하고 있다. 그런데 이들을 막연히 '조상왕祖上王' 전체를 가리키는 호칭으로 파악하는 견해가 많았다.

그러나 이는 광개토왕을 기준으로 한 조왕祖王과 선왕先王인 고국원왕과 고국양왕을 각각 가리킨다는 견해가 맞는 것 같다. 이들 3대의 능묘는 모두 국강상에 소재했다. 그렇다고 할 때 수묘인 연호 330가는 광개토왕릉뿐 아니라 고국원왕릉과 고국양왕릉에 각각 110가씩 배정된 것으로 파악된다. 혹은 이는 광개토왕릉과 고국원왕릉 및 동천왕릉(임강총)에 배정된 것으로 보인다.

그리고 국연國烟은 '국도國都의 연烟'이라는 의미로 밝혀진다. 반면 간연看烟은 국연과 대응 관계에 있는 '지방의 연'을 가리키는 개념으로 간주되었다. 간연은 '현재 거주하는 그곳의 호구'를 가리키는 견호見戶와 동일한 뜻을 지녔다. 그런데 수묘인 연호를 "□□城 國烟□ 看烟□"라고 한 데서

신래한예(新來韓穢) 수묘인 연호

	출신지	국연 (國烟)	간연 (看烟)		출신지	국연 (國烟)	간연 (看烟)
1	사수성(沙水城)	1	1	19	두노성(豆奴城)	1	2
2	모루성(牟婁城)		2	20	오리성(奧利城)	2	8
3	두비압잠한 (豆比鴨岑韓)		5	21	수추성(須鄒城)	2	5
4	구모객두 (句牟客頭)		2	22	백잔남거한 (百殘南居韓)	1	5
5	구저한(求底韓)		1	23	대산한성(大山韓城)		6
6	사조성한예 (舍蔦城韓穢)	3	21	24	농매성(農賣城)	1	7
7	고모야라성 (古模耶羅城)		1	25	윤노성(閏奴城)	2	22
8	경고성(炅古城)	1	3	26	고모루성(古牟婁城)	2	8
9	객현한(客賢韓)		1	27	전성(瑑城)	1	8
10	아단성(阿旦城)		10	28	미성(味城)		6
11	잡진성(雜珍城)			29	취자성(就咨城)		5
12	파노성한(巴奴城韓)		9	30	삼양성(彡穰城)		24
13	구모로성(臼模盧城)		4	31	산나성(散那城)	1	
14	각모로성(各模盧城)		2	32	나단성(那旦城)		1
15	모수성(牟水城)		3	33	구모성(句牟城)		1
16	간저리성(幹氐利城)	1	3	34	어리성(於利城)		8
17	미추성(彌鄒城)	1	7	35	비리성(比利城)		3
18	야리성(也利城)		3	36	세성(細城)		3
					계(計)	20	200

알 수 있듯이 동일한 지역에서 국연과 간연이 한꺼번에 차출되고 있다. 여기서 국연은 고구려가 정복한 지역민 가운데 국도로 이주시킨 호이고, 간연은 원래 지역에 그대로 거주하는 호를 가리킨다. 국연과 간연은 현상적으로는 피정복민의 거주 지역의 차이를 뜻하지만, 본질적으로는 그 신분적 관계를 암시하고 있다.

국도로 이주시킨 국연은 고구려의 피정복 지역에서 지배층이었다. 이로써 고구려의 피정복 지역에 대한 지배 방식의 일단을 확인할 수 있다. 그런데 국도로 옮겨 거주하게 된 국연층은 5부민部民과 구분되었다. 국연층은 구 출신 지역에 거주하는 간연과 더불어 여전히 '□□성' 출신

수묘인 연호 합계			
	국연(國烟)	간연(看烟)	계(計)
구민(舊民)	10家	100家	110家
신래한예 (新來韓穢)	20家	200家	220家
합계	30家	300家	330家

으로서 그와 관련된 국역 대상이었다. 요컨대 능비문에 보이는 고구려의 피정복민 지배 방식은 국도로 이주시킨 계층과 출신 지역 거주층으로 이원화되었음을 알려준다.[06]

V. 「광개토왕릉비문」의 특성

광개토왕릉이 분명한 장군총 앞에 세워진 능비의 성격에 대해서는 수묘인비·송덕비·신도비 등 여러 견해가 제기되었다. 그렇지만 능비문에서 "이에 비석을 세워 훈적勳績을 명기銘記하노니 후세에 보여라"라고 하였듯이 광개토왕의 공적을 기록한 훈적비이다. 이러한 능비문의 저류에서 감지되는 정서는 고구려인들의 천하 관에서 비롯된 긍지와 우월적 사고였다. 가령 '영락永樂'이라는 독자적인 연호를 사용하여 중국과 대등한 입장임을 과시하면서 "(광개토왕의) 위엄 있고 씩씩함은 사해四海에 떨쳤노라!"고 자랑하였다. 모두루 묘지에는 "하박河泊의 손자이시며 일월日月의 아들이신 추모성왕이 북부여에서 나셨으니, 천하 사방이 이 국도國都가 가장 성스러움을 알겠거니"라고 적었다. 여기서 사해와 천하 사방의 중심국은 그것을 말하고 있는 고구려를 가리킨다. 고구려를 중심으로 한 온 세상을 천하라

---

06 이도학, 2006, 『고구려 광개토왕릉 비문연구 - 광개토왕릉비문을 통한 고구려사』, 서경, pp.281~304.

고 하였던 것이다. 그랬기에 자국 시조에 대해 '천제天帝의 아드님'·'황천皇天의 아드님'과 같은 최고의 수식어를 총동원해 존엄성을 기렸다. 그러한 선상에서 '왕' 그것도 '태왕太王'으로 호칭한 대상은 광개토왕뿐이었다. 백제와 신라 국왕은 '주主' 혹은 '매금寐錦'으로 각각 폄훼시켜 표기하였다. 그뿐 아니라 고구려는 주변 국가들과 상하 조공 관계를 구축하였다. 중원고구려비에서 고구려가 신라를 동이東夷라는 멸칭으로 일컫고 의복을 하사한 것도 그러한 천하관의 산물이었다. 그리고 능비문에는 백제와 신라 및 동부여가 속민으로 규정되어 있다. 속민은 고구려 중심의 세계관 속에 포함되어 조공을 이행하는 대상이었다. 고구려인들은 능비문에서 자국 중심의 질서 체계를 설정하는 한편 그것을 위배했을 때는 응징으로 이어진다는 명분을 세웠다.

이 같은 천하관과 짝을 이루며 자국 중심으로 세상을 재편하기 위한 이데올로기로서 『맹자』의 왕도정치王道政治 사상이 능비문에 나타난다. 『맹자』에 따르면 "인仁을 해치는 것을 적賊이라 이르고, 의義를 해치는 것을 잔殘이라 이른다"했다. 이는 능비문에서 고구려에 대적하는 공동 악역惡役으로 등장하는 양대 세력을 '왜적倭賊'과 '백잔百殘'으로 각각 폄훼시켜 호칭한 것과 무관하지 않다. 즉 인의仁義의 화신인 광개토왕 군대는 그에 배치되는 백제와 왜를 정토한다는 정의관의 발현이기도 했다.

능비문에서 광개토왕은 덕화군주德化君主의 이미지로 등장한다. 가령 영락 6년조에 백제왕의 항복을 받아 냈을 때 광개토왕은 '은사恩赦'를 행하였다고 기록되어 있다. 영락 9년조에는 광개토왕의 '은자恩慈'로 인해 신라에 구원군을 출동시킬 수 있었다고 했다. 이렇듯 능비문에는 광개토왕의 '은사'와 '은자'가 현양顯揚되고 있다. 그러한 결과 '귀복歸服'·'귀왕歸王'이 가능했음을 도출해내었다. 이러한 덕화주의의 본질은 『맹자』의 인의사상에 근거하였다. 능비문에서 나타내고자 하는 메시지는 성왕聖王인 광개토왕의 본질을 인의군주仁義君主로 현시하는 것이었다. 인의군주가 거느린 관군官軍의 압승을 통해 인자仁者만이 천하를 얻고 다스릴 수 있음을 선언하였다. 능비문에는 『맹자』의 방벌사상放伐思想을 비롯하여 그것에 근거한 요소들이 산견되고 있다. 그러한 이데올로기의 궁극적인 귀결은 왕도정치의 구현이었다.

능비문에 따르면 광개토왕은 덕화군주의 전형이었다. 그의 이름인 담덕談德 또한 '덕德'과 무관하지 않다. '덕'의 표상으로서 그의 이미지를 현시하고 있다. 그리고 하늘로부터 덕을 얻은 자만이 승전할 수 있다고 했다. 능비문에서 보이는 광개토왕의 군대는 언제나 일방적인 승리를 구가하는 상승군이었다. 이러한 사실은 앞서 언급한 덕화군주로서 광개토왕의 이미지와 부합되는 것이다. 황천으로부터 부여받은 덕을 소유한 광개토왕은 사해의 주민들에게 덕을 베푸는 덕화군주의 면모를 유감없이 보여주었다. 능비문에 보이는 왕은王恩·은사恩赦·은자恩慈·은택恩澤과 같은 '은恩'은 광개토왕의 이미지가 광폭한 정복군주가 아니라 따스한 체온이 감도는 덕화군주임을 환기시켜 준다.

당시 고구려는 거듭된 전란으로 인해 주민들의 심성과 국토가 황폐화된 상황이었다. 부역을 비롯한 끊임없는 징발은 주민들을 고통스럽게 하였다. 그리고 전란에 대한 공포는 염전厭戰 의식을 유발할 수 있었다. 이러한 상황을 정확히 읽은 고구려 지배층은 능비문 형식을 빌려 국면을 일거에 해결해준 성왕의 등장을 반추하였다. 또 그러한 성왕이 통치하던 시기와 영역에 대한 절대성을 강조하고 싶었다. 해서 광개토왕이야말로 절대적 성인의 품덕을 갖춘 이상적 덕화군주였음을 선포하면서 당대에 준비된 계획의 이행을 호소하고 있다. 즉 암묵적으로 평양성 천도의 이행을 호소하고 있음은 말할 것도 없다. 그리고 추모왕의 건국 설화를 능비문의 첫머리에 기재함으로써 넓어진 영역과 확대된 주민을 기반으로 하는 제국 고구려에서 창업주의 존재를 환기시켰다. 그럼으로써 왕실의 정당성과 절대성을 강조하고자 했다. 비록 영역과 주민은 광대해졌고 불어났지만, 어디까지나 이 나라는 천제의 아들인 추모왕 후손의 나라임을 선포하고 있다. 능비문에는 이례적으로 광개토왕의 부조父祖에 대한 언급이 없다. 그럼에도 그를

시조인 추모왕의 17세손으로 명기한 것은 필시 이러한 연유에서였을 것이다.[07]

VI. 참고문헌

공옥당 外, 2005, 『중국학자가 쓴 고구려사』, 학연문화사.

吉林省文物考古硏究所 · 集安市博物館 編者, 2004, 『集安高句麗王陵』, 文物出版社.

서길수, 1998, 『고구려 역사유적 답사』, 사계절출판사.

신형식, 2003, 『고구려사』, 이화여자대학교출판부.

이도학, 1996, 「광개토왕릉비문에 보이는 전쟁 기사의 분석」, 『고구려연구회』.

이도학, 2002, 「廣開土王陵碑文의 思想的 背景」, 『한국학보』, 일지사.

이도학, 2003, 「광개토대왕릉비를 세운 목적은 무엇일까」, 『다시보는 고구려사』, 고구려연구재단.

이도학, 2005, 「太王陵과 將軍塚의 被葬者 問題 再論」, 『고구려연구회』.

이도학, 2006, 『고구려 광개토왕릉 비문연구』, 서경.

이도학, 2007, 「광개토대왕의 영토확장과 광개토대왕릉비」, 『고구려의 정치와 사회』, 동북아역사재단.

이형구 · 박노희, 1985, 『廣開土大王陵碑新硏究』, 동화출판공사.

池內宏, 1938, 『通溝 : 滿洲國通化輯安縣高句麗遺蹟及壁畵墳』 卷上, 日滿文化協會.

_ 양진석

---

07 이도학, 2007, 「광개토대왕의 영토확장과 광개토대왕릉비」, 『고구려의 정치와 사회』, 동북아역사재단, pp.180~184.

태왕릉 太王陵

I. 개관

태왕릉 주변에는 동쪽으로 700m 떨어진 곳에 임강총臨江墓, 서북쪽으로 900m 떨어진 곳에 우산하禹山下 992호분·장군총將軍塚·우산하 2110호분 등이 위치하여 이 일대에 왕릉이 집중 분포되어 있다. 고분의 형태는 복두幞頭형의 계단식 석실적석총으로 묘실은 중앙에 위치하고 있다. 고분의 규모는 동 62.5m, 서 66m, 남 63m, 북 68m으로 호석護石·배수시설·능역·배총·제대 등의 부속시설이 갖추어져 있다. 태왕릉 주변에서 동기·철

▲ 태왕릉 근경

기・석기・금기・누금鏤金・건축구・도자기 등 다량의 유물이 출토되었다. 특히 '태왕太王'이 새겨진 명문전銘文塼이 출토되어 태왕릉으로 명명하게 되었다. 묘주는 광개토왕이라는 설과 고국양왕, 그리고 고국원왕 설이 있다.

II. 무덤의 구조

태왕릉은 가공한 돌로 축조하여 정형화된 모습을 갖추었다. 방형 평면의 높이는 10m 이상이며, 층단과 무덤 전체 높이의 상관관계는 보이지 않는다. 적석부에서 기와와 와당, 명문전이 수습되었다. 매장부는 가공석으로 축조한 석실 구조이며, 가형석곽家形石槨이 확인되었다. 가형 석곽 내에 관대가 놓여 있는 것으로 보아 천추총과 태왕릉은 석곽이 묘실의 기능을 겸한 구조임을 알 수 있다.

태왕릉은 훼손이 심하지만 현재 7층의 구조임을 확인할 수 있고, 계단은 잘 다듬어진 장방형의 돌덩어리를 겹처서 쌓아 올렸다. 층마다 조금씩 안쪽으로 들여쌓았으며, 홈을 파서 돌덩어리가 바깥쪽으로 튀어나오는 것을 방지했고 계단 안은 자갈로 메웠다.

채워진 자갈은 압력으로 무덤이 무너지는 것을 방지하는 역할을 하는 것으로 보고 있다. 또 비슷한 목적으로 4면의 각 면마다 5개의 호석을 계단에 경사지게 기대어 놓았다. 원래 20개가 있어야 하는데

▲ 태왕릉 묘실

太王의 나라 고구려 유적

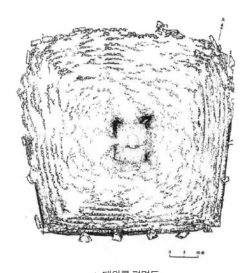

▲ 태왕릉 평면도
(吉林省文物考古研究所, 2004, 『集安高句麗王陵』)

현재는 13개만 남아 있다. 높이는 3~5m이고 너비는 2~3m이며 두께는 약 1m이다. 한 개의 무게가 10t 이상 나갈 것으로 추정하고 있다.

태왕릉의 북쪽은 기반이 무너지면서 완전히 허물어졌다. 다른 3면도 계단들이 거의 파괴되어 큰 돌덩어리들이 여기저기 널려 있어 본래의 모습을 보기 힘들다. 비교적 잘 보존된 동남 · 서남의 두 모퉁이에는 아직도 세 층의 계단이 있다. 첫 계단은 6층의 돌덩어리를 쌓아올렸고 높이는 약 2m이다. 둘째 계단은 3층의 돌덩어리를 쌓았으며, 나머지는 파괴되어 자세히 알 수 없다.

무덤 꼭대기에 묘실이 있는데 너비 약 2.8m, 높이는 약 1.5m이다. 묘실 네 벽은 잘 다듬어 반들반들한 돌덩어리로 반반하게 쌓아올렸고, 천정에는 큰 돌을 하나 덮었다.

▲ 태왕릉 남면 호석의 위치가 표시된 입면도 (吉林省文物考古研究所, 2004, 『集安高句麗王陵』)

Ⅲ. 출토 유물

1. 와전류

태왕릉에서는 연화문와당·무문 토수키와·무문미구기와·무문암 키와·승문암키와·지두문암키 와·명문암키와·명문전·화문 전·무문전이 출토되었다. 명문전 등의 전돌은 천추총과 태왕릉에서 만 출토되었다. 태왕릉에서 '원태 왕릉안여산고여악願太王陵安如山固如 岳'라는 명문전이 출토되었다.

▲ 태왕릉 출토 명문전 (池內宏, 1938, 『通溝』上)

2. 철기류

무기류는 철검과 철도·철모· 철부·철촉 및 찰갑 등이 출토되었다. 철검은 형태가 불분명하고, 철도鐵刀 역시 완형은 없으나 주로 삭도削刀가 많다. 철촉은 광엽형과 삼익형촉 및 유엽형촉 등으로 유엽형촉이 가장 많다.

마구류는 재갈과 편자, 교구 등이 있는데, 다른 고구려 유적에서 보기 드 문 편자가 비교적 많이 출토된 것도 특징적이다. 그 밖에 괭이와 못·집 게·송곳·꺽쇠 등이 소량 출토되었다.

3. 청동기

태왕릉 남쪽 제1 계단석 중앙 호석의 서쪽에서 2.9m 떨어진 곳에서 명 문 동령이 발견되었다. 또한 태왕릉 부근에서는 청동제 부뚜막모형이 출토 되었다. 그동안 고구려 고분에서 토제나 철제 부뚜막모형이 출토되는 예는 있었지만 청동제가 출토된 예는 처음이다.

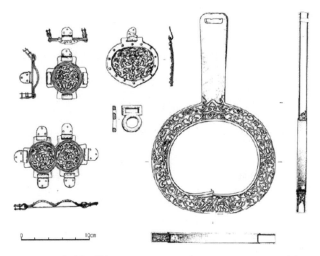

▲ 금동제 마구 각종 (吉林省文物考古研究所, 2004, 『集安高句麗王陵』)

4. 금동 및 금제품

금동 및 금제품은 모두 장식으로 태왕릉에서 출토된 유물 중 가장 많은 종류를 차지한다. 대부분은 금동제품이고 금제품은 소량이다. 금제 장식은 대부분이 영락瓔珞·보요步搖[01]가 가장 많으며, 그밖에 대금구와 금환金環·금사 등이 있다.

금동제품은 종류도 매우 다양하며 출토량도 많은데, 태왕릉에서만 무려 500여 점이 넘는 금동제품이 출토되었다. 금동제품은 대부분 장식용이지만, 태왕릉에서 금동 등자와 행엽 등 마구가 함께 출토되기도 했다. 금동제 장식 역시 영락과 보요가 가장 많은 양을 차지하지만, 태왕릉에서 각종 관식冠飾과 만가幔架가 출토되었다.

이상의 유물 외에도 마노구슬과 유리구슬·중국제 청자·숫돌 등이 출토되었다.

---

01 부인의 예장(禮裝)에 꽂는 비녀의 하나. 떨새를 붙인 과판 같은 것이다.

5. 태왕릉 명문 동령

태왕릉에서는 3개의 동령이 발견되었는데 모양에 따라 2가지로 구분하고 있다. 하나는 아래쪽 부분이 안으로 들어간 종형鐘形이다. 윗부분은 타원형으로 중간에 구멍이 있다. 꼭지에도 매달 수 있도록 구멍이 있다. 방울의 높이는 5cm이고 폭은 2.4~3cm이다. 다른 하나는 2개가 있는데, 구연부가 평평한 원통형방울로 측면모습은 사다리꼴이다. 윗부분에 구멍이 있는 꼭지가 있는 것과 상부가 탈락된 것이 있다. 이 중에서 후자의 것이 명문 동령이다.

명문 동령에는 '신묘년호대왕□조령구십육辛卯年好大王□造鈴九十六'이란 12자가 새겨져 있다. 5번째 글자의 '大'는 '太'와 통용됨으로 호태왕好太王으로 보아도 무방하다는 의견도 있다. 즉 신묘년에 호태왕의 무巫가 방울을 만들었다는 내용으로 볼 수 있다. '九十六'의 의미에 대해서는 호우총의 '十'과 같은 의미로 보이는데 96개의 방울을 만들었다는 것인지 아니면

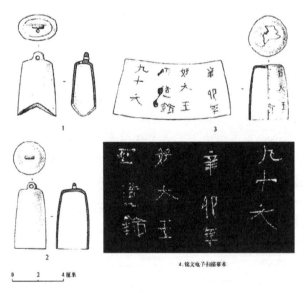

▲ 동령 명문 탁본 (吉林省文物考古研究所, 2004, 『集安高句麗王陵』)

太王의 나라 고구려 유적

그 이상의 개수 가운데 96번째의 것이란 의미인지 잘 알 수 없다. 그러나 '夫'와 '太'는 '님'과 '남'이 'ㆍ' 하나 차이지만 의미가 틀리듯이 청동방울 명문에 대한 의혹설의 근거가 되기도 한다. 최근에는 명문 판독을 새롭게 하였다. 즉 "신묘년辛卯年에 호대왕릉好大王陵을 위하면 만든 령鈴 제 96호"라고 한 것이다. 그러나 청동 방울의 명문은 후대에 기입되었을 가능성이 높다고 보기도 한다.

IV. 묘주에 대한 논쟁

1. 광개토왕릉 설

현재까지 중국학계를 비롯해서 태왕릉의 묘주에 대한 설 중 가장 지배적인 설이다. '원태왕릉안여산고여악願太王陵安如山固如岳'이라는 명문전에서 태왕이라는 호칭이 등장했다는 것과 광개토왕릉비와 가장 가깝다는 것을 주요 근거로 하고 있다. 또한 여기에 고구려 왕릉 수릉壽陵[02] 설이 가미되어 있다. 그리고

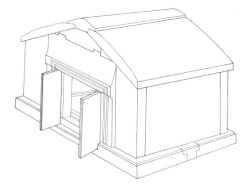

▲ 태왕릉 가형 석곽
(吉林省文物考古研究所, 2004, 『集安高句麗王陵』)

「광개토왕릉비문」에 의하면 왕이 돌아가신 후 2년 만에 장사지냈다고 하는바, 당시의 인력과 기술을 감안할 때 그처럼 짧은 기간 안에 태왕릉과 같은 거대한 왕릉을 축조하려 하였다고는 상상할 수 없으며, 그렇기 때문에

---

02 임금이 죽기 전에 미리 만들어 두는 임금의 무덤.

광개토왕 생시에 이미 태왕릉을 축조하기 시작하였을 것으로 보았다. 이로써 고구려 왕릉이 수릉이라는 이론이 펼쳐졌고, 다른 왕릉에도 적용하게 되었다.

2. 고국양왕릉 설

중국에서 『집안고구려왕릉集安高句麗王陵』이라는 보고서가 발간되고 나서 고국양왕릉설이 등장하기 시작했다. 먼저 태왕릉이 광개토왕릉이라는 설을 비판하면서부터 시작한다. 일단 명문전에서 '태왕'이라는 호칭이 등장하는 점은 태왕을 광개토왕의 고유명사로 본다는 이야기이다. 그러나 태왕이라는 명칭은 「모두루묘지」와 중원고구려비 등에서 등장하는 명칭이며 신라 진흥왕 또한 '태왕'이라고 불려졌음을 감안할 때 고유명사라기보다 그 당시 왕을 지칭하는 일반명사로 보는 것이 타당하다고 본다.[03]

또한 능비와 가깝다는 이유만으로 광개토왕릉이라고 할 수 없다고 보는 것은 물론 수릉제설을 비판한다. 그러나 이러한 주장은 우선 왕릉이 막연하게 생전에 축조된다고만 할 뿐이고 구체적으로 언제 축조가 개시되며 완공에 소요된 기간도 전혀 제시하지 않는다. 『집안고구려왕릉集安高句麗王陵』 보고서에서는 천추총을 고국양왕의 능일 가능성이 지극히 높다고 보면서 만약 이 왕이 즉위하면서 천추총을 수릉으로 짓기 시작하였다면 그처럼 짧은 8년(재위 기간)에 완공할 수가 없었을 터이라서 그 아들 광개토왕이 계승자로서 이를 완공하였을 것으로 보았다. 또한 광개토왕이 즉위하면서 한쪽으로는 고국양왕의 무덤을 마무리하는 공사를 벌이고 다른 한편으로는 자신의 무덤을 만들기 시작하는 진풍경이 벌어진 셈이다. 이런 점에서 수릉제설은 우선 입론의 여지가 아주 좁아진다.

---

03 李道學, 2005, 「太王陵과 將軍塚의 被葬者 問題 再論」, 『高句麗研究』 19, 서경문화사, p.123.

축조 기간이 그처럼 길었을 것이라 보는 이유는 승하 한 후의 2년여로는 불가능 하다는 인식 때문이다. 그런데 이는 어떤 측면에서 당시 고구려 왕권이 왕릉 축조를 위한 인력 동원을 제대로 하기 어려웠다고 본 것이며 은연중에 고구려 국가의 발전 정도를 턱없이 낮추어 보는 인식에서 비롯된 것이다. 고구려보다 국가 발전이 훨씬 늦어 동원력 면에서도 뒤졌을 신라의 경우에 구조상 생전에 미리 축조해두기가 불가능한 지름 80m의 경주 황남대총은 삼국의 다른 국가들처럼 길어야 2년여의 빈殯 기간 동안에 축조하였음에 틀림없다는 점이 이를 반증한다.

수릉제설은 다수의 고분에서 별도의 기년명 자료에 의거하여 묘주가 확실하게 밝혀진 예들을 통해 입증되지 않는 한 여전히 근거가 박약한 가설로 남을 수밖에 없다. 물론 그 사례들에서 입증이 되었다 해서 그것을 일반화하여 수릉제가 전면적으로 시행되었다고 할 수도 없다.

그렇다면 태왕릉을 어느 왕의 무덤이라고 비정할 수 있을까. 태왕릉에는 묘주 추정자료로 쓸 수 있는 최근에 발견된 명문 동령과 명문전이 있다. 중국학계에서는 명문전을 근거로 태왕릉이 광개토왕이라고 했는데 이것은 '태왕=호태왕'이라는 인식에서 나온 것이다. 그러나 태왕이라는 호칭이 광개토왕 이전에도 쓰였다면 명문전을 근거로 태왕릉을 무조건 광개토왕릉이라고는 할 수 없게 된다.

다음으로 명문 동령을 볼 수 있다. 이 방울의 제작연대는 신묘년, 즉 391년으로 추정되고 있다.[04] 그렇다면 방울에 등장하는 호태왕이 누구인가가 문제이다. 호태왕은 흔히 광개토왕을 가리키는 고유명사, 즉 존호로 알려져 있는데 이전 왕이 호왕好王이라고 불린 기록이 있는 것으로 보아 고유명사가 아닌 모든 왕에게 붙일 수 있는 시호임에 분명하다. 방울이 만들어진

---

04 백승옥, 2005, 「'辛卯年銘 청동 방울'과 太王陵의 주인공」, 『역사와 경계』, 부산 경남사학회, pp.144~153.

391년은 광개토왕이 즉위한 해이다. 따라서 태왕릉의 묘주는 광개토왕의 선왕先王인 고국양왕이라고 주장한다.

3. 고국원왕릉 설

고국원왕릉 설은 이도학(2001)에 의해 제기된 바 있으며, 이 설 역시 고국양왕릉 설과 마찬가지로 광개토왕릉설을 비판한다. 그리고 태왕릉이 고국원왕릉이라는 근거를 들고 있으며 이는 다음과 같다.

①태왕릉은 집안 일대에 소재한 1만여 묘에 달하는 고구려 고분 가운데 규모가 제일 큰 것 가운데 하나로서 왕릉임이 분명하다. ②「모두루묘지」에서 고국원왕의 통치 시기를 가리킨 '성태왕지세聖太王之世'의 '태왕太王'은 태왕릉 출토 명문전 '태왕太王'과 부합된다. ③능비에서 가장 가까운 거리에 소재한 태왕릉은 능비에 적혀 있는 '국강상國罡上'이 분명하다. 그러한 태왕릉의 소재지는 '국강상왕國罡上王'이라고 한 고국원왕의 그것과 정확히 부합된다. ④태왕릉과 같은 유형의 계단식 석실 적석총은 장군총 보다 조금 이른 양식이다. 그러한 태왕릉의 축조 연대와 고국원왕의 재위 기간 (331~371)이 서로 연결되고 있다. ⑤태왕릉은 장군총에 비해 4배에 해당하는 큰 무덤이다. 그럼에도 정작 태왕릉 묘실은 장군총의 4분의 1에 불과할 뿐 아니라 관대棺臺가 작다. 이는 체격이 컸다는 광개토왕의 관대로서는 적합하지 않다. 장군총의 관대는 길이가 약 3.2m였다. 태왕릉이 외적 규모에 비해 묘실 자체가 이처럼 몹시 작다는 것은 매장 자체가 의례적이었을 가능성을 생각하게 한다. 그러한 요인은 고국원왕의 시신을 제대로 확보하지 못한데서 찾을 수 있을 것 같다. ⑥태왕릉 호석 밑에서 발굴되었다는 신묘년 명문 동령은 당초의 부장처副葬處가 명확하지 못하다. 그러나 그 부장처를 기존의 주장대로 태왕릉이라고 한다면 관심을 모을만 하다. 그런데 지금까지는 이 명문 동령에 새겨진 신묘년을 391년과 451년으로 비정하는 주장이 대세를 이루었다. 특히 신묘년을 광개토왕 즉위 원년인 391년으로 지목하는 주장은 태왕릉=광개토왕릉설의 새로운 근거로서 이 자료를 이용하

고는 했다. 그러나 신묘년을 331년으로 지목한다면 고국원왕 즉위 원년이 된다. 이 사실은 태왕릉=광개토왕릉이라는 주장과는 달리, 오히려 지금까지 제시한 논거들과 더불어 태왕릉=고국원왕릉설과는 너무나 잘 연결되고 있다.[05]

이는 고국양왕릉설과 비교해 봤을 때 광개토왕릉설을 비판한다는 점에서는 같은 입장이지만 그 접근 방법이 조금 다르다. 고국양왕릉설에서는 수릉제를 비판하면서 그것을 바탕으로 논지를 펴 나갔지만, 고국원왕릉설에서는 ⑤처럼 관대의 크기를 중심으로 보고 있다. 또한 고국양왕 설에서는 신묘년 명문 동령을 391년으로 보아 고국양왕의 무덤이라고 하였지만, 고국원왕릉설에서는 이를 수릉제와 관련된 태왕릉=광개토왕릉설을 문제 삼아 331년일 가능성도 제기하면서 부장처가 분명하지 않은 청동방울의 '신묘년'이 편년의 절대적 근거가 될 수 없음을 제기했다.

이로써 태왕릉의 묘주가 광개토왕이라는 설은 설득력이 떨어진다고 할 수 있겠다. 하지만 고국양왕릉설과 고국원왕릉설이 대립하고 있다. 그 중심에는 명문 동령이 있다. 명문의 신묘년은 331·391·451·511년으로 볼 수 있으나 방울은 형식 변화가 민감하지 않기 때문에 자체 편년이 어려운 상태이다. 또한 여러 사항이 명확하지 않기 때문에 확실히 편년할 수도 없는 상황이다. 그렇지만 고국원왕은 '국강상왕'이라고 했는데, 이곳은 광개토왕릉비가 소재한 '국강상'이라는 구간과 일치되므로, 태왕릉=고국원왕릉설은 타당성이 크다고 보겠다. 반면 고국양왕은 고국천왕과 동일한 의미를 지닌 시호인데, 이곳은 '국강상'과는 구간이 틀리므로, 광개토왕릉비 인근에 소재한 태왕릉의 피장자와는 관련지을 수 없다. 더욱이 『삼국사기』에서 고구려 당시 압록강을 무려 21회에 걸쳐 '압록'으로 기재하였기에,

---

05 李道學, 2005, 「太王陵과 將軍塚의 被葬者 問題 再論」, 『高句麗研究』 19輯, 서경문화사, pp.132~135.

현재의 압록강을 고구려 때 강 이름과 동일함을 알 수 있다. 반면 고구려왕들의 장지명식 시호와 관련된 '국천國川'은 압록강이 될 수 없는 관계로 '국천'과 연계된 고국양왕릉의 소재지는 압록강 변에서 가까운 태왕릉으로는 비정할 수 없다.

V. 참고문헌

강현숙, 2006, 「중국 길림성 집안 지역 고구려 왕릉의 구조에 대하여」, 『한국고대사연구』 41, 한국고대사학회.

吉林省文物考古硏究所·集安市博物館 編著, 2004, 『集安高句麗王陵』, 文物出版社.

金柚娅, 2006, 「集安地域 高句麗 古墳群의 分布 및 變化樣相에 관한 硏究」, 東亞大學校 大學院.

백승옥, 2005, 「'辛卯年銘 청동 방울'과 太王陵의 주인공」, 『역사와 경계』, 부산경남사학회.

서길수, 1998, 『고구려 역사유적 답사』, 사계절.

이도학, 2001, 『한국고대사, 그 의문과 진실』, 김영사.

李道學, 2005, 「太王陵과 將軍塚의 被葬者 問題 再論」, 『高句麗硏究』 19, 서경문화사.

이도학, 2006, 『고구려 광개토왕릉 비문 연구』, 서경.

李道學, 2009, 「高句麗王陵硏究의 現段階와 問題點」, 『고구려발해연구』 34, 고구려발해학회.

李熙濬, 2006, 「太王陵의 墓主는 누구인가?」, 『韓國考古學報』 59.

池內宏, 1938, 『通溝 : 滿洲國通化輯安縣高句麗遺蹟及壁畵墳』 卷上, 日滿文化協會.

崔鐘澤, 2006, 「集安 '高句麗王陵' 出土遺物의 諸問題」, 『한국고대사연구』 41, 한국고대사학회.

_ 이현지

장군총將軍塚

I. 유적 개관

중국 길림성吉林省 집안시集安市 통구평야通溝平野 동쪽 용산龍山 기슭에 위치한 고구려의 계단석실적석총階基石室積石塚이다. 구조가 정연하고 규모가 장대한 이 적석총은, 집안에 분포하는 고구려 무덤 중 거의 완전한 모양을 갖추고 있는 유일한 것이다. 이 무덤이 학계에 알려진 것은 1905년에 일본인 학자 도리이 류조[鳥居龍藏]의 첫 현지조사부터이다. 이 후 프랑스 학자인 샤반(Chavannes, E.), 일본인 학자 세키노 타다시[關野貞] 등이 조사해 『남만주조사보고』·『고고학잡지』 등에 발표되었다. 그 후 1966년에 통구 고분군

▲ 장군총 근경

에 대한 전면 재조사 시에 우산하묘구 1호분이란 번호가 부여되었다. 서남쪽 1.3km 지점에 광개토왕릉비가 있고, 서쪽 5.5km에 국내성이 있다.

II. 장군총의 구조

1. 외부 구조

무덤이 위치한 곳에는 주위에 잔자갈을 넓게 깔아서 일정한 넓이의 묘역墓域을 만들었다. 이는 돌담이 무너진 흔적으로 자갈이 한 변이 약 70~80cm 가량인 사각형으로 둘러져 있다. 그리고 이 묘역 바깥의 뒤쪽에 배총군陪塚群이 있다.

장군총은 화강암을 써서 7층의 절두방추형截頭方錐形으로 만들었다. 석재는 화강암을 장대석長臺石으로 규격에 맞게 자른 다음 표면을 갈아서 만들었다. 이 장대석들은 모두 1,100여 개에 달한다. 돌의 크기는 반드시 일정하지 않으나 대략 제1층은 큰 돌을 사용하고 위로 올라갈수록 조금씩 작아지는 듯하다. 제1층에는 길이 약 2m, 두께 1m 정도 크기의 석재가 있는가 하면, 길이 2m, 높이 0.7m 정도도 있다. 가장 큰 장대석은 길이 5.7m, 너비 1.12m, 두께 1.1m도 있다. 제2층 이상은 돌의 두께가 약 0.5m 가량으로 줄어들고 있다. 또 각 층의 맨 아래 바닥에는 특별히 길이 약 5~6m 가량의 긴 장대석도 약간씩 들어 있다. 장대석을 쌓은 각 층의 단수를 보면, 제1층에서는 4단, 제2~7층까지는 각 층 모두 3단이다.

그리고 각 층의 상면 장대석은 위층의 하면 장대석을 고정시키기 위해 凸형으로 하여 위 장대석에 맞추는 등 견고성을 높였다. 정상부는 석회와 자갈을 섞어서 돔형으로 둥글게 마무리하였다. 무덤 제1층의 평면은 정방형이며 각 변의 길이는 31.5m이고, 높이는 12.4m이며, 면적은 960㎡나 된다.

그리고 각 모서리[隅角]는 방위에 맞게 하였는데, 석실 입구의 좌측 모서리는 남쪽, 우측은 서쪽으로 각각 향하게 하였다. 이것은 극히 드문 예로

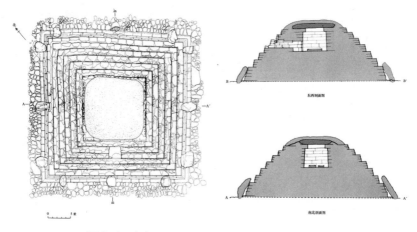

▲ 장군총 평·단면도 (吉林省文物考古研究所, 2004, 『集安高句麗王陵』)

서, 일반적으로는 태왕릉에서 보는 바와 같이 각 면을 방위의 정면에 맞추고 있다.

　기초부에는 지면을 깊이 5m 가량 파고 그 안에 길이 2m, 너비 1m 정도의 자연석을 다져넣었다. 그 위에 큰 돌을 깔았는데, 제1층 바닥돌보다 밖으로 4m 가량 나오게 하였다. 이 부분에는 제1층 각 면의 적석이 밖으로 밀려나가지 않도록 약 5m 높이의 거대한 호석護石을 각 면에 3개씩 기대어 세웠다. 북쪽면의 1개가 없어져서 현재는 모두 11개가 남아 있다.

　무덤의 정상부에는 돔형의 기단석에 돌려가면서 둥근 구멍이 21개 뚫어놓아, 난간을 설치한 흔적으로 보고 있다. 그리고 정상부와 각 층의 상면에서 다수 발견된 기와들은 누수를 방지하기 위해 덮었던 용도로 추측하고 있다.

2. 매장주체 시설

　매장주체 시설은 제3층의 상면을 바닥으로 하여, 정방형의 묘실과 남쪽으로 길게 연도羨道가 부설된 석실로 되어 있다. 석실의 각 벽은 2개의 긴

장대석을 아래위가 엇갈
리게 쌓아올렸다. 벽면
을 거의 수직에 가깝게 6
단으로 쌓고, 그 위 1층
을 역계단식 평행줄임으
로 처리하였다. 그리고
위에 대략 장축 길이 4.5
m, 너비 3.8m나 되는 거
대한 판석을 올려서 평
천장으로 마무리하였는

▲ 장군총 묘실

데, 이 면적은 60여 m²나 된다. 연도는 길이가 약 5.5m로 두 부분으로 구성
되어 있다. 내연도는 묘실 바닥과 같게 하였고, 외연도의 바닥은 일단 높여
서 제4층의 상면과 같게 하였다.

연도벽은 2개의 장대석을 3단 쌓았으며, 천장은 묘실과 같은 평천장이
다. 묘실 입구는 돌이나 나무로 된 문짝을 달 수 있도록 기둥모양(柱形)으로
돌출시켰다. 연도 입구는 문의 하방석과 같이 거대한 장대석을 가로놓아
일단 높게 하였다. 입구는 현재 열려 있지만 본래 제4층의 벽석 속으로 들
어가서 자연스럽게 폐쇄되게 하였다.

석실의 벽면과 천장은 본래 석회를 발랐다고 생각되나, 모두 탈락되어
바닥에 약간 깔려 있다. 묘실 내부에는 길이 3.7m, 너비 1.5m의 장방형 판
석을 바닥에 올려놓아 2개의 관대를 석실의 장축방향과 나란하게 놓았다.
관대의 상면 테두리에는 凸형으로 각출시켜서 관의 위치를 표시하였다.

III. 장군총의 피장자 문제

장군총의 피장자에 관해서는 기존의 많은 연구자들의 추정이 있었으나,

대략 광개토왕과 그의 아들인 장수왕으로 갈라져 있다. 이것은 태왕릉과 장군총을 규모와 축조기술면에서 비교해 서로 선후를 가리고, 또 그것을 4, 5세기대에 가장 걸출했던 2대의 왕에 비정했기 때문이다. 고구려 왕릉의 피장자 파악은 수릉제 시행 여부와 긴밀한 관련을 맺고 있다. 왕릉급 분묘에서 출토된 간지명와干支銘瓦를 통한 조성 시기 판정은 수릉제 여부에 따라 피장자가 판이하게 달라지게 된다. 즉 왕릉의 조성 시기를 왕 재위시와 사망 후로 지목하느냐에 따라 전혀 다른 양상이 전개된다.[01]

1. 장수왕릉이라는 견해

장군총을 장수왕의 무덤이라고 한 견해는 매우 오래되었다. 이러한 견해들을 보면 공통적으로 나오는 게 몇 가지가 있는데, 이 중에서도 태왕릉을 광개토왕의 무덤으로 상정하고 장군총을 장수왕의 무덤으로 본 견해가 많고, 그러한 추정이 가장 큰 근거로서 활용된다.

광개토왕릉비에서 가장 가까이에 있는 왕릉급 무덤은 태왕릉이다. 태왕릉은 계단석실적석총으로서 우산하 고분군에서 가장 규모가 큰 적석총이다. 광개토왕릉비를 기준으로 볼 때 태왕릉은 360m, 장군총은 1,650m 정도 떨어져 있다.[02]

우선 요코이 다다나오[橫井忠直]를 비롯한 여러 학자들은 광개토왕릉비와 태왕릉의 위치를 보아 태왕릉의 주인을 광개토왕으로 생각하였다.[03] 구로이타 가즈미[黑板勝美]도 비와 태왕릉의 위치로 미루어 보아 광개토왕릉이

---

01 이도학, 2009, 「高句麗王陵研究의 現段階와 問題點」, 『고구려발해연구』 34, 고구려발해학회, p.3.

02 東湖·田中俊明, 2004, 『高句麗歷史와 遺蹟』 1995, pp.184~188 ; 吉林省文物考古研究所·集安市博物館 編著, 『集安高句麗王陵』, p.262.

03 亞細亞協會, 「會餘錄」 第5集(東京: 1889) ; '高句麗好太王碑文' 특집으로 꾸미고 石刷全文과 譯文 수록, 橫井忠直의 高句麗古碑考 게재(漢文).

태왕릉이라 보았다.[04]

미카미 스키오[三上次男]는 태왕릉의 명문전名文塼과 비석碑石과의 거리 등을 고려하여 태왕릉이 광개토왕릉임이 틀림없다고 하였으며, 구조나 형식상으로 보아 장군총이 태왕릉에 비해서 결코 선행할 수 없음을 말하고 이는 광개토왕의 다음 왕인 장수왕의 무덤일 것으로 보았다.[05] 즉 이 논리대로라면 장수왕은 평양으로 천도 한 후 그가 죽을 땐 다시 본래의 수도였던 국내성으로 돌아와 묻히게 되었다는 것이다.

그리고 최근에 태왕릉과 장군총 주변 적석총의 동쪽에 제대祭臺로 간주되는 유구가 확인되었다고 한다. 세계문화유산 등록을 위해 태왕릉 주변을 발굴해보니 길이가 수십m에 이르는 제대가 발견되었다고 한다.[06] 이 제대로 추측되는 유구는 커다란 돌로 둘레를 쌓은 후 내부에 강돌이나 할석을 채워 만들었다.

이번에 발굴된 제대로 인하여 무덤의 동쪽(약간 동북쪽)이 앞이라고 보는 견해가 있다. 제사를 무덤의 뒤에서 지낼 수 없기 때문에, 제사를 지내는 제대가 있는 곳이 앞이 되어야 한다는 것이다. 한 군데도 아니고 지금까지 왕릉에서 발굴된 세 군데 제대가 모두 동쪽에 있다는 것은 동쪽이 앞이라고 생각 할 수 있게 한다. 이렇게 해석하면 자연스럽게 광개토왕릉비는 태왕릉 앞에 서 있는 능비가 되며, 장군총은 광개토왕릉이 아니게 된다.[07]

그리고 2004년 조법종이 한국고대사학회에서 중국 집안박물관에 있는 호태왕명문 청동방울에 대해 발표하였다. 즉 2003년 5월 21일 태왕릉 주변

---

04 黑板勝美, 1918,「本會第百九回例回記事」,『歷史地理』32 第5號.

05 三上次男, 1966,「古代朝鮮の歷史的推移と墳墓の變遷」,『日本の考古學』IV-古墳時代(上), 河出書房.

06 吉林省文物考古研究所 集安博物館, 2004,『集安高句麗王陵』, 文物出版社.

07 서길수, 앞의 책, p.26.

정리 과정에서 태왕릉 남쪽 오른쪽 모서리 2번째 호석 주변 돌 밑에 청동제 부뚜막과 같은 30여 점의 유물이 일괄로 매장된 상태로 발굴되었다고 한다. 여기에서 발굴된 청동방울의 명문은 "辛卯年 好大王 □造鈴 九十六"이라고 한다. 즉 이는 태왕릉의 묘주가 호대왕, 혹은 호태왕이 된다는 것을 말해준다는 것이다.[08]

그럼 평양으로 천도한 왕이 다시 옛 수도의

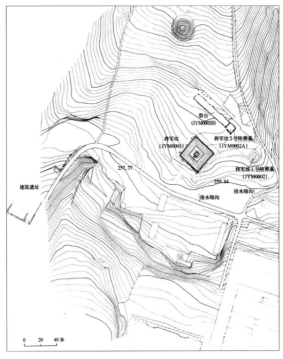

▲ 장군총 부근 형세도(吉林省文物考古研究所, 2004, 『集安高句麗王陵』)

묘지로 돌아가는 것이 가능할까? 중국의 예를 들어볼 때, 북위北魏 효문제孝文帝가 평성坪城에 도읍했을 때에 일찍이 대동大同의 북쪽 방산方山에 있는 할머니인 문명태후 풍씨馮氏의 영고릉永固陵 북쪽에 자신을 위한 수궁壽宮을 수축하였다는 사실을 들 수 있다. 후에 그는 낙양洛陽에 천도하여 죽게 되자 낙양 북망산北邙山의 장릉長陵에 장사 지내게 되어 방산의 수릉壽陵은 곧 허궁虛宮으로 바뀌었다. 이것을 토대로 한다면 장군총이 장수왕의 허궁虛宮으로 비정할 수 있다. 그리고 평양에 장사지낸 장수왕릉은 전동명왕릉으로

---

08 조법종, 2004, 「중국 집안박물관 호태왕명문 방울」, 『한국고대사연구』 제33권, 한국고대사학회.

추측된다.[09]

  이러한 논의는 태왕릉을 광개토왕릉으로 비정하는 견해를 기반으로 한다. 이러한 견해의 근거는 다섯가지로 정리된다. 첫째로 광개토왕릉비와 태왕릉의 위치, 그리고 두 번째로 태왕릉에서 발견된 명문전에 나오는 '太王'이라는 명칭이 근거로서 작용한다. 또한 적석총의 발전단계로 볼 때, 장군총은 태왕릉보다 후대의 것이라 판단하여 자연스럽게 장군총이 장수왕의 무덤으로 인식된 것이다. 세 번째로는 태왕릉 근처에서 출토된 제대의 위치가 동편에 있으므로, 이는 광개토왕릉비와의 방향과 일치한다는 점이다. 그리고 네번째로는 태왕릉에서 발굴된 청동방울의 명문에서 보이듯이, 이는 태왕릉의 주인이 호대왕好太王임을 말해준다. 다섯 번째로 일명 수릉설壽陵說로서 평양에 도읍한 왕이 장수왕이지만, 수릉을 국내성에 만들어 놓았으나 실제 묘는 평양의 전동명왕릉에 썼으리라 본다.

  이와는 달리 장군총의 피장자를 동명왕이나 산상왕으로 보는 주장도 있다.

  중국에서 편찬된『집안현지輯安縣誌』에서는『동국통감』과『동국여지승람』의 기록을 바탕으로 장군총의 주인공을 동명왕으로 소개하고 있으며, 태왕릉을 광개토왕릉으로 소개하고 있다.[10]

  하마다 코우사쿠[濱田耕作]는 후지다 료우사쿠[藤田亮策] 등과 함께 집안 현지를 조사한 후 태왕릉이 광개토왕릉이라 비정하였다. 이는 비碑를 자연석 그대로 사용한 점을 보아 광개토왕의 시대는 중국문화를 그렇게 깊이 받아들이지 않았다고 하며 참도參道를 설정하는 것은 비현실적이라고 생각하였다. 그리고 장군총의 주인공을『삼국사기』에서 산상왕山上王의 능묘를 산위[山上]에 장사지냈다는 점을 들어, 환도에 도읍을 옮긴 산상왕의 능묘라

---

09 魏存成, 1996,「集安高句麗王陵研究」,『高句麗研究』2, pp.564~565 ; 魏存成, 2002,『高句麗遺蹟』, p.167.
10 백승옥, 앞 논문 ; 박진석, 1996,『高句麗 好太王碑 硏究』, 아세아문화사, p.333.

하였다.[11]

그러나 두 설은 크게 그 증거가 부족한 편이다. 산상이라는 위치를 들어 산상왕의 무덤이라고 하기엔 시대의 차이가 많이 나며, 단순히 그것만으로 근거를 삼기엔 부족한 감이 없잖아있다. 그리고 태후 우씨 혹은 주통촌의 후녀의 무덤을 장군총과 그 옆의 배총으로 보는 견해[12]도 있으나 배총의 수가 5기 이상인 점을 볼 때 따르기는 어렵다.

2. 장군총의 피장자 – 광개토왕이라는 견해

장군총을 광개토왕릉이라고 가장 먼저 주장한 사람은 도리히 류조[鳥居龍藏]이다. 그러나 그는 명문전의 출토지나 광개토왕릉비의 위치를 혼동하는 등 추론에서 약간의 문제가 있었다.[13]

장군총이 광개토왕릉이라고 하는 이론의 가장 큰 문제점은 바로 무덤과 비碑와의 위치이다. 비는 무덤과 가까운 곳에 있다는 것이 상식이고, 상당수의 연구자들은 그러한 점을 들어 태왕릉을 광개토왕의 무덤으로 비정하였다. 그러나 비와의 관계에서 볼 때, 태왕릉의 정면과 비와의 정면이 서로 다르다는 문제점에 봉착한다.

동경제국대학의 세키노 타다시는 이마니시 류[今西龍]와 함께 조사하여 태왕릉·천추총·임강총이라는 이름을 붙였으며, 광개토왕릉비와 장군총의 방향을 고려하여 장군총을 광개토왕릉으로 보았다. 비의 1면을 기준으로 볼 때 태왕릉은 그것이 정확한 위치가 들어맞지 않기 때문에 광개토왕릉으로 보긴 어렵다고 하였다. 그리고 다나카 도요조[田中豊藏]와 우메하라

---

11 池內宏, 1938,「廣開土王碑發見の自由と碑石の現狀」,『史學雜誌』第49編 第1號 ; 『通溝』上卷 日滿文化協會, 1938.

12 손수호, 2001,『고구려고분연구』, 사회과학출판사, p.44.

13 『鳥居龍藏全集10 -南滿洲調查報告』, 朝日新聞社, 東京: 1976, pp.1~165 ; 東湖, 2002,「鳥居龍藏と東北アジア」,『論集 德島の考古學』, p.796.

스에지[梅原末治]는 비의 비각에 올라 주변을 내려다보고선, 비의 정면인 1면이 장군총의 전면과 서로 같은 방향이라는 점을 지적하였고, 장군총을 광개토왕릉으로 비정하였다.[14]

태왕릉은 확실히 광개토왕릉비와 가까운 위치해 있다. 그러나 태왕릉의 연도와 현실은 서향西向으로 되어 있다. 반면 광개토왕릉비는 태왕릉 정면의 반대편인 동북쪽에 소

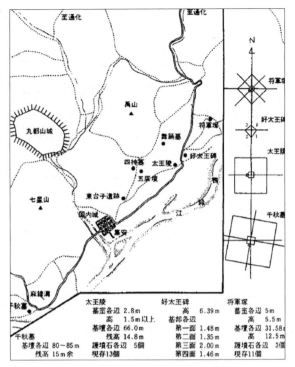

太王陵		好太王碑		將軍塚	
墓室各辺 2.8m		高 6.39m		墓室各辺 5m	
高 1.5m以上		基部各辺		高 5.5m	
基壇各辺 66.0m		第一面 1.48m		基壇各辺 31.58m	
残高 14.8m		第二面 1.35m		高 12.5m	
護墳石各辺 5個		第三面 2.00m		護墳石各辺 3個	
現存13個		第四面 1.46m		現存11個	

▲ 광개토왕릉비와 태왕릉 장군총의 위치와 방향
(方起東, 1988, 『好太王陵碑と高句麗遺跡』)

재하였다. 즉 광개토왕릉비는 태왕릉의 뒤편에 서 있게 된다. 반면 광개토왕릉비의 1면과 장군총의 전면은 위에서도 말했듯이 서로 같은 방향이라는 점에서 주목된다. 또한 태왕릉과 광개토왕릉비, 그리고 장군총은 거의 일직선상에 배치되어 있는데, 이는 서로 연계되어 의도적으로 세워졌음을 뜻한다.[15]

---

14 梅原末治, 1947, 『朝鮮古代の墓制』, 東京 : 座右宝刊行會 ; 「高句麗廣開土王陵碑に關する既往の調査と李進熙氏の同碑の新說にといて一付, その王陵など一」 『日本歷史』第302號, 1973.
15 이도학, 2006, 『고구려 광개토왕릉 비문 연구』, 서경, p.312.

그럼 여기에서 생기는 의문은 방향은 같은데 그 거리는 왜 이리 멀리 떨어져 있는가이다. 광개토왕릉비와 장군총과의 거리는 1,650m 정도나 된다. 왜 이렇게 멀리 떨어져 있는 가에 대한 해답은 바로 수묘인들의 주거공간이라는 해석이 있다. 이는 세키노 타다시 이후로 여러 학자들이 주장한 설로서, 「광개토왕릉비문」 4번째 면에 보면 수묘인에 대한 조항이 나온다. 그 수묘인들의 수는 330호나 되는데, 이들이 이곳에서 살며 토지를 경작하고 무덤을 돌보게 하는 데에는 어느 정도 충분한 공간이라고 본다.[16]

두번째로 태왕릉에서 발견된 태왕太王이란 명문전을 보고 광개토왕의 무덤이라고 판단하는 견해에 대한 비판은 다음과 같다. 스에마쓰 가쓰카즈[末松保和]와 고유섭 등은 집안을 방문하였다. 고유섭은 그 기행문에서 "능비 속의 태왕은 호태왕이 틀림없지만 태왕은 미칭美稱이기 때문에 어느 왕도 사용할 수 있는 것이다. 또한 고구려 역대 왕들 중에는 태조대왕太祖大王·차대왕次大王·신대왕新大王 등과 같이 실제로 대왕의 칭호를 가진 왕들이 있다. '원태왕릉願太王陵'이라는 문구가 반드시 광개토왕만을 말한다고 볼 수는 없다"라고 하여 광개토왕릉 = 태왕릉설을 주장하는 논자들이 그 유력한 논거로 내세우는 태왕릉 출토 벽돌 명문 '태왕太王'의 이해에 처음으로 의문을 제기했다.[17]

「태왕릉출토전명」을 보면 "원태왕릉안여산고여악願太王陵安如山固如岳"이라 쓰여져 있다. 이는 "원하옵건대 태왕릉太王陵이 산처럼 편안하고 뫼처럼 튼튼하소서"라는 뜻이다.[18]

확실히 광개토왕릉비에서 보면 '태왕太王'이라는 명칭이 광개토왕을 가리키고 있다. 「광개토왕릉비문」을 보면 광개토왕을 '국강상광개토경평안

---

16 류현희, 2003, 「將軍塚 被葬者에 대하여」, 『白山學報』 제67호, p.216.

17 高裕燮, 「高句麗古都國內城遊觀記」, 『朝光』 1938년 9월호.

18 한국 고대사회 연구소, 1992, 『譯註 韓國古代金石文』 I.

▲ 2007년 촬영 장군총 뒤쪽 소위 제대 추정 유구

▲ 2010년 촬영 장군총 뒤쪽 소위 제대 추정 유구

호태왕國罡上廣開土境平安好太王'이라고 적어 놓고 있으며, 영락태왕永樂太王이라 써 놓기도 하였다. 태왕이 광개토왕을 가리킨다고 보기엔, 광개토왕의 연호는 영락이라는 점에서 두 연호를 따로 쓸 가능성은 없어 보인다. 이는 태왕이라는 말이 단순히 광개토왕만을 가리키는 고유명사가 아님을 말해준다.

세번째로는 태왕릉 근처에서 발굴된 제대에 대한 문제점이다. 이 제대는 크기가 무덤 한 변에 해당하는 30~60m나 되는 대규모로 밝혀졌다. 종전에 이들 분묘의 정면으로 지목했던 면의 반대편에서 제대가 확인된 격이다. 이러한 제대는 해가 뜨는 동쪽(동북쪽)편에 소재하고 있으므로 당연히 분묘의 정면은 제대가 소재한 쪽이 되어야 한다고 한다. 더불어 종전에 그 정면으로 간주했던 면은 후면으로 드러났다는 것이다. 이렇게 해석하면 자연히 광개토왕릉비도 태왕릉 앞에 서 있는 능비가 되는 것이고 장군총이 광개토왕릉이라는 설은 자리를 잃는 것이라고 단정했다.

그러나 칠성산七星山 871호분과 211분 그리고 마선구麻線溝 626호분의 경우는 소위 제대 유구가 그 북쪽에 나타나고 있다.[19] 그런데 우산하 2110호분과 992호분에서는 무덤의 동서 양측에서 이 유구가 확인되기도 한다.[20]

이를 보면 단순히 제대가 있는 곳을 정면이라 쉽게 단정하기는 어렵다.

　게다가 상식적으로 볼 때 묘실로 들어가는 입구 쪽이 정면이 되는 것이고, 그 전면에 제대가 설치되어 있어야한다. 즉 분묘의 정면은 제대 추정 유구가 동쪽에 있다는 게 중요한 게 아니며, 연도와 묘실의 방향이 정면을 결정해 준다고 보아야 한다. 그런데 제대 유구가 소재한 동북쪽이 정면이라고 한다면 장군총의 입지 여건상 문제점이 따르게 된다. 장군총은 무덤의 정면이며 통구 평야를 조망할 수 있는 서남쪽을 제외하고는 3면이 매우 가까운 거리에 소재한 토구자산(용산)으로 에워싸여 있다. 그런데 장군총의 동북쪽을 분묘의 정면으로 잡는다면 가까운 거리에서 답답하게 산과 마주치는 형세가 된다. 이러한 지세를 놓고 볼 때 소위 제대 유구가 있는 방향은 정면으로서는 부적절하다.[21]

　그리고 네번째로는 태왕릉 주변에서 수습된 명문동령銘文銅鈴에 '호대왕

▲ 태왕릉 주변 수습 명문동령
(吉林省文物考古硏究所, 2004, 『集安高句麗王陵』)

好大王'이라는 명문이 있어, 이는 태왕릉의 주인이 호대왕임을 말해준다는 주장에 대한 반론은 이렇다. 명문동령에 새겨진 '신묘년辛卯年 호대왕好大王'이라는 글자는 동일한 서체라는 「광개토왕릉비문」이나 「호우총명문」의 그것과 비교하면 알 수 있듯이 실제 동일하지도 않다. 일례로 명문동령의 '辛'자가

19 吉林省文物考古硏究所·集安市博物館, 2004, 『集安高句麗王陵』, p.26.

20 이도학, 앞의 책, p.312 ; 이도학, 2008, 「집안지역고구려왕릉에 관한 신고찰」, 『고구려발해연구』 30, 고구려발해학회, p.94.

21 이도학, 2006, 『고구려 광개토왕릉 비문 연구』, 서경, pp.312~314.

정자正字인 것과는 달리 「능비문」에는 그것을 이체자異體字로 표기하였다. '好' 자의 경우에도 서체가 서로 동일하지 않다. 이와 더불어 근본적인 문제점은 명문 동령의 서체書體가 왕과 관련한 국가기관의 작품치고는 너무나 치졸하다는 것이다. 그 밖에 5.2cm 밖에 안 되는 작은 방울에 길상구도 아닌 그것도 10여 자나 되는 명문이 새겨진 사례는 없다. 그리고 명문 동령의 왜소한 크기는 국왕과 연계된 위신재로서의 성격을 희박하게 한다.[22]

다섯번째의 수릉설壽陵說은 실증적인 근거를 제시되지 못하고 있다. 중국의 사례 등을 통해서 수릉설을 제기하고는 있지만 이것이 고구려에도 적용된다고 보기에는 무리가 있다.

또한 장군총이 허릉虛陵이라면 그 근처에 배총陪塚이 있다는 것이 이해가 되지 않는다. 오히려 이러한 배총이 있음을 보아 실제 능으로서 기능을 하였다고 보는 게 더 합리적이다. 이는 최근의 조사에 의하면 1호 배총과 2호 배총에서 각각 철정鐵釘이 출토된 사실을 미루어 보아 실제 배총은 무덤으로서 기능을 했음을 알 수 있다.

일반적으로 천도를 단행한 국왕의 능은 새로운 수도에 조영되었다. 충청남도 부여의 능산리 절터에서 출토된 목탑 사리감과 그 명문을 통해서 사비성 천도를 단행한 백제 성왕이 새로운 수도에 묻힌 게 확인되었다.[23] 익산 천도를 추진했던 무왕의 능은 익산 쌍릉에 묻힌 것으로 지목된다. 그리고 수원성을 축조했던 정조와 그의 아버지인 사도세자의 능이 수원에 조영되었다. 이러한 점을 미루어보아 새로운 수도로 천도한 장수왕이 국내성에 굳이 무덤을 쓸 이유는 없어 보인다.[24]

---

22 이도학, 앞의 책, p.324.
23 李道學, 「부여 능산리 고분군 출토 사리감 銘文의 意義」, 『서울新聞』 1995.11.6 ; 「최근 부여에서 출토된 사리감 명문은 무엇을 말하고 있나」, 『꿈이 담긴 한국 고대사 노트』 하, 1996, p.78.
24 이도학, 앞의책, 2006, 『고구려 광개토왕릉 비문 연구』, 서경, pp.335~344.

이러한 반증의 결과를 토대로 볼 때 장군총을 광개토왕릉으로 지목하는 것이 더욱 적합하다고 볼 수 있다.

IV. 참고문헌

국립문화재연구소, 2001, 『한국고고학사전』, 학연문화사.

吉林省文物考古硏究所·集安市博物館, 2004, 『集安高句麗王陵』, 文物出版社.

류현희, 2003, 「將軍塚 被葬者에 대하여」, 『白山學報』 67, 백산학회.

박진석, 1996, 『高句麗 好太王碑 硏究』, 아세아문화사.

方起東, 1988, 「千秋墓 太王陵 將軍塚」, 『好太王陵碑と高句麗遺跡』, 讀賣新聞社.

백승옥, 2005, 「辛卯年銘 청동 방울과 太王陵의 주인공」, 『역사와경계』 56, 부산경남 사학회.

백승옥, 2006, 「광개토왕릉비의 성격과 장군총의 주인공」, 『한국고대사연구』 41, 한 국고대사학회.

서길수, 2003, 『대륙에 남은 고구려』, 고구려연구회.

申瀅植, 1992, 「將軍塚과 太王陵을 가다」, 『白山學報』 40, 백산학회.

이도학, 2001, 『한국고대사 그 의문과 진실』, 김영사.

이도학, 2006, 『고구려 광개토왕릉 비문 연구』, 서경.

이도학, 2008, 「집안지역고구려왕릉에 관한 신고찰」, 『고구려발해연구』 30, 고구려발 해학회.

이도학, 2009, 「고구려왕릉연구의 현단계와 문제점」, 『고구려발해연구』 24, 고구려발 해학회.

李熙濬, 2006, 「太王陵의 墓主는 누구인가?」, 『한국고고학보』 59, 한국고고학회.

여호규, 2006, 「집안지역 고구려 초대형적석총의 전개과정과 피장자 문제」, 『한국고 대사연구』 41, 한국고대사학회.

조법종, 2004, 「중국 집안박물관 호태왕명문 방울」, 『한국고대사연구』 33, 한국고대사 학회.

_황지미

우산하 992호분

Ⅰ. 개관

우산하 992호분은 집안시 우산 남면의 해발 235m의 평탄한 경사지에 위치해있다. 무용총의 서쪽에 있고 철도와 근접해 있다. 기단부의 저부에 절석 세공의 거석을 놓은 방단계제적석총方壇階梯積石塚으로, 북변 36m, 동변 37.5m, 서변 36.5m, 남변 38.5m, 잔존높이 7.5m의 규모이다. 분구는 매우 발달한 것으로 특히 모퉁이 부분에 대형의 절석 석재가 이용되었다. 분구 양측에 제대 추정 유구가 있다. 동쪽의 것은 높고 확연하나, 서쪽의 것은 삭평되어 낮고 돌들이 집중되어 그 흔적으로 본래 형태를 짐작해 볼 수 있

▲ 우산하 992호분

太王의 나라 고구려 유적

는 정도이다. 발견된 명문기와가 천추총이나 태왕릉에서 발견된 연화문 와당보다는 앞선 양식이라는 점을 미루어 우선하 992호분은 시기가 약간 거슬러 올라가는 것으로 보인다.

II. 구조

우산하 992호분은 경사가 완만한 산기슭에 위치하여 각 변의 고도차가 거의 없다. 제1층 계단은 잘 다듬은 화강암으로 제작되었으며 각 변의 단수가 각각 3단으로 이루어져있어 모두 동일하다. 모퉁이 부분에 대형의 석재가 이용되었으며 아직도 그 흔적이 잘 남아있다. 우산하 992호분은 격벽隔壁에 의해 구획된 장방형이다. 분구의 정상부에는 기와가 흩어져 있었으며, 현재 7단이 남아있다.

III. 출토 유물

우산하 992호분에서는 여러 종류의 기와가 출토되었다. '丑' 이라고 새겨진 명문 기와가 채집되었는데, 이 기와는 서대총에서 출토된 '기축년조와己丑年造瓦' 와 같은 것으로 추정한다. 연도가 329년으로 비정되기도 하고, 역시 한 갑자 이후인 389년으로 비정되기도 한다.

회색의 격자문과 승문 타날의 수키와도 출토되었다. 그리고 연화문도

▲ 우산하 992호분에 산포한 기와편

한 점 발견되었는데, 후대에 혼입된 것으로 본다.

와당의 경우에는 수막새는 크게 연6판 구성의 연화문 수막새와 24편의 권운문 수막새가 출토되었다. 특히 권운문 수막새는 1984년에 채집되었으며, '무술년조와戊戌年造瓦'라고 새겨져 있는 이 수막새는 이후에 출토된 유물을 참고해 복원시켰을 때 '진무술년조와고기세秦戊戌年造瓦故記歲'로 볼 수 있다. 수막새의 연도는 338년으로 비정되기도 하고, 한 갑자 이후인 398년으로 비정되기도 한다. 이런 권운문 와당은 명문기와와 함께 우산하 992호분을 편년하는데 큰 도움을 준다.

▲ 우산하 992호분 부근 형세도
(吉林省文物考古硏究所, 2004, 『集安高句麗王陵』)

금동제 삭도집[鎏金銅削鞘]·팔판형포식八瓣形泡飾 등 금동제 유물과, 삭도·마갑 등의 철기 유물과 같은 다양한 금속제 유물들이 다수 출토되었다.

Ⅳ. 우산하 992호분의 피장자 문제

우산하 992호분에 대해서는 고국원왕릉으로 비정하는 견해가 있다. 그 근거로는 제대의 존재와 무술년과 기축년이 새겨져있는 기와의 발견을 들수 있다.

그러나 최근 고국원왕릉이라는 견해는 설득력을 잃고 있다. 일단 제대의 경우에는 양측에서 나타난다는 점에서 제대로 간주하기에는 의문스럽다. 또한 명문 와당의 경우에는 그 연대 비정을 미루었을 때 한 갑자甲子 아래로 내린 와당의 연대, 즉 398년과 389년으로 지목한다고 해도 371년에 전사戰死한 고국원왕과 연관 짓기 어렵다.

시호명에 따라서도 입지명으로 볼 때 시호가 국강상인 고국원왕은 국강상에 묻혀야 마땅하다. 국강國崗은 장군총이나 다른 여타 분묘들의 입지 조건에서 볼 때도 언덕에 위치해야 하지만 우산하 992호분의 입지 조건인 '대지상臺地上'은 '국강'으로는 다소 미흡하다.

구조상으로도 한 변의 길이가 30여m 급이며, 치석治石의 상태도 매우 조잡한 이 고분을 왕릉으로 보기에는 무리가 있다. 또한 이곳에서는 왕의 분묘에 걸맞는 유물도 출토되지 않았다.[01] 당시에는 건물을 지을 때 사용하던 와당이 남으면 분묘에 사용하기는 했지만 이것을 왕묘에 사용했다고 보기 어렵다.

게다가 고국원왕은 국강상성태왕國岡上聖太王이라는 존호를 부여받았을 만큼 위엄이 있는 왕이었다. 게다가 전쟁터에서 순국殉國한 고국원왕의 무덤의 규모가 이 무렵 여타 다른 왕릉급 무덤에 비해서 왜소해 보인다. 따라서 우산하 992호분은 고국원왕릉이 아닐 뿐만 아니라 왕릉으로 간주하기에는 다소 무리가 있다.

---

01 余昊奎, 2006, 「集安地域 고구려 超大型積石墓의 전개 과정과 被葬者 문제」, 『韓國古代史研究』41.

V. 참고문헌

吉林省文物考古硏究所·集安市博物館, 2004, 『集安高句麗王陵』, 文物出版社.

동북아역사재단, 2005, 『고구려 문명기행』, 동북아역사재단.

박진석·강맹산 外, 1995, 『中國境內 高句麗遺跡 硏究』, 예하출판주식회사.

아즈마 우시오·다나카 도시아키, 2008, 『고구려의 역사와 유적』, 동북아역사재단.

余昊奎, 2006, 「集安地域 고구려 超大型積石墓의 전개 과정과 被葬者 문제」, 『韓國古代史硏究』 41.

이도학, 2008, 「集安 地域 高句麗 王陵에 관한 新考察」, 『고구려연구』 30, 고구려발해학회.

이도학, 2009, 「高句麗 王陵 硏究의 現段階와 問題點」, 『고구려연구』 34, 고구려발해학회.

임기환 外, 2009, 『고구려 왕릉 연구』, 동북아역사재단.

_ 이현지

오회분 4호분

I. 개관

집안시 우산하 고분군에 속한 벽화고분으로 오회분 5호분과 나란히 있다. 인접한 오회분 5호분과 함께 오회분으로 불리는 통구평야 중앙부에 있는 5기의 대형 봉토석실분 가운데, 정식 조사로 벽화가 발견된 무덤 중 하나이다. 1950년의 개략적인 조사 때에 무덤 안에 벽화가 있음이 알려졌다. 1962년 길림성박물관과 집안현문물보관소에 의해 전면 재조사되었다. 북한 측의 표기로는 집안 다섯 무덤의 4호 무덤이며, 중국 측의 공식 명칭은

▲ 오회분 4호분

집안 통구 고분군 우산묘구 제2104호묘(JYM2104)이다. 통구 4호분으로 불리는 예가 많다.

II. 구조와 축조방법

오회분 4호분은 묘실 구조 및 규모, 벽화의 필치와 내용 구성 방식 등이 오회분 5호분과 거의 같다. 묘실의 방향은 동쪽으로 30° 기운 남향이며 묘실은 지상에 축조되었다. 무덤의 외형은 절두방추형이며 둘레 160m, 높이 8m 가량이다. 연도와 묘실로 이루어진 단실묘로 무덤 칸의 방향은 동으로 30° 기운 남향이다. 연도가 묘실 남벽의 동편에 치우쳐 설치되었다. 묘실 크기는 동서 너비 4.2m, 남북 길이 3.68m, 천정까지의 높이 3.64m이다. 천장 구조는 2단 삼각고임이다. 묘실의 벽과 천장은 잘 다듬은 화강암제 판석으로 쌓았다. 묘실 바닥에 세 개의 관대가 놓였고, 남벽의 서측에 벽에 잇대어 석상石床이 설치되었다.

석면 위에 직접 벽화를 그렸으며 벽화의 주제는 사신四神이다. 사신은 묘실 벽에 표현되어 있다. 사신도와 함께 배경 전체가 연꽃과 화염이 채워진 사방연속무늬가 동반되어 있다. 천정석 벽화로는 황룡과 별자리가 있다.

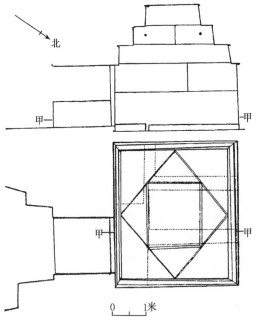

▲ 오회분 4호분 단면 · 평면도
(吉林省文物考古研究所, 2009, 『吉林集安高句麗墓葬報告集』)

太王의 나라 고구려 유적

III. 벽화

사신은 묘실 벽에 그려졌으며 묘실 벽화의 주제이다. 사신의 자세와 방향 · 표현기법 · 채색 등은 오회분 5호분 벽화와 같다. 사신이 그려진 묘실의 벽면은 뾰족부채꼴 사방연속무늬로 장식되었으며 각각의 무늬 내부에는 인동忍冬이나 화생천인化生天人이 그려졌다. 천장고임에 나타난 별자리는 해와 달, 북두칠성北斗七星과 남두육성南斗六星이며 천정석에 그려진 것은 북극삼성北極三星과 황룡이다.

묘실 왼벽의 청룡과 오른벽의 백호는 오회분 5호분 벽화의 두 신수와 표현에서 거의 차이점이 없다. 묘실 앞벽 주작은 한 마리이며, 두 다리를 모아 묘실 입구가 있는 동쪽으로 나는 자세이다. 꼬리 깃이 한 가닥이며 매우 긴 점도 오회분 5호분 벽화의 주작과 비교되는 점이다. 세부 묘사와 채색은 오회분 5호분의 경우와 대체로 같다. 묘실 안벽 현무는 형태와 자세가 오회분 5호분 벽화 중의 현무와 별 차이가 없다. 뱀의 얽힘이 보다 완화된 점, 뱀과 거북의 머리가 마주 보는 각도가 수직에 가까운 점 정도가 다르다.

연꽃은 묘실 벽 뾰족부채꼴 사방연속무늬 안에 측면연꽃 및 평면연꽃의 형태로 표현되었다. 묘실 천장고임에는 보이지 않는다. 오회분 5호분에서 활짝 핀 인동연꽃이 그려졌던 천장고임 제2층 삼각석 밑면에는 힘있게 꿈틀거리는 용이 자리 잡고 있다. 측면연꽃은 천인天人을 떠받치는 복련화

▲ 오회분 4호분 묘정 동쪽 말각석의 벽화
(吉林省文物考古硏究所, 2009, 『吉林集安高句麗墓葬報告集』)

좌伏蓮花座의 형태로 표현되거나 두 줄기 인동잎 사이로 피어오르는 줄기와 꽃받침이 있는 백련白蓮의 모습으로 나타난다. 천인이 두 발을 디디고 선 복련伏蓮은 백련이며 아래로 젖혀진 흰 꽃잎만 보인다. 역시 두 갈래로 뻗어 오른 인동잎에 싸여 있다. 앙련仰蓮인 백련은 천인이나 다른 존재를 동반하지 않은 상태이며, 꽃잎에 별다른 세부 묘사가 더해지지 않았다.

복련 위에 서 있는 천인은 등에 붙은 날개를 빼고는 그 모습이 북위 석굴사원 중에 보이는 공양행렬도상供養行列圖像의 인물들과 유사점이 많다. 연속무늬 안에는 이밖에 화염과 아홉 개의 꽃잎이 길게 뻗은 꽃부채꼴 식물도 보인다. 이들 위로는 역시 한두 송이의 세 잎 꽃이 떠다닌다. 세 잎 꽃 · 5엽 측면연꽃 · 화염 · 9엽꽃 · 천인을 태운 복련 등 연속무늬 안의 각 문양은 각각에 부여된 의미가 있고, 서로 연관된 것으로 보인다.

IV. 참고문헌

吉林省文物考古研究所, 2009, 『吉林集安高句麗墓葬報告集』, 科學出版社.

박아람, 2009, 『Koguryo tomb murals in the East Asian funerary art』, 지문당.

박진석, 1999, 『中國境內 高句麗遺蹟 硏究』, 예하.

아즈마 우시오 · 다나카 도시아키 저, 박천수 · 이근우 역, 2008, 『고구려의 역사와 유적』, 동북아역사재단.

서길수, 2000, 『고구려 역사유적 답사』, 사계절출판사.

서길수, 2003, 『대륙에 남은 고구려』, 고구려연구회.

임기환, 2009, 『고구려 왕릉 연구』, 동북아역사재단.

임기환 외, 2007, 『고구려 문명 기행』, 동북아역사재단.

전호태, 2000, 『고구려 고분벽화 연구』, 사계절출판사.

_ 황지미

오회분 5호분

Ⅰ. 개관

　인접한 오회분 4호분과 함께 집안시 우산하 고분군에 속한 고분이다. 통구평야의 중앙부에 있으며, 정식 조사로 벽화가 발견된 무덤 중 하나이다. 1945년 이전 일본인 학자에 의한 1차 조사 때의 명칭은 통구 17호분이었으며, 서강 62호묘 혹은 사협총四叶塚으로도 불렸다. 1962년 길림성박물관과 집안현문물보관소에 의한 무덤의 전면 발굴 및 조사 이후 통구 5호분으로도 불렸다. 북한 측의 표기로는 집안 다섯 무덤의 5호 무덤이며, 중국 측의

▲ 오회분 5호분

공식 명칭은 집안 통구 고분군 우산묘구 제2105호묘(JYM2105)이다.

현재 이곳은 입장료를 받고 일반인들에게도 공개하고 있다. 하지만 이렇게 개방함으로 말미암아 훼손이 심각한 상황이다. 묘실의 천장과 들락날락 거리는 길목에는 습기 때문에 물방울이 맺혀있다. 선명한 고분벽화의 흔적도 많이 사라졌다.

II. 구조와 축조방법

무덤의 외형은 절두방추형으로 연도와 묘실로 이루어진 단실묘이다. 묘실은 지상에 위치하고 있고 방향은 동으로 22° 기운 남향이다. 묘실은 동서의 너비가 4.37m, 남북의 길이가 3.56m인 장방형이며, 바닥에서 천정까지의 높이는 3.94m이다. 묘실 천장 구조는 크기가 다른 삼각석을 겹으로 쌓아 올린 2단의 삼각고임으로 다른 무덤에서는 잘 보이지 않는 특

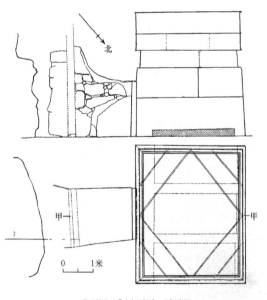

▲ 오회분 5호분 평면·단면도
(吉林省文物考古硏究所, 2009, 『吉林集安高句麗墓葬報告集』)

이한 구조이다. 묘실은 잘 다듬은 화강암제 판석으로 쌓았으며, 바닥에 세 개의 석관대石棺臺가 놓였다.

벽화는 석면石面 위에 직접 그렸으며 그 주제는 사신四神이다. 청룡과 백호는 묘실 입구 쪽인 남쪽을 향해 포효咆哮하는 모습이며, 현무는 오른벽 방향인 서쪽을 향해 서 있다. 묘실 벽은 귀갑문龜甲紋, 혹은 능화문

▲ 오회분 (池內宏, 1938, 『通溝』 上)

菱花紋의 변형으로 보이는 뾰족 부채꼴 사방연속무늬로 채워졌으며, 각 무늬의 내부는 인동 및 불꽃 무늬로 장식되었다. 천장고임은 해와 달, 북두칠성과 남두육성이 나타난다. 천정석에는 북극삼성과 청룡과 백호가 어우러져 있다.

III. 벽화

오회분 5호분은 벽화의 선이 치밀하고 채색이 화려하며 내용이 풍부하여 발견 당시부터 눈길을 끈 벽화고분이다. 묘실 왼쪽 벽의 청룡은 사방연속무늬로 채워진 벽면을 배경으로 오색 찬연한 몸을 온통 드러낸 채 하늘에서 하강하는 자세이다. 묘실 오른벽의 백호 역시 하늘에서 힘있게 하강하는 자세이다. 묘실 앞벽의 암수 주작은 묘실 입구를 사이에 두고 마주 보며 크게 나래치고 있다. 오회분 5호분 벽화 중의 주작은 묘실 좌우 벽의 청룡·백호와 함께 매우 화려한 빛깔과 자태를 지닌 신비스런 존재로 화하고 있다. 묘실 안벽의 현무는 벽면의 중심적 존재이면서도 청룡·백호·주작과 달리 벽면 전체를 차지하지 못하고 있다.

▲ 오회분 5호분 남벽 주작도 (張福有·孫仁杰·遲勇, 2007, 『高句麗王陵通考』)

연꽃은 연도벽 및 묘실벽과 천장고임에 측면, 혹은 평면 형태로 표현되었다. 측면연꽃은 연도벽과 묘실벽에 보인다. 연도벽의 연꽃은 수문역사守門力士의 발밑에 연화좌蓮花座의 형태로 표현되었다. 연꽃은 끝이 뾰족한 2겹 꽃잎이 아래로 젖혀진 모습을 하였고, 꽃잎 안은 반타원형 호선弧線과 더듬이꼴 꽃술로 장식되었다. 묘실벽의 연꽃도 연도벽에서와 같이 연화좌蓮華坐의 형태로 표현되었으며 앞벽에 위치한 주작의 다리 밑에 있다. 이외에도 묘실 벽의 배경 장식인 사방연속무늬 안에는 줄기가 달린 조그만 연꽃송이가 떠다니는 모습이 그려졌다. 3엽 꽃도 여러 송이가 보이는데, 천상화天上花의 일종으로 보인다.

연화문은 전체적으로 부드럽고 온화하기에, 5세기 집안 계열의 연꽃에서 풍기던 날카롭고 강한 느낌과는 다르다. 집안 계열 특유의 실물 묘사 경향이 약화되고 장식성을 염두에 둔 도안화圖案化 경향이 두드러진 것도 오회분 5호분 벽화의 연꽃 표현에서 눈에 띄는 변화이다. 인동문과 결합된 평면연꽃은 집안 계열 벽화에서는 처음 나오는 것으로 눈길을 끌었다. 이것은 6세기에 이르면 집안 계열에서도 이전과 달리 새로운 연꽃 표현 방식을 수용하게 되었음을 알려주기 때문이다. 평양 계열에서 이 인동연꽃은 진파리 1호분 · 진파리 4호분 · 강서대묘 · 강서중묘 등 거의 대부분의 고분벽화에서 발견된다.

IV. 참고문헌

吉林省文物考古研究所, 2009, 『吉林集安高句麗墓葬報告集』, 科學出版社.

박아람, 2009, 『Koguryo tomb murals in the East Asian funerary art』, 지문당.

박진석, 1999, 『中國境內 高句麗遺蹟 研究』, 예하.

서길수, 2000, 『고구려 역사유적 답사』, 사계절출판사.

아즈마 우시오 · 다나카 도시아키 저, 박천수 · 이근우 역, 2008, 『고구려의 역사와 유적』, 동북아역사재단.

임기환, 2009, 『고구려 왕릉 연구』, 동북아역사재단.

임기환 외, 2007, 『고구려 문명 기행』, 동북아역사재단.

張福有 · 孫仁杰 · 遲勇, 2007, 『高句麗王陵通考』, 香港亞洲出版社.

전호태, 2000, 『고구려 고분벽화 연구』, 사계절출판사.

池內宏, 1938, 『通溝：滿洲國通化輯安縣高句麗遺蹟及壁畵墳』 卷上, 日滿文化協會.

_ 황지미

우산하 2110호분

Ⅰ. 개관

　우산하 2110호분은 우산 남면의 비교적 평탄한 경사지에 있으며 주변에는 민가가 있다. 오회분 고분군의 서쪽에 위치하고 있으며, 해발은 240m이다. 여러 조각을 쌓은 장방형 적석총으로 분구의 저부가 평평하다. 분구 위에는 벽돌로 쌓은 돌기둥이 세워져 있다. 이 돌기둥은 태평양전쟁 당시 일제에 의해 세워진 것이다. 고분 끝부분은 일부가 손상되어있으며, 분구에는 다량의 기와가 산포되어 있다. 제대를 갖추었으며 원래는 두 개의 장방

▲ 우산하 2110호분 전경

형 석곽이 있었을 것으로 추정한다. 무덤의 양식 면에서 산성하 356호분과 비슷하다.

II. 구조

남북 66.5m, 동서 45m, 높이 3.5~5.5m 로 동변은 13단, 서변 6~12단, 북변 4단, 남변은 명확하지 않다. 서남각西南角은 10단 분이 남아 있다. 동변 제 3단의 경우 단의 너비와 높이가 0.5m 이고, 2단 쌓음으로 되어있다. 11단 이상에서 와당이 많이 출토되었다.

분구의 서측에서 남북 56m, 동서 18.5 m, 동측에서 동서 15 ~30m에 걸쳐 포석鋪

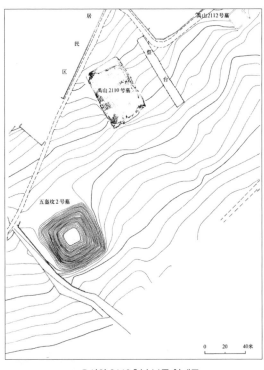

▲ 우산하 2110호분 부근 형세도
(吉林省文物考古研究所, 2004, 『集安高句麗王陵』)

石이 확인되었는데, 제대祭臺로 추정된다. 제대는 동변과 평행하게 조성되었다. 묘역 전면全面에 돌이 깔려있고 장방형의 분구는 연접묘와 관련하여 부부합장을 위해 축조되었기 때문으로 볼 수도 있다. 우산하 2110호분에서는 우산하 992호분과는 달리 꺾쇠는 확인되지 않고 관못만 있으므로 관

▲ 우산하 2110호분 입면도 (吉林省文物考古研究所, 2004, 『集安高句麗王陵』)

과 실의 이중 구조였을 것으로 추정한다.

Ⅲ. 출토 유물

분구 위에 다량의 기와가 산포되어 있다. 외에 착두촉과 구멍이 있는 삼익촉·방추차·승문 타날의 암키와 등이 출토되었다. 특징적인 유물로는 인물 형상의 청동제 수레 빗장이다. 그 형상이 임강총의 출토품과 매우 흡사하다.

▲ 사회분 전경

太王의 나라 고구려 유적

IV. 참고문헌

吉林省文物考古硏究所·集安市博物館 編者, 2004, 『集安高句麗王陵』, 文物出版社.

박진석·강맹산 外, 1999, 『中國境內 高句麗遺蹟 硏究』, 예하.

아즈마 우시오·다나카 도시아키 저, 박천수·이근우 역, 2008, 『고구려의 역사와 유
    적』, 동북아역사재단.

임기환 外, 2007, 『고구려 문명 기행 : 고구려의 도읍, 환인과 집안을 찾아서』, 동북아
    역사재단.

임기환 外, 2009, 『고구려 왕릉 연구』, 동북아역사재단.

_ 이현지

우산하 3319호분

Ⅰ. 개관

우산하 3319호분은 우산禹山 서쪽의 산 허리에 위치한다. 구舊 집안시박물관 뒤편 우산 위의 송신탑으로 가는 도로 옆에 자리잡고 있다. 각 변이 21m인 3단의 방단계제적석총方壇階梯積石塚으로 3단 위치에 묘실이 구축되어 있으며 분구 위나 주변에는 다수의 전돌이나 기와가 산포되어 있다. 분구 남동쪽에 넘어진 입석은 세로 1.04m, 가로 0.54m, 너비 0.9m로 인물상이 선으로 새겨져 있고, 현재는 유리로 보호되고 있다.

▲ 우산하 3319호분 근경

지난 1997년에 발굴 조사되었는데, 이 과정에서 상당수의 유물이 출토된 것으로 알려져 있다. 대표적으로 분구에서 '정사丁巳'명 기와가 채집됨에 따라 고국원왕 치세의 357년으로 비정된다. 한때는 소수림왕릉설이 제기되기도 하였다. 발굴 조사에서 동진시대의 청자나 녹유·갈유 도기 등 10점 이상이 출토되었다. 묘실을 벽돌로 조성하고 중국 도자기가 다수 발견되는 점으로 미루어, 중국에서 고구려로 망명 온 귀족의 무덤으로 보는 의견이 유력하다. 축조 시기는 4세기 전반으로 보고있다.

II. 구조

우산하 3319호분은 방단계제적석총方壇階梯積石塚으로 현실玄室·용도甬道·연도羨道·좌우측실左右側室로 구성된다. 현실의 네 벽은 수직으로 사아천장四阿天障[01]을 만든다. 벽돌의 표면에 회가 칠해져 있고, 측실 주위를 활석으로 채웠다. 측실은 궁륭천장穹窿天障으로 천장 높이는 현실의 절반 정도이다. 묘실

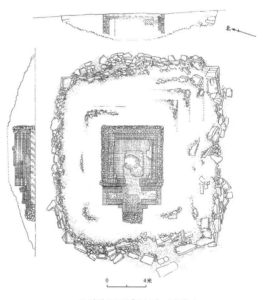

▲ 우산하 3319호분 평·단면도
(吉林省文物考古研究所, 2009, 『吉林集安高句麗墓葬報告集』)

---

01 네 벽을 경사지게 좁혀 올린 무덤 천장. 고구려 벽화 고분에서 주로 보이며, 백제의 고분에도 드물게 있다.

▲ 우산하 3319호분 묘실
(吉林省文物考古硏究所, 2009, 『吉林集安高句麗墓葬報告集』)

이 거의 분구 기저면에 만들어져 있는 점이 비재지적非在地的이다. 수많은 양의 전돌과 기와들이 확인되었으며, 이는 3.5m² 안팎의 방옥房屋과 묘실 주위를 덮을 수 있는 양이라고 한다.

무덤의 발굴 결과 특이하게도 내부 구조가 전축博築인 것으로 확인되었다. 외부 형태는 3단의 계단 위에 묘실을 구축하였고, 묘실부에는 벽돌과 기와편이 널려 있다. 또한 내부에서 사방의 벽면은 회색의 벽돌로서 삼횡일수三橫一垂 방식으로 구축하였다. 무덤내부에서는 대량의 벽화 파편을 발견하였다. 특히 묘실의 북쪽벽면에 백회白灰를 바른 흔적이 남아 있다. 그 표면에 벽화가 그려져 있으나 그 내용은 알아보기 어렵다. 이를 통해서 볼 때 이 무덤은 외부는 고구려식 적석총, 내부는 벽화가 그려진 중국식 전축분임을 알 수 있다.

이렇게 벽화가 그려진 전축분은 중국 한대漢代 이후의 고분에서 상당 수 발견되고 있는데 비해 한반도에서 발견된 예는 드물다. 고구려 고분 중에서 이처럼 적석총과 전축분이 결합된 예는 처음이다. 때문에 학계에서 중요한 고고학 자료로 주목하고 있다.

Ⅲ. 출토 유물

이 무덤에서 출토된 유물들은 피장자의 신분과 관련하여 중요한 의미를 지니고 있다. 출토된 유물상 등을 종합해보면 중국과 밀접한 연관성을 보인다. 때문에 당시 고구려와 중국과의 교섭관계를 설명해주는 고고학적 자료로 볼 수 있다.

1. 권운문 와당

우산하 3319호분에서는 두 시기의 기년명의 권운문 와당이 출토되었다. 첫째는 '을묘년계□유乙卯年癸□(酉)'명 1점으로 이 기와의 '을묘년'은 355년으로 해석된다. 두번째는 '□사시흥예□□□□만세태세재정사오월입일□四時興詣□□□□萬世太歲在丁巳五月卄日'로 읽을 수 있는 기와로 이 와당의 '정사'는 357년일 가능성이 높다. 이것은 우산하 3319호분에서 2차에 걸쳐 매장이나 제사가 행해졌던 것으로 추측할 수 있게 한다.

2. 청자사이호靑磁四耳壺

무덤 내부에서는 동진東晋 것으로 보여지는 청자반구호靑磁盤□壺가 3점이 출토되었다. 그 중 대표적인 한 점은 청록색 유약을 올렸고 구연부는 쟁반모양이며 두 줄의 오목줄무늬가 있고, 경부는 길며 복부는 둥글다. 견부에 두 개의 고리손잡이가 달려 있고 세 줄의 줄무늬를 둘렀으며 밑굽은 납작하다. 크기는 총 높이 24.4cm, 구연부 직경 14.5cm, 동체부 직경 21.8cm, 밑굽 직경 14cm이다. 이는 동진과 고구려의 교류관계를 나타난다.

이 외에 철제 갑옷편 30여 점·이배耳杯·접시 등이 출토되어 현재 집안박물관에 전시되어 있다.

IV. 화상 석각

우산하 3319호분 앞 양측에는 길이 104cm, 너비가 54cm인 바위의 앞쪽 돌에 인물상이 선각되어있다. 이는 지금까지 중국 내에서는 유일한 고구려시대의 화상석각畵像石刻이다. 석각에 사용된 돌은 회련색灰練色의 침적암沈積岩으로서 무게는 약 800kg이다. 화상은 단도單刀로 음각을 하였고, 정면에

▲ 우산하 3319호분 화상 석각
(吉林省文物考古硏究所, 2009, 『吉林集安高句麗墓葬報告集』)

서 볼 때 반나신半裸身이다. 이마가 거의 없다고 할 정도로 눈썹과 눈을 이마 선에 거의 닿게 그려놓은 반면 얼굴의 아랫부분은 갸름하게 고운 선으로 그려져 있다.

머리에는 역삼각형의 관식을 그린 듯하나, 윗변의 가로선이 끊겨 가는 선만 세 개 그어놓은 것처럼 되어있다. 목은 비교적 굵게 그려놓았고 팔은 좌우로 반원을 그리듯 선을 돌려놓았다. 모든 선이 매우 단순하나 눈은 쌍꺼풀이 졌고 눈동자까지 묘사되어있으며 코와 입·귀까지도 사실적으로 묘사되었다. 콧대는 곧바르고, 콧방울은 두터우며, 입술은 대추씨모양이고, 귀는 활 모양이다. 목부위 이하는 간단한 선만으로 두 팔을 표현하고 있으며, 두 팔은 허리를 짚고 있는 것처럼 하고 체구가 좁게 오므라들어 있다. 흉부에는 두 개의 동그라미로 유두乳頭를 표시하였다.

목에서 흉부에 이르기까지 두 개의 유두 중간 부위를 원심으로 하여 19개의 원점을 동그랗게 새겼다. 또한 이 원심을 중심으로하여 가로 세로로 나누어 십자형의 원점을 새겼다. 이 점을 새겨 넣은 의도는 확실하지 않지만 마치 윷놀이판을 연상시킨다.

이 화상석각을 충분히 검토해 보면, 비록 예스럽고 질박한 예술감각을 보여주기는 하지만 비율이 정확하지 않고 조예가 깊지는 못한다. 그러나 사의寫意·도법刀法이 유창한 것으로 볼 때 회화와 조각에 어느정도 식견은 있었던 것으로 보인다. 이렇게 볼 때 이 화상석각은 제사나 숭배와 관련이 있다고 볼 수 있으며, 우산하 3319호분의 묘주와 더욱 관계가 있다. 이 화상석각의 연대는 우산하 3319호분의 연대와 거의 같은 시기이거나, 설사 차이가 난다해도 그리 크지 않을 것으로 추측된다. 현재는 2004년 중국이 세계문화유산에 이 지역의 고구려유적을 등재하기 위해 대대적으로 정비하면서 바위 위쪽에 유리로 된 보호각으로 덮어졌다.

V. 참고문헌

고구려연구재단, 2005, 『위성사진으로 보는 고구려 도성』, 고구려연구재단.

공석구, 2004, 「고구려에 유입된 중국계 인물의 동향 - 4~5세기의 고고학 자료를 중심으로」, 『고구려발해연구』 18.

동북아역사재단, 2005, 『고구려 문명기행』, 동북아역사재단.

박진석 · 강맹산 外, 1995, 『中國境內 高句麗遺跡 研究』, 예하출판주식회사.

아즈마 우시오 · 다나카 도시아키, 2008, 『고구려의 역사와 유적』, 동북아역사재단.

이전복, 1994, 『중국내의 고구려유적』, 학연문화사.

_ 이현지

각저총 角抵塚

Ⅰ. 개관

중국 길림성 집안시 태왕향 우산촌에 있다. 우산 남쪽 기슭에 무용총과 나란히 자리잡은 고분으로, '각저총角抵塚'이라는 이름은 최초 조사 당시 현실 왼벽에서 발견된 씨름도로 말미암아 붙여졌다. 중국측의 일반적인 표기로는 '각저묘角抵墓'이다.

1935년 이케우치 히로시[池內宏] 등에 의해 처음으로 조사된 이후, 1956년

▲ 각저총 근경 (池內宏, 1940, 『通溝』下)

太王의 나라 고구려 유적

과 1962년, 1963년 거듭 무덤 수리가 행해졌고, 1966년 다시 실측되면서 집안 통구 고분군 우산묘구 제457호묘 (JYM457)로 명명되었다. 1976년에는 벽화에 화학안료의 막이 입혀졌다. 무덤의 외형은 절두방추형이며, 봉토는 방대형이고, 직경 15m, 높이 4m이다.

묘실의 방향은 서쪽으로 50° 기울어진 남향이며, 구조는 장방형長方形의 전실과 시신을 안치하는 방형方形의 현실, 그리고 이 두 방을 연결

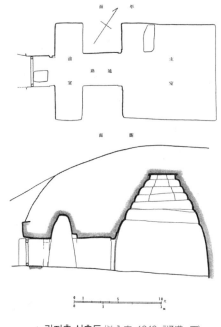

▲ 각저총 실측도 (池內宏, 1940, 『通溝』 下)

해주는 통로로 이루어진 이실묘이다. 벽화는 전실과 현실의 회칠한 네 벽과 천장에 그렸는데, 벽과 천장에 백회를 입히고 그 위에 벽화를 그렸다. 주로 묵선과 적색·황색·적갈색·녹청색 등의 안료를 사용하였다. 벽화의 주제는 생활풍속인데, 전실에는 나무, 통로에는 맹견도, 현실 북벽에는 주인의 실내 생활도, 동벽에는 씨름도와 주방, 서벽에는 수레와 나무, 남벽에는 나무를 그렸다. 그 밖에 불꽃무늬 기둥과 창방 등 목조건물 의장을 그렸다. 천장에는 해·달·별·불꽃·초롱 무늬를 장식했다. 사신도가 없고 전실이 장방형이며 감龕이 없는 점, 인물 풍속도를 그린 점 등으로 미루어 연대는 5세기 후반에서 6세기 초로 추정된다. 각저총은 주로 매부리코의 서아시아계 인물과 고구려인 사이의 씨름 그림으로 잘 알려졌지만, 무덤 주인과 두 부인의 그림으로도 익숙한 벽화 고분이다.

II. 무덤 내부 구조

무덤은 봉토분封土墳으로 돌을 쌓아올려 석실을 만든 다음 흙을 덮었다. 묘실구조는 전실前室과 현실玄室을 갖춘 '呂' 자형 이실묘二室墓이다. 전실의 천장 구조는 궁륭식이고, 현실의 천장 구조는 2단의 평행고임 위에 4단의 변형삼각고임을 얹은 평행팔각고임식이다.

전실의 너비×길이×높이는 각 3.2×1.0×2.1m이며, 현실의 너비×길이×높이는 3.2×3.2×3.4m이다.

III. 무덤 내부 벽화

각저총의 벽화는 인물화人物畵 중심의 풍속도風俗圖이다. 이 고분을 각저총이라 이름 짓게 한 현실 동쪽 벽면의 씨름도가 널리 알려져 있다.

전실과 통로에는 나무와 맹견, 현실의 북벽에는 주인의 실내생활 장면, 동벽에 '씨름도'와 주방, 서벽에 나무와 수레, 남벽에 나무가 그려져 있다. 현실 네 벽 모서리에는 굽받침이 달린 주두柱頭·소루小累가 있는 나무기둥을 그려 목조건물처럼 보이게 하였다. 이러한 무덤은 현실 모서리와 벽의 위 부분에 갈색 안료로 기둥과 들보 등 목조가옥의 뼈대를 그려 무덤 안이 주택의 내부처럼 느껴지게 한다.

현실 북벽에 그려진 묘주 그림을 보면 주인공은 정면을 향하여 의자에 앉아 있고 두 명의 부인들은 바닥에 무릎을 꿇고 남편을 향하여 앉아 있으며 측면을 바라보는 모습으로 묘사되어 있다. 부부가 모두 두 손을 모은拱手 자세를 취하고 있다. 이러한 북벽의 묘주 그림은 안악 3호분安岳三號墳·덕흥리벽화고분德興里壁畵古墳·감신총龕神塚 등의 초상화肖像畵적인 성격과는 달리 실제 실내생활 장면을 나타낸 점이 특징이다.

또한 이 무덤의 현실에는 씨름 장면도 표현되어 있어 주목 된다. 이 고분

▲ 각저총 내부 인물풍속도

의 벽화를 대표하는 씨름 장면은 샅바를 두른 모습이나 자세가 현재의 씨름과 흡사하며, 씨름하는 두 장사와 심판격인 노인, 나무 위의 새와 밑에 웅크린 개 등을 그려 넣어 한적한 분위기를 잘 그려낸 풍속화이다.

　윤곽선 없는 몰골법沒骨法[01]으로 그려진 고졸古拙한 나무 밑에서, 두 명의 장사들이 늙은 심판이 지켜보는 가운데 힘을 겨루고 있다. 그런데 이 씨름하는 사람들 중 한 사람은 매부리코에 눈이 부리부리한 서역 계통의 사람 모습이다.

　무덤의 현실 천장에는 당초문唐草紋 형태의 괴운문怪雲紋을 가득 채워 넣었고, 동서에 해와 달을 그리고 북쪽에 북두칠성을 비롯하여 7개의 별자리와 2개의 독립된 별을 배치하여 하늘세계를 집약한 소우주를 표현하였다.

---

01 동양화에서 윤곽선을 그리지 않고 먹이나 물감을 찍어서 한 붓에 그리는 기법.

▲ 씨름도

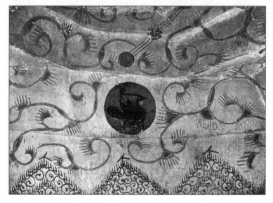

▲ 천정의 삼족오

이 각저총 고분벽화에 나타나는 인물들의 복식은 전형적인 고구려 복식의 모습으로 이 지역에서 확인되는 채협총[02]과 같은 고분에 보이는 중국계 복장과는 단연 대비된다. 이 복식은 고구려 특유의 점무늬가 있는 왼여밈 옷을 입은 모습으로 그려진다. 같은 시기 평양 지역 고분벽화 인물에게서 흔히 볼 수 있는 문양이 없는 맞여밈 옷이나 오른여밈 옷은 거의 보이지 않는다. 왼여밈은 내륙아시아 유목계 민족 복식의 특징적 요소 가운데 하나이다. 고구려에서는 평양 천도(427) 이전 상당한 기간에 걸쳐 평양을 새로운 정치 · 사회 · 문

---

02 평양에서 발굴된 낙랑 때의 고분. 봉분 아래 굴식으로 되어있는 전후(前後)의 두 목실(木室)에는 부장품과 세 개의 칠관(漆棺)이 있다. 특히 부장품 가운데 화려하게 옻칠한 대나무 상자는 중국 한나라 때의 회화를 연구하는 데 중요한 자료가 된다.

화의 중심으로 삼기 위한 개발이 이루어졌다. 하지만 위의 사실로 미루어 적어도 문화적 측면에서는 평양은 평양대로, 집안은 집안대로 고유색을 유지하고 있었음을 짐작할 수 있다.

IV. 참고문헌

국립공주박물관 · 국립중앙박물관, 2004, 『고구려 고분벽화 모사도』.

동북아역사재단, 2007, 『고구려의 문화와 사상』.

전호태, 2000, 『고구려 고분벽화 연구』, 사계절.

전호태, 2004, 『고구려 고분벽화의 세계』, 서울대학교 출판부.

전호태, 2004, 『벽화여, 고구려를 말하라』, 사계절.

池內宏, 1940, 『通溝 : 滿洲國通化輯安縣高句麗遺蹟及壁畵墳』 卷下, 日滿文化協會.

_ 권민정

무용총 舞踊塚

Ⅰ. 개관

중국 길림성 집안시 태왕향 우산촌에 있다. 우산 남쪽 기슭에 각저총과 나란히 자리 잡고 있다. '무용총'은 1935년 처음 조사 당시 현실 왼벽에서 발견된 군무群舞, 즉 무용 그림으로 말미암아 붙여진 이름이며, 북한에서는 춤무덤으로 부른다. 1930년대 발굴 이후 관리와 보존 소홀로 현재는 훼손이 심각해 그 형체를 알아보기 힘들다. 무덤의 외형은 절두방추형이며 묘실의 방향은 서쪽으로 50° 기울어진 남향이다.

▲ 무용총 근경 (池內宏, 1940, 『通溝』 下)

太王의 나라 고구려 유적

전실의 천장구조는 궁륭식 穹窿式이고, 현실의 천장구조는 3단의 평행고임 위에 5단의 변형삼각고임인 팔각고임을 더한 평행팔각고임식이다. 묘실의 벽과 천장에 백회를 바르고 그 위에 인물풍속을 주제로 한 그림을 그렸다. 또한 전체적으로 목조 가옥처럼 보이게 하기 위해 벽면에 기둥과 두공을 그렸다.

현실의 네면에는 모두 벽화를 그렸는데, 입구의 정면에는 접객도接客圖가, 서쪽에는 수렵도狩獵圖와 우차도牛車

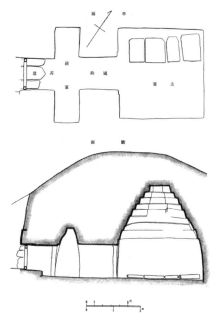

▲ 무용총 실측도 (池內宏, 1940, 『通溝』下)

圖가, 동쪽에는 가무도歌舞圖가 그려져 있으며, 입구의 양옆으로 신수神獸가 그려져 있다. 특히 동벽에 그려진 14명의 남녀가 열을 지어 노래에 맞추어 춤을 추고 있다. 수렵도는 기복이 있는 산악에서 4명의 기마무사가 사냥을 하고 있는 장면을 그린 것이다. 남벽은 전실로 통하는 통로 사이에 벽면의 아랫부분이 동·서 두 부분으로 갈라졌다. 갈라진 동쪽과 서쪽의 두 부분과 통로의 좌우 벽에는 각각 한 그루의 큰 나무가 그려져 있다. 그리고 천장에는 해·달·별·청룡·백호·비천·신선·기린·구름무늬·연꽃무늬·불꽃무늬 등이 그려져 있다. 벽화는 주로 황색과 갈색 등으로 그려졌다.

II. 무덤 내부 구조

　무용총은 한 변의 길이가 17m, 높이 4m의 방대형 고분이며, 연도羨道·전실前室·현실玄室로 이루어진 이실묘이다. 1m 정도 되는 연도를 따라가면 좌우로 길게 늘어진 전실이 나오고, 그 뒤로 다시 1.5m 정도의 통도를 지나면 현실이 나온다. 전실의 너비는 3.3m, 길이 0.9m이며 현실의 너비와 길이는 3.2m로 정방형이다. 전실과 현실은 모두 방형이며, 네 귀퉁이는 동서남북의 방위선상에 놓여 있다.

　전실의 천장은 네 면이 둥글게 좁혀 올라간 궁륭천장이고, 현실의 천장은 계단식으로 괴면서 팔각형으로 좁혀 올린 팔각고임천장이다. 현실의 바닥 서쪽에는 네 장의 판석으로 만든 관대가 마련되어 있다.

III. 무덤 내부 벽화

　무용총에 그려진 벽화들 중 주인공을 추측할 수 있는 벽화가 바로 접객도接客圖이다. 접객도는 음식이 차려진 탁자를 사이에 두고 손님과 주인공이 대화를 나누는 모습을 그려놓았다. 한쪽 무릎을 꿇고 음식을 올리는 시종 위로 주인공이 당시 귀족들의 머리장식으로 보이는 관을 쓰고 앉아 있다. 그림에 그려진 등장인물들 사이의 크기 차이는 신분에 따른 차이를 반영한 것으로 보여진다.

　현실의 서북벽에

▲ 접객도

는 화면 오른쪽 2/3 지점에 있는 커다란 나무를 경계로 하여 그 왼편에는 수렵도를, 오른편에는 2대의 우차牛車와 차부를 그렸다. 수렵도에는 도안화된 산악과 나무들 사이로 새깃털 장식관[鳥羽挿冠]과 검은 두건을 쓴 기마 인

▲ 무용총 수렵도

물들이 사슴과 호랑이를 사냥하는 모습이 그려졌다. 인물들은 고구려식의 점무늬 바지와 저고리를 입었다. 표현의 고졸성에도 불구하고 시원스런 공간 배치와 생동감있는 필치로 인하여 고구려 고분벽화 초기의 대표작으로 알려진 그림이다.

현실 입구인 서남벽 좌우에는 각각 나무가 한 그루씩 그려져 있다. 그리고 벽에 걸린 2개의 말안장을 묘사하였다.

현실 동남벽에는 묘주墓主로 보이는 기마인물을 중심으로 그 오른편에는 주인의 출타出他를 노래와 춤으로 전송하는 가무대歌舞隊를 묘사했고, 왼편에는 현실 동북벽을 향하여 음식을 나르는 여인들을 그렸다.

현실 안벽에 해당하는 동북벽에는 묘주가 승려복장을 한 2명의 인물과 대화를 나누는 장면이 묘사되었다. 탁자를 사이에 두고 앉아 있는데, 이 가운데 오른쪽 인물은 방건方巾을 썼다. 동북벽 하단에는 묘주의 호위무사인 듯한 인물 7명이 같은 간격으로 배치되었는데, 얼굴만 남고 나머지는 떨어져나갔다.

현실벽과 잇닿는 평행고임 제1단에는 삼각화염무늬가 잇달아 그려졌으며, 제2단에는 하늘로 떠오르는 연봉오리와 연꽃이 교대로 묘사되었다. 제

▲ 무용도

3단에는 각종 상서동물과 선인仙人이 그려졌다. 5단에 이르는 8각고임에는 일상日像·월상月像을 비롯한 각종 별자리와 비천飛天·주악천奏樂天·상서로운 동물들이 자리잡고 있다. 이들 사이로 평행고임 제2단에 그려진 것과 같은 연꽃과 하늘을 상징하는 구름이 점점이 그려져 있다. 일상은 붉은 원 안의 검은 삼족오三足烏로, 월상은 노란 원 안의 두꺼비로 표현되었다. 별자리 사이의 연꽃은 평행고임 제2단의 연꽃과 같이 갈고리형 꽃받침과 받침줄기를 지니고 있으며 꽃잎 끝이 뾰족하고 꽃술과 잎맥이 측면에서도 투시되고 있다.

동북측에는 역사力士 2명이 태견류의 무술을 겨루는 모습이 그려졌고 서북측에는 청룡과 나무, 평상에 각기 앉은 두 인물이 묘사되었다. 두 인물 가운데 오른쪽의 인물은 반가좌의 자세로 평상에 걸터앉아 무엇인가를 종이에 쓰고 있으며 왼편의 인물은 평상에 앉은 채로 비스듬히 몸을 뒤로 제끼고 있다. 동남측에는 혀를 길게 내밀고 오른쪽을 향하여 달려가는 백호와 거문고를 타는 두 인물이 그려져 있다. 서남측의 한 가운데에는 닭을 연상시키는 주작 한쌍이 마주보며 서 있다.

무용총은 이실묘이나 전실이 퇴화되는 단계에 이르고 있으며 인물풍속 위주의 벽화 중에 사신四神의 일부가 나타나는 점, 불교의 화생化生 관념을 반영하는 표현의 출현 등으로 보아 5세기 전반에 축조된 고분으로 추정된다.

IV. 참고문헌

국립공주박물관 · 국립중앙박물관, 2004, 『고구려 고분벽화 모사도』.

동북아역사재단, 2007, 『고구려의 문화와 사상』.

全虎兒, 2000, 『고구려 고분벽화 연구』, 사계절.

全虎兒, 2004, 『고구려 고분벽화의 세계』, 서울대학교 출판부.

全虎兒, 2004, 『벽화여, 고구려를 말하라』, 사계절.

池內宏, 1940, 『通溝 : 滿洲國通化輯安縣高句麗遺蹟及壁畵墳』卷下, 日滿文化協會.

_ 권민정

마조총馬槽塚

Ⅰ. 개관

마조총馬槽塚은 중국 길림성 집안시 태왕촌太王村에 소재한다. 통구평야 동부 우산禹山 남쪽 기슭의 평탄한 언덕 위에 자리잡고 있다. 묘실 내에 그려진 벽화 중 마굿간 그림이 있어 발견 당시에는 '마조총馬槽塚'이라 불렸으며 본래 명칭은 '통구 12호분'이다. 1937년 일본인 구로다 겐지[黑田源次]에 의해 묘실 안에 벽화가 있음이 알려졌다.

1962년 중국 길림성박물관 집안고고조사반集安考古調査班에 의해 정식으로 발굴조사되어 1964년 발굴보고서가 간행되었다. 봉토는 황색점토를 썼으며, 봉분 둘레에는 장군총이나 태왕릉의 호석護石을 연상시키는 9개의 거석巨石을 둘렀다. 고분은 남북 2개의 독립된 묘실이 한 봉토 내에 나란히 놓인 채 묘도 입구에서 연결되는 특이한 형태를 하였다. 이 고분을 중심으로 주변에는 오회분 4호분·5호분을 비롯해 산연화총散蓮花塚 등 다수의 고구려 봉토분과 방단적석총方壇積石塚이 산재해 있다. 그 외형이 모두 마조총보다는 작다.

벽화는 묘실과 감실 및 용도의 모든 벽에 있다. 전투·수렵·무악·마구간·마차 행렬·그림 그리는 장면·마구간의 취사 도구 등의 장면으로 구성되었고, 선이 뚜렷하고 색채가 풍부하며 형상이 분명하다. 이러한 특징들을 지녔기 때문에 마조총은 집안 지역에서 발견된 것 중 가장 중요한 고구려 인물 풍속 벽화 중 하나로 손꼽는다.

II. 무덤 내부 구조

봉분의 형태는 절두방추형截頭方錐形이며 높이는 4.6m, 밑둘레는 약 90m
이다. 1×1×2m 크기의 대형석재 9매가 봉토 밑을 받치고 있다. 봉분 안에
는 연도羨道 입구가 서로 연결된 남북 2개의 각기 독립된 묘실이 있다. 묘실
의 방향은 서남향이다. 남실南室은 용도甬道 좌우벽에 각기 하나씩의 감실龕
室이 달린 단실분單室墳으로 현실玄室 천장은 13단의 평행고임으로 처리했
다. 남실보다 규모가 작은 북실北室은 널길 오른쪽 벽에만 하나의 감실이
달렸으며 묘실 천장은 꺾음식이다.

북실은 용도의 북벽에 하나의 감실이 딸린 구조로 되어 있으며 천장은
사아식四阿式이다. 남실은 13층의 평행고임 위에 뚜껑돌을 덮은 궁륭식 천
장을 하였고 용도 남북벽에 각기 하나씩의 감실이 덧붙여져 있는 구조이
다. 묘실은 크기가 일정하지 않은 석재를 쌓고 그 위에 석회를 입히고 다시
그 위에 아교성阿膠性 물질을 바른 뒤 벽화를 그려 장식하였다.

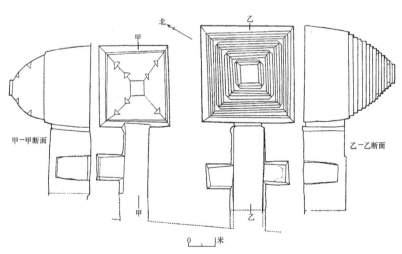

▲ 마조총 실측도 (吉林省文物考古研究所, 2009, 『吉林集安高句麗墓葬報告集』)

Ⅲ. 무덤 내부 벽화

묘실은 크고 작은 돌로 쌓아올린 다음 백회로 틈을 메우고 벽면과 천장면에는 백회를 입혀 그 위에 벽화를 그렸다. 벽화의 주제는 인물풍속이다. 벽화 채색은 주로 주색·자색·녹색·백색·흑색으로 되어있으며 필선은 깔끔하고 세련된 편이다.

남실 연도의 오른쪽 벽에는 높은 산봉우리들을 배경으로 말을 타고 달리면서 동물들을 사냥하는 기마인물이 있고, 왼쪽 벽에는 커다란 나무 아래에서 활을 겨누는 인물이 부분적으로 남아 있다. 연도 오른쪽 감실의 왼쪽 벽과 안쪽 벽에는 청기와지붕의 마구간을, 마구간 안에는 말구유와 말 3마리를, 왼쪽 벽 상단에는 말안장을 그렸다.

수레 출행도出行圖에는 마차 앞에 3명이 보이는데 모두 시중드는 사람이다. 2명의 시녀가 마차 뒤를 따르고, 그 뒤 4명의 시녀 중 앞의 3명은 치마를 입었으며, 그 중에 앞선 자가 우산을 들고 있다. 연도 왼쪽 벽 감실의 오른쪽 벽에는 집 1채를, 이어진 앞쪽 벽의 오른쪽 벽에는 취사도구들을, 안쪽 벽에는 한 인물이 붓을 들고 무엇인가를 그리는 장면을 표현했다. 묘실 앞쪽 벽의 묘실문 오른쪽 벽 위에는 거문고 반주에 맞추어 춤추는 사람의 모습이, 그 아래에는 무덤 입구를 향하여 엎드려 있는 개 1마리와 그 뒤에 서 있는 인물의 모습이 남아 있다. 묘실 오른쪽 벽과 왼쪽 벽에는 안쪽 벽의 묘주墓主를 향하여 마차를 끌고 가는 남녀 시종들을 그렸고, 묘실 안쪽 벽에는 치미가 높게 솟은 청기와 지붕의 기와집 안에 남녀시종의 시중을 받는 묘주인 부부의 모습을 묘사했다. 묘주는 평상平床에 정좌했고, 부인은 무릎을 꿇고 두 손을 모은 공손한 자세로 묘주 쪽을 향해 앉아 있다.

북실 연도의 양쪽 벽에는 벽화가 남아 있지 않다. 연도 왼쪽 벽 감실의 오른쪽 벽과 안쪽 벽에는 여러 가지 취사도구가 그려졌다. 묘실 오른쪽 벽에는 수렵도의 일부가 남아 있는데, 사슴·멧돼지를 향해 활을 당기는 무사의 모습이 보인다. 묘실 앞쪽 벽에는 문지기 개가, 왼쪽 벽에는 전투장면

의 일부가 보인다. 묘실벽과 천장부는 붉은색 대들보로 구분했으며 천장부
는 남실의 것과 같은 연꽃무늬와 구름무늬로 장식했다.

연꽃은 남북 두 개의 묘실 모두에 표현되었다. 연봉우리는 무용총에서
와 같이 독립된 형태가 아닌, 줄기와 잎이 있는 연꽃의 일부로 표현되었다.
꽃받침은 무용총 벽화의 갈고리꼴의 투박한 꽃받침 대신 봉오리 밑부분에
바짝 붙은 사실적인 형태로 묘사되었다. 봉오리 안의 암수 꽃술이 투시透視
되었고 꽃술 끝에는 좌우로 더듬이와 같은 것이 뻗어 나온다.

측면연꽃은 고임 각층 측면에 아홉 개의 꽃잎을 지닌 모습으로 나타난
다. 꽃잎은 홍색紅色이며 날카로운 잎 끝은 검게 채색되었다. 무용총 벽화
의 꽃잎 선이 곧고 뻣뻣한 모습임에 비해 마조총 벽화의 연꽃잎은 중턱과
끝이 부드럽게 휘었다.

평면연꽃은 북실 벽 위 부분에 일정한 간격마다 표현되었으며 천장고임
에는 보이지 않는다. 꽃잎 끝이 뾰족하며 홍색·황색·흑색을 사용하였
다. 꽃심에 구멍이 있고 쇳녹의 흔적이 있는 것으로 보아 연꽃의 중심은 유
장걸이용 못이나 고리가 박혔던 자리였던 듯하다.

잎·꽃·줄기가 하나로 된 연꽃은 평행삼각고임의 삼각석 밑면에 그려
졌다. 가운데 줄기에 연봉오리가 달린 것과 연꽃이 핀 두 종류가 있다. 제1
층 삼각석의 연꽃은 양옆 줄기에는 연꽃잎, 가운데 줄기에는 연봉오리가
달린 모습이다. 제2층 삼각석의 경우에는 활짝 핀 9엽 연꽃을 가운데 줄기
에 단 형태이다. 제3층 삼각석에 그려졌던 연꽃은 일부만 식별된다.

마조총은 묘실 안쪽 벽에 묘주인 부부 그림이 있는 독립된 2개의 석실분
이 한 봉토 안에 있는 점으로 미루어보아 매우 가까운 친족관계에 있는 두
가족의 무덤으로 여겨진다. 비교적 짜임새 있는 묘실구조와 세련된 필치의
인물풍속그림으로 보아 무덤축조와 벽화 제작 시기는 5세기 중엽을 전후
한 시기일 것으로 추정된다.

이 중 가장 주목되는 자료는 바로 참수도斬首圖인데, 투구를 쓰고 미늘갑
옷札甲을 입은 무사 한 사람이 역시 비슷한 복장을 한 다른 무사 한 사람의

목을 베는 순간을 묘사한 것이다. 패자는 무릎을 꿇은 채 목을 늘어뜨렸으며, 승자는 왼손으로 패자의 투구 끝을 잡고, 오른손에 쥔 환두대도環頭大刀를 높이 치켜 든 상태이다. 승자는 오른발 못신으로 패자

▲ 마조총 참수도
(吉林省文物考古研究所, 2009, 『吉林集安高句麗墓葬報告集』)

가 놓친 듯한 긴 창을 밟았고, 왼발의 못신으로는 긴 칼을 놓지 않고 있는 패자의 손등을 밟고 있다.

IV. 참고문헌

국립공주박물관·국립중앙박물관, 2004, 『고구려 고분벽화 모사도』.

吉林省文物考古研究所, 2009, 『吉林集安高句麗墓葬報告集』, 科學出版社.

동북아역사재단, 2007, 『고구려의 문화와 사상』.

서길수, 2000, 『고구려 역사유적 답사』, 사계절출판사.

전호태, 2000, 『고구려 고분벽화 연구』, 사계절.

전호태, 2004, 『고구려 고분벽화의 세계』, 서울대학교출판부.

전호태, 2004, 『벽화여, 고구려를 말하라』, 사계절.

_ 권민정

삼실총 三室塚

Ⅰ. 개관

중국 길림성 집안시 태왕향 우산촌에 위치한 우산禹山의 남쪽 기슭 끝에 위치한다. 무덤의 북쪽에 집안 - 통화간 철로가 놓여있고 남쪽의 오회분과는 250m 거리이다. 세 개의 묘실이 서로 이어져 '삼실총三室塚'으로 불리며, 중국에서의 공식 명칭은 집안 통구 고분군 우산하묘구 제2231호묘 (JYM2231)이다.

1913년 조사 때 무덤 안에 벽화가 있음이 확인되었고, 1935년 및 1936년

▲ 삼실총 근경 (池內宏, 1940, 『通溝』下)

두 차례에 걸쳐 묘실 구조와 벽화 내용 등이 조사 및 실측되었다. 1972년 무덤 수리가 행해졌고, 1975년 집안현문물보관소에 의해 벽화에 대한 재조사와 화학적 보존 처리가 이루어졌다.

II. 구조와 축조방법

평면배치는 역 'ㄷ' 자 형태로 연결되어 있다. 세 개의 단실분이 용도로 이어진 변형 단실분에 속하며 제1실을 기준으로 한 묘실의 방향은 남으로 기운 서향이다. 각 방의 너비×길이×높이를 보면 제1실은 2.7×2.9× 3.1m, 제2실은 2.1×2.8×3.1m, 제3실은 2.0×2.5×3.3m이다.

각 묘실의 천장 구조는 평행삼각고임으로 제1실은 5단의 평행고임 위에 2단의 삼각고임을, 제2실은 4단의 평행고임 위에 2단의 삼각고임을, 제3실은 5단의 평행고임 위에 3단의 삼각고임을 얹었다.

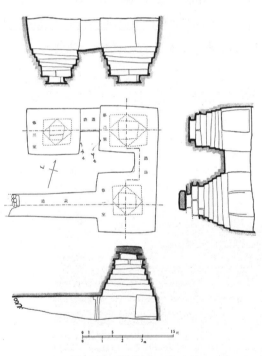

▲ 삼실총 실측도 (池內宏, 1940, 『通溝』 下)

묘실은 일정한 크기로 다듬은 장방형의 화강암으로 쌓았으며 3개의 묘실이 동시에 축조되어 하나의 통일된 모습을 보여 주고 있

　　太王의 나라 고구려 유적

다. 또한 벽과 천장 면에 백회를 입히고 그 위에 생활풍속과 사신을 주제로 벽화가 그려져 있다. 연도의 양벽과 천정에는 벽화가 거의 보이지 않는다.

1. 제1실

긴 연도가 이 방의 서벽 중부를 통과하고 실내에서는 모서리를 볼 수 있게 되어 있다. 네 벽은 안쪽으로 약간 기울었고 네 벽상에 6층을 안쪽으로 수축되게 쌓은 후에 다시 말각抹角을 2층으로 올려 쌓았고 그 위에 2매枚의 직사각형 판석을 덮어 뚜껑돌을 삼았다.

동벽에는 주인공 부부의 생활도가 그려져 있다. 4채의 기와집에서 첫 번째 집(맞배지붕)에는 황색의 관을 쓴 여인이 두 손을 가슴에 모으고 있으며 시종이 한 명 서 있다. 두 번째 이층집에는 묘주의 처와 첩, 그리고 시녀가 두 명 그려져 있다. 세 번째 기와집에는 묘주가 검은 관을 쓰고 있고 콧수염을 달고 있다. 네 번째 이층집은 처마가 남아 있으며, 아래층에 두 사람의 시종이 있다. 이들은 상투를 틀고 있으며 부채와 같은 물건을 들고 있다. 부부상夫婦像은 다른 고구려 벽화고분의 묘주인 부부상과 달리 각기 다른 지붕 아래에 남벽을 향하여 앉아 있다.

천정 벽화는 평행고임 제1단에 구름무늬 제2단에 사신도가 그려져 있으나 크게 훼손되었다. 서벽에는 각각 문졸門卒이 있는데 연화관蓮花冠과 상투를 틀고 있다.

남벽에는 묘주인 부부를 비롯한 11명의 행렬도가 있다. 선두 안내자의 뒤에 묘주인 부부가 따르고 있으며, 각기 다른 복장을 한 수행자

▲ 공성도

속에는 우산을 받쳐 든 두 여인이 있다. 이들 11명의 신분에 따라 다른 복식을 하고 있으며, 남자 묘주는 점박이 옷을, 여자 묘주는 누런 수건을 걸쳤다.

북벽에는 공성도攻城圖가 있는데 왼편에 지그재그 형태로 단순화 시킨 성이 있고 성문城門과 망루望樓가 있어 고구려 성곽 이해의 기준이 된다. 성 바깥에 네 명의 개마무사鎧馬武士가 두 명씩 싸움을 하고 있다. 오른편의 무사를 묘주로 보고, 왼편의 무사를 이기는 장면으로 이해하는 견해가 많지만, 혹자는 마상탈삭馬上奪矟의 장면으로 이해하여 왼편을 묘주로 보기도 한다.

2. 제2실

제1실의 북쪽에 있고 두 묘실은 용도로 연결되어 있다. 용도는 제1실 북벽 동단에 위치하고 제2실은 제1실보다 약간 작으며 묘실 평면은 사각형이다. 조정藻井 결구結構는 제1실과 같은데 다만 안쪽으로 수축되게 4층을 쌓고 다시 말각을 2층 쌓은 다음 그 위에 거석巨石으로 천장을 봉하였다.

수문장守門將은 고구려인의 모습을 보여주며 제2실 네 벽에는 들보를 받치고 있는 역사도 외에 사신도가 있다. 동벽에는 현무, 서벽에는 주작, 남벽에는 청룡, 북벽에는 백호가 있어, 일반적인 방위와는 다르게 구성되어 있다.

천정에는 연화 · 신선 · 성좌 · 각종 동물상이 그려져 있다. 특히 천장 평행고임 4단에 그려져 있는 서수瑞獸는 말형과 사슴형을 함께 지니고 있어 기린麒麟의 변화상을 엿볼 수 있다.

3. 제3실

제2실의 서쪽에 위치하며 제2실 네벽에 서로 연결된 용도가 있고 수문장이 그려져 있다. 크기와 묘정 결구가 제2실과 같다.

제3실 벽에도 제2실과 같이 역사力士가 있다. 다만 남벽의 역사는 두 다리 사이에 연꽃이 있는 것이 특색이다. 얼굴 모양이나 형태는 제2실의 역사와 비슷하나, 서북벽 역사의 위에 두 뱀이 합치는 모습을 그려 우주탄생의 상징인 복희(해)와 여와(달)의 교합과 같은 의미를 보여주고 있다. 천정의 평행고임 1단에는 현무가 동쪽에, 주작이 서쪽에 있어 전통적인 방위선의 위치가 바뀌어 있다.

제2단에는 연꽃이 있고 제3단에는 구름무늬, 제4단에는 각종의 서조瑞鳥가 그려져 있으며 천정에는 해 · 달 · 성좌도가 있어 고구려 벽화를 한 자리에 모아둔 느낌을 주고 있다.

이와 같이 삼실총의 벽화의 특징은 그 주체의 다양성과 전통적인 인물 풍속과 사신도 그리고 불교 및 전통신앙 등 다양한 형태가 보여 지는 점이다. 게다가 기린상에서 '사슴형 말형'이 공존하며 생활풍속과 인물화과 사신도와 함께 있기 때문에 5~6세기의 벽화를 함께 볼 수 있다. 즉, 무용총 · 각저총에서 오회분 4 · 5호분으로 넘어가는 미술사적인 변화상을 살필 수 있는 벽화이다.

III. 출토 유물 및 기타 특징

제1실에서 출토된 상당수의 인골과 사발 5점, 손잡이 달린 잔[耳杯] 1점, 손잡이 4개 달린 호壺 1점, 화로 1점 등 토기 8점이 출토되었다. 이 중 손잡이 4개 달린 호와 아궁이의 형태는 마선구 1호분에서 출토된 것들과 유사하다.

발견 당시 삼실총은 특이한 평면 구조 외에도 제2실과 제3실 벽면을 가득 채우며 묘사된 천장고임을 떠받치는 자세의 역사로 눈길을 끌었다. 이 벽화고분의 가장 큰 특징은 생활풍속이 그려진 제1실과 달리 제2 · 3실의 경우 벽면에 등장하는 역사를 들 수 있다.

흥미로운 점은 삼실총의 역사의 모습에서 확인되는 이국적 이미지이다. 크고 둥근 눈 · 오똑한 코 · 짙은 구레나룻 등 이목구비에서는 서아시아 및 중앙아시아 지역 코카서스계 인종의 특징이 드러나 있다. 그리고 버티고 선 두 팔 소매 끝의 연꽃잎무늬, 두 다리를 감은 뱀에서는 불교 및 토속 신앙과 관련한 인도 및 서아시아 종교 문화의 흐름이 느껴진다.

묘실 지면의 백회층 아랫면은 강자갈층이며 강자갈 아래는 항토층夯土, 항토층 아래는 생토이다. 삼실총을 건조할 때 먼저 항토하여 지반을 굳건하게 한 다음 항토 지반 위에 강자갈을 깔아 묘실에 습기가 들어오지 못하게 하였다. 이는 유적의 위치가 산기슭이기 때문에 지하수위가 상당히 높기 때문이다.

IV. 참고문헌

박아림, 2009, 『고구려 유적의 어제와 오늘2 - 고분과 유물』, 동북아역사재단.

사회과학원 고고학연구소, 2009, 『조선고고학전서 33 - 고구려 벽화무덤(2)』, 진인진.

신형식, 2003, 『高句麗史』, 이화여대출판부.

李殿福 著, 車勇杰 · 金仁經 譯, 1994, 『中國內의 高句麗遺蹟』, 學硏文化社.

전호태, 2004, 『고구려 고분벽화의 세계』, 서울대학교출판부.

전호태, 2004, 『벽화여, 고구려를 말하라』, 사계절.

池內宏, 1940, 『通溝 : 滿洲國通化輯安縣高句麗遺蹟及壁畵墳』卷下, 日滿文化協會.

최무장, 1995, 『고구려 고고학』 II, 민음사.

_ 양진석

통구 사신총 通溝四神塚

Ⅰ. 개관

　길림성 집안시 통구평야 중부에 위치한 벽화고분이다. 남쪽으로 약 30m 거리에 오회분 4호분과 오회분 5호분이 있다. 1935년 10월 처음으로 측량 조사되었고 개봉한 뒤 여러 해 동안 수리를 하지 않아 심하게 파괴되었다. 다행히 해방 뒤 여러 차례에 걸쳐 봉분을 돋구고 묘문墓門을 수리·복원하였다. 또한 묘실 내의 벽화를 화학적인 보호처리를 함으로써 비로소 적절한 보호를 받게 되었다.

▲ 통구 사신총

각저총과 무용총 가까이에 있는 통구 사신총은 묘실에 사신도를 그렸으며 신선과 괴수들을 묘사해 고구려인들의 신앙세계를 나타내었다.

II. 구조와 축조방법

무덤의 외형은 절두방추형截頭方錐形이고 단실분이다. 무덤의 방향은 남향이며 묘실의 너비는 3.8m, 길이는 3.4m, 높이는 3.3m이다. 돌 위에 직접 벽화가 그려졌으며 사신도·괴수·승룡선인·일월상 등이 표현되어 있다. 통구 사신총은 오회분 4호·5호분과 함께 집안지역 후기 사신도 장식벽화무덤을 대표한다.

무덤은 묘도墓道·용도甬道 및 묘실의 세 부분으로 구성되었으며 대부분의 봉토석실벽화묘가 서향인 반면 통구사신총의 묘향墓向은 남향이다. 묘도는 나팔형으로 바깥쪽이 넓고 안쪽이 좁다. 묘도 안쪽의 좁은 끝과 용도甬道가 이어진 곳의 바깥 면에는 거석巨石의 영당影撞이 있다.

묘실은 방형이며 모두 거대한 청록색 혈암頁岩으로 구축했다. 네 벽은 안으로 약간 경사져 있으며 그 위에 양방梁枋을 설치하였다. 그 뒤 이중의 말각抹角고임을 설치하고 다시 그 위를 거대한 개정석蓋頂石으로 덮었다. 묘실 내에는 돌로 만든 두 개의 관대가 동서로 나란히

▲ 통구 사신총 실측도 (池內宏, 1940, 『通溝』 下)

놓여 있다.

통구 사신총의 묘실에는 평평한 석면 위에 화려한 벽화가 그려져 있다. 네 벽에는 사신도가 그려져 있고 묘실의 네 귀퉁이에는 사나운 짐승이 들보를 든 그림이 있다. 이 짐승들은 얼굴에 털이 있으며 알몸을 하고 손가락은 갈고리모양을 하고 있다.

남벽은 묘문墓門이 관통하며, 묘문의 양측에는 각각 흰색과 붉은색의 주작을 한 마리씩 그렸다. 주작은 꼬리를 길게 늘어뜨리고 두 날개를 펴서 나는 모양을 하였다. 이 한쌍의 주작은 연대蓮臺 위에 올라 서로 마주 보고 서 있다.

북벽에는 현무를 그렸다. 거북과 뱀이 서로 뒤엉켜 있는데 거북의 몸은 서쪽을 향하고 머리를 돌려 위쪽으로 빼서 뱀 머리와 마주 보고 있다. 거북은 네 개의 발에 각각 세 개의 발가락이 달렸다. 뱀의 몸은 오색의 비늘 무늬로 덮혔으며 또아리를 틀고 똘똘 감고 있다.

동벽에는 청룡을 그렸다. 청룡은 머리를 들고 남쪽으로 기어오르는 모양을 하고 있다. 몸은 오색 무늬로 장식했으며 비스듬히 기울은 네모모양의 비늘 무늬를 흑선黑線으로 윤곽을 그렸다.

서벽에는 백호를 그렸다. 백호는 청룡과 마주 보고 남쪽을 향하여 도약하는 모습을 보이고 있다. 몸은 흰색이며 흑선으로 긴 털의 윤곽을 그렸다. 복부 아래쪽은 분홍색 칠을 했으며 다리 뒤쪽에는 흰털이 나 있고 발가락은 붉은색을 칠했다.

천장 구조는 1단의

▲ 현무도

평행고임 위에 2단의 삼각고임을 얹은 평행삼각고임이다. 1단의 측면에는
용·학·사슴 등을 탄 선인들을 그렸다. 또한 이곳의 동남·동북 두 면에
는 면류관을 쓰고 용을 타고 있는 인물을 그렸다. 2단의 측면에는 사람머
리에 용몸을 한 복희와 여와, 불사조 및 도철饕餮(사람을 잡아먹는다는 상상의 동
물) 머리를 그리고 그 가까이에 '담육부지족啖肉不知足'라는 다섯 글자와 인
물 등을 그렸다.

말각석抹角石의 하면下面에는 몸을 사리고 구름 속을 날아다니는 용을 그
렸고, 개정석蓋頂石의 아래에는 사리고 있는 한 마리의 큰 용이 구름 속을
비상飛翔하는 장면을 그렸으며 북쪽면에는 세 개의 별을 그렸다.

천장 각 층의 벽화에는 모두 별 형상을 그렸다. 천장 1단의 네 모서리에
각각 해(동쪽)·달(서쪽)·두 개의 귀면(북쪽, 남쪽)을 대칭으로 배치하였다. 1
단은 주로 승룡선인·승학선인이 그려졌고, 2단에는 해신과 달신·기록을
하는 신선·귀면 등이 있다. 용도甬道의 양벽에는 각각 반나체의 문지기를
그렸다. 구도가 엄밀하고 선에 힘이 있으며 색채가 선명하다.

이 통구 사신총이 다른 고분들과 구분되는 특징으로 네 가지를 들 수 있
다. 첫째는 돌을 다듬고 편평한 석면 위에 직접 그림을 그렸다는 점이다.
둘째는 네 벽에 사신을 그려 사회풍속 제재를 대체하였고 네 모퉁이에는
사나운 짐승이 들보를 바치고 있는 그림을 그림으로써 두공枓栱의 형상을
그리던 것을 대체했다는 점이다. 셋째는 조정藻井에 용·학·사슴 등을 탄
선인들을 그리고 또
한 머리에 면류관을
타고 용을 탄 혁혁한
인물, 몸을 사리고 비
상하는 용, 복희와 여
와 등의 제재題材를
공간에 가득 채웠으
며 성수류운星宿流雲

▲ 선인도

을 그려 천제天際, 즉 하늘끝을 상징했다는 점이다. 넷째로는 남향으로 묘도의 내구內口에 거석巨石으로 만든 영당묘문影擋墓門을 설치한 점이다.

묘실의 구조와 벽화의 내용 및 회화풍속을 볼 때 통구사신총의 연대는 6세기 이후로 볼 수 있다. 오회분 4·5호분과의 차이점으로 여러가지를 들수 있는데, 가장 큰 차이점으로는 오회분 4·5호분의 경우, 천장에 불교석굴에서 볼 수 있는 기악천인이 많은 반면, 통구사신총은 승룡선인·승악선인 등 도교적 신선이 주로 그려진 점을 지적할 수 있다.

III. 참고문헌

김리나, 2005,『세계문화유산 고구려고분벽화』, 예맥출판사.

박아림, 2009,『고구려 유적의 어제와 오늘2 - 고분과 유물』, 동북아역사재단.

사회과학원 고고학연구소, 2009,『조선고고학전서 33 - 고구려 벽화무덤(2)』, 진인진.

신형식, 2003,『高句麗史』, 이화여자대학교출판부.

李殿福 著, 車勇杰·金仁經 譯, 1994,『中國內의 高句麗遺蹟』, 學研文化社.

전호태, 2004,『고구려 고분벽화의 세계』, 서울대학교출판부.

池內宏, 1940,『通溝 : 滿洲國通化輯安縣高句麗遺蹟及壁畵墳』卷下, 日滿文化協會.

_ 양진석

우산하 0호분

Ⅰ. 개관

우산하 0호분은 중국학자들이 유리왕의 무덤으로 비정하고 있는 무덤이다. 중국인들은 '두곡' 이라는 지명의 위치비정을 통하여 유리왕 등을 추정하였다. 하지만 0호로 편호된 점을 보면 짐작할 수 있듯이, 이곳은 현재 파괴되어 그 원형을 알기 힘든 곳이다. 이에 대한 세부적인 정보를 알기는 힘들지만 중국학자들의 주장을 살펴보면 다음과 같다.

Ⅱ. 두곡의 위치와 유적 형태

중국인들은 우산하 0호분을 유리명왕릉으로 비정하고 있다. 유리왕릉의

▲ 우산하 0호분 소재지 전경 (張福有, 2007, 『高句麗王陵統鑒』)

비정은 『삼국사기』에 등장하는 '두곡豆谷'이라는 지명과 밀접한 연관이 있다. 『삼국사기』에 따르면 유리왕 3년(BC.17) 음력 10월 겨울에 왕비 송씨가 세상을 떠나고 다시 골천鶻川사람의 딸 화희禾姬와 한漢나라 사람의 딸 치희雉姬를 후처

▲ 우산하 0호분 주변에 산포한 깨진돌들
(張福有, 2007, 『高句麗王陵統鑒』)

로 삼았다.[01] 두 여자가 불화하여 왕이 양곡凉谷에서 동서로 두 개의 궁을 짓고 각자 살게 하였다. "양곡"은 현재 환인桓仁 오녀산성五女山城 서쪽, 하고성자下古城子 동쪽에 있는 혼강 입구인 "양수천자凉水泉子"로 보고있다.

『삼국사기』에서 관련 내용을 보면 다음과 같다. 22년(AD.3) 음력 10월 겨울에 졸본에서 수도를 국내國內로 옮기고 위나암성尉那巖城을 쌓았다. 29년(AD.10) 음력 7월 가을에 두곡에 이궁離宮을 지었다. 27년(공원 18) 음력 7월 왕이 두곡으로 행차하고 그 해 10월 겨울 두곡의 이궁에서 서거하였다. 두곡의 동원東原에서 장사를 지내고 칭호를 유리명왕이라고 하였다.

여기서 "두곡"은 통구이며 지금의 집안 통구로 본다. "두곡동원豆谷東原"은 통구하의 동쪽이며 국내성에서 북쪽에 있는 높은 언덕으로 보는 것이다. "두곡이궁豆谷離宮"은 집안 이수동자남梨樹東子南 유적지로 볼 수 있다.

---

01 화희(禾姬)와 치희(雉姬)는 기원전 17년에 맞아들인 후궁들이다. 화희에 비해 치희가 아름다웠는데 화희가 치희를 천하게 여겨 자주 다투자 치희는 수치심을 느껴 궁을 떠나 고향으로 돌아갔다. 치희를 되찾기 위해 유리명왕이 따라갔으나 치희는 돌아오지 않았다. 허탈한 마음에 유리명왕이 나무 밑에서 쉬다가 꾀꼬리가 노니는 모습을 보며 지었다는 노래인 '황조가(黃鳥歌)'가 지금까지 전해진다.

유적지 안에는 초석이 배열을 이루고 있고 많은 암키와가 출토되었다. 수 키와와 와당이 나왔고, 한나라 초기의 백옥이배 또한 출토되었다.

집안빈관 북쪽면에 높은 구릉에는 1기의 대형적석총이 있다. 이것이 우산하 0호분이다. 그 위치는 동경 126°10′600″, 북위 41°07′828″, 해발 283m이다. 유단적석석광묘有壇積石石壙墓이고 남북길이는 30m이다. 동서 너비는 28m, 잔존높이는 2.5m이다. 이 곳에서 이른 시기의 전돌편들과 산 돌들이 깨져서 쌓여있는 것이 확인된다. 『고구려왕릉통고』에서는 대량의 깨진 회색 기와들과 용석熔石, 북측의 배분陪墳으로 볼 때 왕릉의 조건을 갖추었다고 보고 있다.

무덤의 입지를 보았을 때 무덤은 남쪽으로 국내성을 향하고, 통쪽에는 '고국원'이 있으며, 북쪽으로는 우산禹山이 있고 서쪽은 통구하에 다다른 다. 지세는 높고 시원스러워 왕릉으로서 매우 좋은 입지환경을 갖추었다고 볼 수 있다.

장복유 등은 우산하 0호분이 고구려 제2대왕인 유리명왕릉으로 보고 있 다. 하지만 지금으로선 유적이 남아있지 않아 자세한 사정을 알기는 힘들 다. 현재 이곳은 혁명열사기념탑이 세워져 있기에 그 흔적을 찾기 힘들다.

Ⅲ. 『삼국사기』를 통해 본 유리왕

고구려 제2대 왕으로 재위기간은 BC 19년~AD 18년까지이다. 유리명왕 瑠璃明王이라고도 한다. 이름은 유리類利 · 유류儒留 또는 누리累利라 했고, 『위서』 고구려전에는 여달閭達 · 여해閭諧라고 적혀 있다. 주몽朱蒙의 맏아들 로 어머니는 예씨禮氏이고, 왕비는 다물후多勿侯 송양松讓의 딸이다.

아버지 주몽을 찾아 서기전 19년(동명왕 19) 4월에 부여에서 고구려로 와 서 바로 태자로 책봉되었으며, 그 해 9월 동명왕이 사망하자 왕위에 올랐 다. 기원전 17년(유리왕 3)에는 계비인 치희를 그리는 〈황조가〉를 지었고, 기 원전 9년에는 선비鮮卑를 쳐서 항복을 받았다.

서기 3년(유리왕 22)에는 도읍을 홀본忽本에서 국내성國內城으로 옮기고 위나암성尉那巖城을 쌓았다. 12년(유리왕 31)에는 중국의 왕망王莽이 흉노를 정벌하기 위해 고구려 군사의 출동을 요구했으나 이를 거부하고, 오히려 한漢나라를 공격하자 왕망은 유리왕을 '하구려후下句麗侯'라고 비칭卑稱하였다. 13년(유리왕 32)에 부여가 침범했으나 대패시켰으며, 이듬해에는 양맥梁貊을 쳐서 멸망시키고 한漢나라의 고구려현高句麗縣을 빼앗았다. 18년(유리왕 37) 두곡 이궁에서 사

▲ 혁명열사기념탑의 모습

망했으며 두곡 동원東原에 장사지냈다.

왕자 도절都切을 태자로 삼았으나 1년(유리왕 20)에 사망해, 4년(유리왕 23)에 다시 왕자 해명解明을 태자로 삼았으나 그가 황룡국과 분쟁을 일으키자 자결시켰다. 그 뒤 14년(유리왕 33) 왕자 무휼無恤을 태자로 책립하였고 18년에 유리왕이 사망하자 대무신왕으로 즉위하였다.

Ⅳ. 참고문헌

張福有, 2007, 『高句麗王陵統鑒』, 香港亞洲出版社.
張福有·孫仁杰·遲勇, 2007, 『高句麗王陵通考』, 香港亞洲出版社.
한국정신문화연구원, 1991, 『한국민족문화대백과사전』.

_최승빈

우산하 0540호분

Ⅰ. 개관

우산하 0540호분은 태왕릉과 광개토왕릉비와 인접한 마을 안쪽에 자리 잡고 있다. 태왕릉에 비해 그 규모가 작은 편으로 왕릉으로 보기엔 협소한 면이 있다. 중국학자들은 무덤의 위치를 근거로 고국양왕의 무덤으로 비정하고 있다. 하지만 이러한 주장을 그대로 따를지에 대해서 검토해 볼 필요가 있다.

▲ 2003년에 촬영한 우산하 0540호분 (張福有, 2007, 『高句麗王陵統鑒』)

II. 『삼국사기三國史記』를 통해 본 고국양왕

고국양왕故國壤王의 휘는 이련伊連 혹은 어지지於只支이며 소수림왕小獸林王의 동생이다. 소수림왕에게 아들이 없었기에 동생인 이련이 즉위하게 되었다. 고국양왕 3년(386) 봄 5월, 담덕談德을 태자로 삼았다. 8년(391) 3월에는 불교를 숭배하여 복을 받게 하라는 교서를 내렸고, 관리들에게 명하여 사직단을 세우고 종묘를 수리하게 하였다. 여름 5월, 왕이 별세하여, 고국양故國壤에서 장례를 지내고 호를 고국양왕이라고 하였다.

III. 고국양왕설의 검증

중국학자들은 『고구려왕릉통감』 등에서 우산하 0540호분을 고국양왕릉으로 비정하고 있다. 이들의 주장을 살펴보면 다음과 같다.

중국학자들은 고국양故國壤이라는 장지명을 미루어 검토해 볼 때, 고국원故國原과 같다고 보고, 또한 고국천故國川은 중천中川과 같이 있는 것으로 보고 있다. 즉 국내성 부근으로 짐

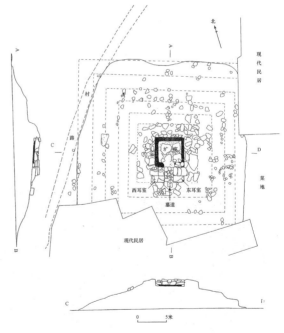

▲ 우산하 0540호분 평·단면도
(吉林省文物考古研究所, 2009, 『吉林集安高句麗墓葬報告集』)

작하고 있다. 그 좌표는 동경 136°12′709″, 북위 41°08′686″이고, 해발은 253m이다. 정방형正方形의 계단적석광실묘階段積石壙室墓로 정방형이고 길이는 35m 이상, 높이는 5m 가량이다. 주변에는 마을이 있다.

우산하 0540호분은 태왕릉과 동일선상에 있으며 약 200m 정도 떨어져 있다. 6단의 계단식적석총으로 사면에는 거대한 돌들로 결구되어 있다. 이 중에서 3번째 단의 상부 평면에서 묘실이 만들어 진 것으로 보고 있으며, 묘실의 남벽에 연도가 있다. 묘실은 정방형에 가까우며, 동서 양벽의 길이는 5.45m, 잔존 높이는 1m 정도이며, 남벽의 길이는 약 5.2m, 잔존 높이는 0.9m 정도이다. 북벽의 길이는 약 5.3m에 가까우며 잔존 최고 높이는 약 1.05m이다.

중국학자들의 분석에 의하면 우산하 0540호분이 목곽을 사용하였고, 금기金器와 기와가 출토되었기 때문에 왕릉구역에 속하는 것으로 보고 있다. 반면 고국양왕릉으로 비정하기도 하는 천추총의 경우 미천美川에 위치하기 때문에 고국양의 범위에 해당하지 않는 것으로 보아, 고국양왕과의 연관성이 없다고 주장한다. 또한 고국양왕은 재위기간이 8년정도이기 때문에 천추총과 같이 특대형의 봉분을 건설하기 쉽지 않았을 것으로 보았다. 또한 집안 동대자 유적은 고국양왕이 설립한 국사國社와 종묘宗廟로 추측하고 있다.

이런 연유로 인하여 중국의 학자들은 우산하 0540호분을 광개토왕의 아버지인 고구려 제18대 왕인

▲ 우산하 0540호분 정상부 모습

고국양왕릉으로 간주하고 있다. 그러나 그 규모가 다른 왕릉급 무덤들에
비해 작은 편이기 때문에 고국양왕릉으로 확증하기엔 좀 더 많은 검토가
필요하다. 또한 부장품의 질 역시 왕릉으로 보기엔 무리가 있다.

이와 관련해 최근 제기된 고국원왕릉 설도 타당성이 희박하다. 애초에
우산하 0540호분은 규모와 부장품에서 왕릉으로 규정하기에는 다소 미흡
하기 때문이다.

IV. 참고문헌

『三國史記』

吉林省文物考古研究所, 2009,『吉林集安高句麗墓葬報告集』, 科學出版社.

張福有, 2007,『高句麗王陵統鑒』, 香港亞洲出版社.

張福有・孫仁杰・遲勇, 2007,『高句麗王陵通考』, 香港亞洲出版社.

_ 송영대

국동대혈國東大穴

I. 개관

국동대혈은 고구려의 제천행사가 행해지던 큰 동굴이다. 이에 대한 기록은 『삼국지』와 『구당서』에서 찾아 볼 수 있다.

『삼국지』동이전 고구려조에 보면 "그 나라의 동

▲ 국동대혈 (이도학, 1996, 『꿈이 담긴 한국고대사노트』, 상)

쪽에 큰 굴이 하나 있는데, '수혈隧穴' 이라 한다. 시월 나라의 큰 모임에서 수신隧神을 맞이하여 나라 동쪽에서 하늘에 제사를 지내는데, 나무로 수혈 신의 자리를 만들어 둔다"[01]라고 기록되어 있다. 또한 『구당서』 동이전의

---

01 『三國志』卷30 "其國東有大穴, 名隧穴, 十月國中大會, 迎隧神還于國東上祭之, 置 木隧于神坐."

고려조를 보면 "도읍 동쪽에 신수神隧라 이름하는 큰 동굴이 있는데 10월이면 언제나 왕이 몸소 제사를 지낸다"[02]라고 기록되어 있다. 이 두 기록은 동일한 장소를 지목하는 것으로 보이며, 이를 국동대혈로 보고 있다.

고구려에서는 10월이 되면 나라사람들이 모여 하늘에 제사를 지내고 이를 동맹東盟이라 불렀다고 한다. 국동대혈은 이러한 동맹이 이루어진 장소로 인식되며, 국내성을 기준으로 동쪽에 위치하였던 것으로 보고 있다.

II. 위치 및 구조

국동대혈은 1983년 집안현문관소集安縣文管所의 장충국張忠國에 의하여 발견되었다. 위치는 집안현성 동쪽 상해방촌上解放村(上羊魚頭라고도 함)의 홍동자구泍洞子溝이다. 홍동자구의 동남쪽에서는 동·서쪽에서 두 갈래의 계곡이 압록강鴨綠江을 향하여 흘러간다. 이 계곡의 안쪽으로 100여m 더 들어가면 두 줄기의 계곡이 만나는 곳이 나오는데 이곳에 가파르게 우뚝 솟은 두 개의 봉우리가 있다.

큰 굴은 바로 이 곳의 산허리 쯤에 자리잡고 있으며, 국내성에서부터 동쪽으로 17km 떨어져 있다. 그리고 남쪽으로 압록강과는 약 400m 떨어져 있다. 굴의 입구는 남쪽을 향해 있으며, 길이 20m, 폭 25m, 높이 10m이다. 굴의 입구 앞은 백여 명이 활동 할 수 있는 면적이다.

서측으로부터 산 서쪽을 돌아 약 100m 되는 지점에 용암굴鎔岩窟이 하나 있는데 남서쪽을 바라보고 있다. 동북쪽에 이 동굴과 통하는 입구가 또 하나 있다. 이 동굴의 길이가 16m, 폭 20m, 높이 6m로 바닥은 평탄하고 천정은 아치형을 이루고 있다. 굴 안은 수십명을 수용할 수 있으며, 현지 주민

---

02 『舊唐書』卷199 "國城東有大穴, 名神隧, 皆以十月, 王自祭之."

들은 이 굴을 '통천동通天洞'이라고 부른다. 굴 앞에는 300m²의 개활지開闊地가 있다.

통천동 안에는 동남쪽에 천연의 석대石臺가 하나 있고, 석대의 크기는 한 변의 길이가 약 2m이다. 이 석대는 고구려왕이 신하들과 함께 제사를 거행하면서 수신을 맞이할 때 사용되었던 신좌神座가 아닌가 추측하고 있다. 국동대혈에 대한 조사에 의하면, 산중턱에 자리 잡은 그 동굴 주위에서는 인위적인 유구를 전혀 찾아볼 수 없었다고 한다.

수신의 성격에 대해서는 동굴에서 나오므로 땅을 대표하는 지모신地母神의 성격을 띤다고 보고 있다. 이는 제천祭天의 대상인 하늘의 천신과 국동대혈에서 직접 모셔온 동굴의 수신을 함께 결합하는 방식으로 국중대회가 거행되었다고 볼 수 있다. 즉 동맹은 하늘과 땅을 동시에 모시는 제천과 제지祭地의 제사로 볼 수 있다.

III. 고구려의 제천행사

서길수는 국동대혈은 천자가 제사를 지내는 곳이라고 하면서 의미부여를 하고 있다. 『예기』왕제 제5편에 의하면 "천자는 천지에 제사를 지내고 제후는 사직에 제사를 지낸다"라고 기록되어 있다. 이는 천자와 제후국 왕의 차이를 제사를 통해 정의한 것으로서, 천자는 하늘과 땅이 결합하여 탄생하였기에 어버이인 천지에 제사를 지낼 수 있으나, 제후국의 왕은 하늘에 제사를 지낼 수 없고 오로지 사직社稷에게만 제사를 지낼 수 있다고 한다. 여기에서 사社란 땅의 신이며, 직稷이란 곡식의 신을 의미한다.

『삼국지』나 『구당서』외에도, 『후한서』 동이전에 의하면 "시월에 큰 모일을 가져 하늘에 제사시내니 일명 '동맹'이라 한다. 그 나라 동쪽에 큰 구멍이 있어 불러 수신이라 한다. 또한 시월을 맞이하여 이에 제사지낸다"[03] 라고 기록되어 있다. 이 외에도 여러 기록들이 전승되고 있으며 『삼국사기』 온달전에서도 봄 3월 3일을 기하여 낙랑 언덕에 모여 사냥하여 잡은 돼지와 사슴으로 하늘과 산천의 신령에게 제사를 지냈다고 되어 있다.

백제도 마찬가지로 하늘에 제사를 지냈다고 되어 있는데 『삼국사기』는 물론 『책부원구』 등 중국측 사서에도 나온다. 그러나 통일신라가 천제를 지냈다는 기록은 나와 있지 않다. 이 이유는 『삼국사기』의 다음 기사를 통하여 그 이유를 알 수 있다.

> 제 37대 선덕왕 때에 이르러 사직단을 세웠다. 또한 제사 예전에 나타난 것으로 보아 국내의 명산대천에는 제사를 지내면서 천지신명에까지 지내지 않은 것은 아마 「왕제」에 "천자는 7묘이며, 제후는 5묘이니, 두 소(昭) 두 목(穆)과 태조의 사당을 합하여 5묘이다"라고 한 것과 또한 「왕제」에 "천자는 천지신명과 천하의 명산대천에 제사를 지내며, 제후는 사직과 그의 땅에 있는 명산대천에 제사를 지낸다"라고 하였으므로 함부로 예에 벗어나지 않고 행하였기 때문인 듯하다.[04]

이와는 달리 고구려는 독자적이면서도 당당하게 제천행사를 거행하였으며 천자국의 위용을 과시하였다. 국동대혈은 그러한 고구려의 모습과 기상을 그대로 보여주는 유적이라는 점에서 의미가 있다.

---

03 『後漢書』卷85 "以十月祭天大會, 名曰東盟. 其國東有大穴, 號禭穴 亦以十月迎而祭之."

04 『三國史記』卷32 "至第三十七代宣德王, 立社稷壇. 又見於祀典, 皆祭境內山川, 而不及天地者, 蓋以王制曰天子七廟, 諸侯五廟, 二昭・二穆與太祖之廟而五. 又曰天子祭天地・天下名山大川, 諸侯祭社稷・名山大川之在其地者. 是故, 不敢越禮而行之者歟."

Ⅳ. 참고문헌

김삼, 1997, 『고구려 문화유적 산책』, 대륙연구소출판부.

동북아역사재단, 2007, 『고구려 문명기행』.

서길수, 1998, 『고구려 역사유적 답사』, 사계절.

서길수, 2003, 『대륙에 남은 고구려』, 고구려연구회.

이도학, 1996, 『꿈이 담긴 한국고대사노트』 상, 일지사.

李殿福 著, 車勇杰·金仁經 譯, 1994, 『中國內의 高句麗遺蹟』, 學硏文化社.

_ 송영대

환도산성丸都山城

Ⅰ. 개관

　환도산성은 집안시에서 북쪽으로 2.5km 정도 떨어진 환도산에 자리 잡고 있다. 환도산성은 '산성자산성山城子山城' 이라고도 불리는데, 환도산의 예전 이름이 '산성자산' 이었기 때문이다. 『삼국사기』에는 환도산성을 위나암성尉邪巖城으로 기록하고 있다.

　환도산성은 험한 7개의 산봉우리가 연결된 전형적인 포곡식包谷式산성으로 현재 동쪽 · 북서쪽 · 서남쪽의 성벽이 남아 있다. 남쪽의 통구하에 접한 협곡에 남문을 두고 그 안에 옹성甕城을 두었으며 중앙에 궁전터 · 연병

▲ 환도산성 남문 왼쪽 성벽

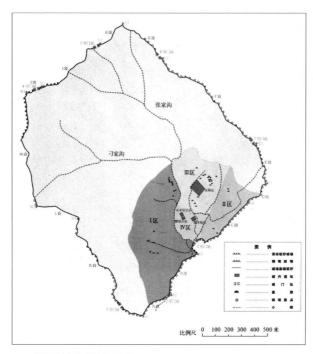

▲ 환도산성 내 유구 분포도 (吉林省文物考古研究所, 2004, 『丸都山城』)

장 · 점장대 · 음 마지 飮馬池 등이 있어, 산성으로서 또는 수도로서의 시설을 갖추고 있 다.[01]

환도산성은 대 체로 북쪽의 지세 가 험준하며 남쪽 에 경사가 완만한 평탄지와 산비탈 이 형성되어 있 다. 동 · 북 · 서 삼면의 외곽은 자 연 절벽이며, 통 구하에 잇닿은 남 쪽은 수직절벽이다. 환도산성은 동 · 북 · 서쪽의 산마루와 남쪽의 수직절 벽을 따라 성벽을 쌓았다. 동벽 1,716m, 북벽 1,009m, 서벽 2,440m, 남벽 1,786m로서 전체 둘레는 6,951m에 달한다. 평면 형태는 불규칙한 타원형 이다. 맞은편 산에서 바라보면 둥그스름한 외형을 확인할 수 있다.

산성의 남쪽에는 압록강 지류인 통구하가 일종의 해자역할을 한다. 산 성의 서쪽에는 칠성산이 있다. 칠성산은 환도산성의 서벽이 잇는 산봉우리 와 연결되어 있어서, 남북 방향으로 압록강변까지 쭉 뻗어 산성의 오른쪽 방어벽 구실을 한다. 산성 동쪽에는 비교적 넓은 골짜기가 펼쳐져 있고

01 신형식, 2003, 『高句麗史』, 이화여자대학교출판부, pp.235~236.

0.5km 거리에 산성자촌이 위치한다.

고구려는 수도에 평지성과 산성을 쌓고, 평상시에는 평지성에 거주하다가 적이 침입해오면 산성으로 들어가 대항했다. 환도산성은 이러한 고구려의 수도방위체계에 따라 쌓은 산성으로 보고있다. 위치와 지형으로 볼때 국내성의 방위성으로 가장 적합한 지리적 조건을 갖춘 것으로 평가된다.

II. 성벽

성벽은 석축石築이며 동·서·북 3면의 성벽은 둥근 능선 위에 쌓았다. 성 밖은 깎아 내릴 듯 한 절벽이고 성안은 비교적 넓은 경사지로 되어 있다. 산성의 형세는 북쪽은 높고 남쪽은 낮다. 성벽은 산능선을 따라 축조되었는데, 동·서·북 3면은 전체적으로 험준한 지형과 암반 등을 자연 성벽으로 삼고, 산마루의 평탄한 곳에 군데군데 석축 성벽을 쌓았다. 남쪽 골짜기에는 견고한 성벽을 쌓아 올렸다. 능선의 자연 지세를 이용해 성벽을 구축했기 때문에 산성의 평면은 매우 불규칙하다.

성돌은 화강암을 쐐기 모양으로 잘 다듬어 사용했다. 크기는 대략 길이 20~50cm, 너비 40~90cm, 두께 10~30cm 정도이다. 성벽

▲ 환도산성 남벽

---

02 성벽을 축조할 때 돌의 아랫단부터 위쪽으로 올라가면서 약간씩 안쪽으로 들여 넣는 방식.

은 위로 올라가면서 안쪽으로 들여쌓는 퇴물림 방식[02]을 취했다. 내벽은 낮고 외벽이 높은 편이며, 내외벽 사이를 강돌이나 깬 돌로 차곡차곡 쌓았다. 전반적으로 축조 기술이 상당히 높은 편이다. 현재 가장 잘 남아 있는 북쪽 성벽은 높이가 대략 5m 정도이다.

성벽 위에는 여장(女墻 성 위에 낮게 쌓은 담)이 남아 있는데, 동벽 남단 여장의 안쪽에는 장방형의 깊은 구멍이 일정한 간격으로 20개 정도 설치되어 있다. 그 간격은 주로 1.7m이고, 2m가 되는 곳도 있다. 이 기둥 구멍은 북벽과 서벽에서도 발견된다. 이러한 기둥 구멍은 초기 고구려 지역의 산성을 비롯하여 요동의 산성에서 발견된 바 있고, 최근에는 경기도 연천군의 당포성唐浦城에서도 발견되어 고구려 성의 특징으로 여겨지고 있다.

III. 성문

환도산성의 성문터는 지금까지 모두 7개가 발견되었다. 2000년까지 5개의 성문터가 확인되었고, 2001년에서 2003년까지 실시된 조사에서 남벽 서단과 서벽 남단에 각각 1개의 성문이 새롭게 발견되었다. 1호문지만 평지에 축조되어 있고 나머지 성문은 산비탈이나 산꼭대기의 전략적 방어 요지에 있다. 남·동·북벽에 각기 두 개의 성문이 있고, 서벽에는 한 개의 성문이 있다.

1호문지는 남벽 정중앙에 안쪽으로 들어간 골짜기에 위치한다. 문 밖은 평탄한 통구하 계곡으로 환도산성 안으로 통하는 가장 중요한 통로 중 하나다. 성문터가 자리한 곳은 환도산성에서 가장 낮은 지점으로 해발 207m이다. 바로 이 1호문지가 산성의 정문이다. 1호문지가 있는 일대는 '凹' 자형 지형을 이루고 있는데 이러한 자연 지세를 활용하여 남문 좌우의 성벽을 안쪽으로 네모나게 오므라들게 쌓고 그 중앙에 성문을 설치하여 장방형의 옹성甕城구조를 만들었다. 옹성 내부는 안쪽에서 바깥쪽으로 기울어져 안쪽 성벽은 낮지만 바깥쪽 성벽의 높이는 약 20m에 이른다. 성벽은 많이 파괴되었지만 중국 당국이 세계문화유산으로 등록하면서 상당 부분 정비해놓았다.

▲ 환도산성 1호문지 옹성

문길 좌우에 장방형 평대를 쌓았다. 이 부근에 문루에 사용했을 기와와 와당편이 많이 흩어져 있다. 또한 문길 동서 성벽과 성문 아래에는 모두 네 개의 배수로가 있다. 산 쪽에서 내려오는 두 개의 개울물이 배수구를 통해 성

▲ 남벽의 배수시설

밖으로 나와 통구하로 흘러간다.

4호문지는 비교적 양호하게 보존되어 있다. 문의 돈대와 성벽이 연결되어 일체를 이루며 명확한 경계선이 없다. 6호문지와 7호문지도 보존 상태가 비교적 양호하다.

IV. 성 내부의 유구

성안에는 건물터 3군데, 저수지 2곳이 있으며, 고분은 적석총 36기, 석실

봉토분 2기 등 모두 38기가 존재한다. 3군데의 건물터는 궁전터·장대터·망루터이다. 2001년부터 2003년까지 길림성문물고고연구소와 집안박물관이 환도산성에 대한 전면적 조사 발굴을 실시하여 확인되었다.

1. 궁전터

궁전터가 있는 곳은 환도산성의 전체적인 구도에서 보면 남쪽 부분의 평탄하고 완만한 대지 위에 자리하고 있다. 해발고도는 254m이다. 동부는 낮고 완만한 구릉으로 현재는 과수원이 있다. 서부는 평탄한 언덕이며 작은 길을 따라 가면 1호문지에 이른다. 궁전터는 전체를 담장으로 감싼 모습을 하고 있는데, 동벽의 길이가 91m, 서벽은 96m, 북벽은 75m, 남벽은 70m이며 총 둘레는 332m이다. 궁전터와 부속 시설을 합친 규모는 남북 길이가 95.5m, 동서 넓이가 86.5m, 면적은 8,260.75m²이다. 평면 형태는 약간 불규칙한 장방형이다.

궁전은 같은 시기의 다른 고구려 건축보다 우수한 건물로, 목재로 담장을 만들었다. 건물지는 총 11기가 확인되었다. 그 중 2기의 팔각 건물지가 주목을 끌며 쌍을 이뤄 들어섰을 것으로 짐작된다. 지면이 비교적 평탄하게 정리되어 있고, 주춧돌이 놓인 위치라든가 구조가 거의 똑같다. 또한 처음 건축된 시기나 폐쇄된 시기도 완전히 일치하는 것으로 조사되었다. 이는 동일한 목적을 위해 두 건축물이 동시에 건축된 것으로 보인다. 팔각 유구의 규모는 길이 12m, 넓이 11.2m 가량이며, 팔각의 각 변 길이는 3.2m쯤 된다. 참고로 고구려의 벽화고분에서는 팔각 구조가 원형을 상징한다는 점에서 궁전터의 이 건축물도 '하늘은 둥글고 땅은 모나다'는 이른바 천원지방天圓地方의 원리를 구현한 것으로 볼 수 있다.

궁전터에서는 신석기 후기와 청동기 문화층이 존재해 고구려 건국 이전부터 사람이 살았던 것으로 확인되었고, 건국 전후기의 문화층에서는 전한 시기의 오수전·반량전과 왕망시기의 화폐 등이 발견되어 중국과 경제적으로 교류한 사실도 증명해준다. 『삼국사기』에서는 환도산성이 서기 3년에 건축되었다고 전하지만 그와 비슷한 시기의 자료는 확인되지 않고 있다. 발굴된 자료를 통해서 보면 환도산성과 성내의 각종 건축물은 대략 3세기 중엽에 축조된 것으로 나타났다.

궁전터에서는 발굴조사 결과 각종 기와와 철기가 발견되었다. 또한 문자가 새겨진 기와도 대량으로 발견되었다. 그 중에는 '소형小兄'이라는 관등명도 보인다. 또 각종 무늬와 부호가 새겨진 기와가 발견되었는데, 특히 동

▲ 환도산성 궁전터 현재모습

▲ 환도산성 궁전터 (吉林省文物考古研究所, 2004, 『丸都山城』)

물무늬·연꽃무늬·인동무늬 등 다양한 와당이 발견되어 고구려 와당 연구에 귀중한 자료가 되고 있다. 발견된 철기는 고탄소강의 주조철기였다.

2. 장대將臺

장대는 장수가 전시에 성 안팎의 사정을 사피며 전투를 지휘하던 곳을 말한다. '점장대點將臺' 혹은 '요망대瞭望臺'라고도 한다. 1호문지에서 북쪽으로 100m 지점, 음마지에서 서북으로 30m 지점인 산성의 서남부에 장대가 있다. 또한 궁전터 앞쪽에 자리하고 있다. 장대는 쐐기형 돌을 사용해

축조되었으며, 위쪽으로 올라갈수록 안으로 조금씩 물리면서 층층이 쌓았는데 높이는 11.75m이다. 꼭대기는 정방형에 가까우며 각 변의 길이는 약 6m이다. 장대 주변에 기와편과 와당이 산재한 것으로 보아 기와건물이 있었던 것으로 추정된다. 장대에 올라서면 궁전터·병영터·고분·음마지 등을 포함한 성 내부의 동서남북 사방이 한눈에 보인다.

▲ 환도산성 장대

▲ 병영터 전경

3. 병영터

장대에서 북쪽으로 가면 평평한 대지 위에 초석이 줄지어 있다. 이 곳을 장대를 지키던 수졸守卒의 주거지 즉, 병영터로 추정되고 있다. 병영터의 서쪽은 가파른 낭떠러지로 아래쪽에는 작은 개울이 흐르고 있다.

1930년대에는 본래 20여 기의 초석이 있었는데, 2003년에 조사한 결과 현재는 18기의 초석만 확인되고 있다. 초석은 장방형의 형태로 남북 16m, 동서 9m 범위에 3열로 분포하고 있다. 남쪽 부분의 초석은 비교적 드문드문 분포하고, 북쪽 부분은 비교적 조밀하게 분포하고 있다.

4. 음마지飮馬池

장대의 동남쪽에는 '음마지飮馬池'라는 조그만 연못이 있다. 현지인들은 '음마만飮馬灣' 혹은 '연화지蓮花池'라고도 하며 옛날에는 '양어지養魚池'라고도 불렀다.

음마지는 발굴조사 결과 수직으로 연못

▲ 음마지 현재 모습

을 팠고 다듬은 돌로 벽을 이루었으며 평면은 말각방형이다. 동벽은 길이가 35m, 서벽은 36.7m, 남벽은 37.5m, 북벽은 37m로, 총 둘레가 146.3m이다. 벽은 이미 허물어져 보존 상태가 좋지 않지만 그나마 남벽과 동벽은 보존 상태가 비교적 양호한 편이다.

예전에는 아무리 기울어도 물이 마르지 않고 겨울에는 물이 얼지 않아 성 안의 사람과 말의 식수를 충분히 충당할 수 있었다고 한다. 음마지 외에도 성의 내부에는 서북 모서리와 동쪽 산기슭에 샘이 있는데, 이들은 작은 개울을 이루어 흐르다가 남문 근처에서 합류해 통구하로 흘러간다. 현재 음마지는 메워져서 그 원형을 알아보기 힘든 형편이다.

『삼국사기』고구려본기의 대무신왕 11년조의 기록을 보면 한나라의 요동태수遼東太守가 군사를 이끌고 고구려를 공격하였다고 한다. 이때 한나라군은 고구려의 왕과 군사가 산성에 있으니 곧 식수가 다 떨어질 것이라고 믿어 수십일 동안 줄곧 포위하였다. 이러한 그들의 전략을 간파한 좌보佐輔 을두지乙豆智는 대무신왕에게 연못에 있는 잉어[鯉魚]를 수초水草로 싸서 지주旨酒(맛있는 술) 약간과 편지를 써서 한나라 장군에게 보냈다. 성내의 물이 풍부함을 알게된 한나라 군대는 결국 퇴각하였다고 한다.

5. 성 내부의 고분군

성 내부에는 고구려 시기의 고분이 다수 분포하고 있다. 모두 38기의 고분이 확인되는데, 서쪽 산기슭과 궁전터 뒤쪽 산기슭에 조밀하게 분포되어 있다. 36기의 적석총 가운데 30기는 무기단식적석총이

▲ 환도산성 내의 고분군

고, 6기는 방단적석총이다. 궁전터 서남측과 서북측에는 봉토석실분이 각기 1기씩 있다. 대부분 파괴되었으며 별다른 유물은 출토되지 않았다.

V. 환도산성의 의의

고구려는 일찍부터 험준한 요새지에 평상시 도성과 구별되는 별도의 성곽을 축조해, 적이 침공하면 이곳을 거점으로 삼아 방어한 것으로 알려져 있다. 일반적으로 국가의 효율적인 운영을 위해서 교통과 생활기반이 편리한 평지에 도성이 위치하는 것이 여러모로 당연하게 생각된다. 하지만 고구려의 경우 늘 주변 국가들과 전쟁 가능성이 있었기에 전시에 대비해 방어에 유리한 산성을 따로 구축한 것으로 보인다.

이러한 평지성 - 산성의 도성방어 체계는 주몽이 환인에 도읍한 건국 초부터 시작된 것으로 보인다. 그 예로 오녀산성을 들 수 있는데, 오녀산성은 해발고도 820m나 되며 사방이 수직 절벽으로 평지와 격리되어 있다. 이러

한 입지조건은 군사 방어에 천혜의 요새지로 작용했겠지만 일상거주지로는 적합하지 않았을 것이다.

집안지역에도 이러한 평지성 - 산성 구조가 확실히 구축되어 있다. 국내성은 평지성으로 평상시에

▲ 환도산성에서 바라본 산성하 고분군

도성의 기능을 하고 환도산에 구축된 환도산성은 비상시 군사방어성이면서 임시 궁성으로 사용되었다. 고구려의 세 번째 도읍지인 평양에서도 안학궁을 평지성으로 보고 대성산성과 짝을 이룬 것으로 보기도 한다. 이렇게 환도산성을 통해 이중 구조를 가진 독특한 고구려의 도성 구조를 짐작할 수 있다.

VI. 참고문헌

吉林省文物考古硏究所·集安市博物館, 2004, 『丸都山城』, 文物出版社.

동북아역사재단, 2005, 『고구려 문명 기행』.

동북아역사재단, 2009, 『고구려를 찾아서』.

동북아역사재단, 2009, 『고구려 유적의 어제와 오늘1 (도성과 성곽)』.

서길수, 2003, 「홀본과 국내성 지역의 새로운 고고학적 성과」, 『고구려 연구』 15, 고구려발해학회.

신형식, 2003, 『高句麗史』, 이화여자대학교출판부.

_ 홍은정

산성하 고분군 山城下古墳群

I. 개관

산성하 고분군은 중국 길림성 집안시의 영전嶺前 지역[01]에 있는 고구려 초기의 고분군으로 집안현성 부근의 통구 고분군을 6개의 구역[02]으로 나눈 것 중 하나이다. 우산 북쪽 기슭의 환도산성丸都山城 아래쪽에 위치하고 있다.

환도산성과 통구하通溝河 사이의 넓은 들판에 무덤들이 무리를 이루고 있으며 우산하

▲ 산성하 고분군

---

01 집안시에서 노령산맥이 남북으로 뻗어 동쪽은 영전(嶺前), 서쪽은 영후(嶺後)라고 부른다.

02 하해방(下解放) 고분군·우산하(禹山下) 고분군·산성하(山城下) 고분군·만보정(萬寶汀) 고분군·칠성산(七星山) 고분군·마선구(麻線溝) 고분군.

고분군에 비하면 고분의 규모는 전반적으로 작은 편이다.

현재는 수십기만이 복원되어 있으며, 아직 복원되지 않은 고분들도 주변에 여럿 보인다. 이곳 무덤의 형태는 대부분 적석총

▲ 차창 밖에서 본 만보정 고분군

이고, 절천정총 · 귀갑총 등 몇몇 무덤에서는 벽화도 발견됐으며 봉토석실분도 존재한다. 유명한 고분으로는 635호 형총兄塚 · 636호 제총弟塚 · 332호분 · 983호분 · 1289호 절천정총折天井塚 · 귀갑총 · 미인총 등이 있다.

II. 벽화 고분

산성하 고분군 내의 벽화 고분으로는 1913년에 일본학자들의 조사를 시작하며 귀갑총龜甲塚과 미인총美人塚이 발견 · 조사되었고 1964년에 산성하 983호분 묘실에 벽화가 있음이 알려졌다. 1966년 집안이 일제히 조사되는 과정에 산성하 332호분도 벽화고분임이 확인되었다. 이어 1988년에는 절천정총이 벽화 고분임이 보고되었다. 1993년 집안 일대 고구려 고분군 실측조사사업이 시작되면서 산성하 798호분 · 산성하 1305호분 · 산성하 1405호분 · 산성하 1407호분에서도 벽화의 흔적이 발견됐다.

중국 학자들에 의한 벽화 고분 조사도 과거 일본 학자들의 조사처럼 벽화의 보존을 고려하지 않은 경우가 있었다. 즉 조사 후 외부에 이를 공개함

으로서 묘실 내부와 외부의 온도와 습도 차이로 인한 결로현상結露現象이 발생해 벽화가 퇴색되고 백회가 떨어져 나가는 현상이 발생하였다.

산성하 고분군 중 벽화고분의 구성은 생활풍속 및 장식무늬가 주를 이룬다. 이는 5세기 집안지역 고분벽화의 중심 주제에 해당한다. 장식무늬의 제재는 '王'자 무늬 · 동심원문 · 연화문 등으로 다양하지만 주로 연화문이 사용되었다. 평양지역 고분벽화의 연화문과 달리 집안지역 고분벽화의 연화문은 기본적으로 5세기 고구려사회를 풍미하던 불교와 관련이 깊다.[03]

III. 주요 고분

1. 산성하 332호분

산성하 고분군의 동남쪽, 우산禹山 서쪽 산기슭의 언덕 위에 위치하고 있으며, 통구하通溝河와는 150m 떨어져 있다. 이 무덤은 1966년 5~6월에 통구묘군洞溝墓群의 전역에 대해 조사할 때 발견되었고, 곧이어 발굴 조사를 실시하였다.

1) 고분 조영 방식

이 무덤은 절첨방추형截尖方錐形의 봉토석실분封土石室墳으로, 봉토는 황색 점토에 소량의 작은 돌을 섞어 쌓았다. 봉토의 높이는 4m이며, 바닥 직경은 약 10m이다. 발굴 당시 묘정墓頂의 봉토가 유실되어 개정석蓋頂石이 드러나 있다. 묘실로 통하는 도굴갱이 하나 있었다. 발굴 조사를 한 뒤 새로이 묘정을 덮고 봉토를 조성했다. 무덤은 묘도墓道 · 용도와 두 개의 이실耳室

---

03 전호태, 2004, 『고구려 고분벽화의 세계』, 서울대학교출판부.

과 현실로 구성되어 있으며 무덤의 방향은 150°이다.

① 묘도墓道 · 용도用道

묘도는 남향이
며, 잔존 길이는
2m 정도이다. 묘
도는 뒤쪽으로 용
도와 이어졌으며,
그 이어진 곳을
담벽을 쌓아 막았
다. 이 담벽은 돌
로 쌓은 뒤 백회白
灰 반죽을 발라 매
우 견고하다. 그
위쪽은 도굴꾼에
의하여 훼손되었
다.

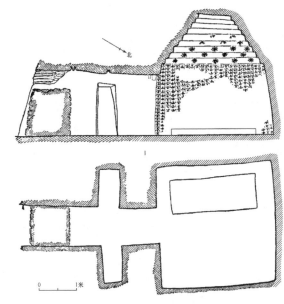

▲ 산성하 332호분 단 · 평면도
(吉林省文物考古研究所, 2009, 『吉林集安高句麗墓葬報告集』)

용도는 이실과
현실을 연결하는 길로 전체길이는 3.8m이고, 그 두 벽은 안으로 약간 경사
졌으며, 두 벽 · 바닥 · 정상부에는 모두 회벽을 발랐다. 용도에는 아직도
문의 흔적이 있다. 그 흔적으로 볼 때, 묘문은 위쪽에 문미門楣(문 위에 가로댄
나무)를 설치하여 안과 밖을 쌓고 그 중간에 문광門框(문테)을 끼웠다. 문광의
양측 위쪽에는 모두 문추門樞(문지도리)의 흔적이 있다. 바깥 문미는 문추와
높이가 같으며 안쪽 문미보다는 낮다. 따라서, 두 짝이 서로 합치는 식의
문짝을 사용했음을 알 수 있다. 문의 위 폭은 80cm, 아래 폭은 96m, 높이는
1.64m이다.

② 이실耳室

용도 양측의 내구內口와 1.06m 떨어진 곳에는 각각 하나의 장방형長方形 이실耳室을 설치했다. 동쪽 이실의 폭은 58cm, 길이는 95cm, 높이는 1.42 cm이다. 서쪽 이실의 폭은 58cm, 길이는 1.04m이다. 이실의 각 벽은 모두 안으로 경사졌으며, 각 벽·천정·바닥에서는 모두 백회를 발랐다.

③ 현실玄室

현실은 방형에 가깝고, 벽의 길이는 약 3m 정도로 일정하지 않다. 네 벽은 안으로 약간 경사졌다. 네 벽의 위에는 층층이 안으로 들여쌓은 9층의 말각고임[04]과 거대한 개정석蓋頂石으로 묘실의 조정藻頂을 구성했으며, 말각고임은 매 층을 약 10cm씩 안쪽으로 들여 쌓았다. 매 층의 높이는 12~15cm, 묘실 전체 높이는 3.24m이다.

현실의 서벽과 40cm 떨어진 곳에 남북 방향으로 하나의 관대棺臺가 놓여 있다. 이 관대는 돌로 쌓았는데 북쪽이 높고 남쪽이 낮으며 가운데가 약간 들어갔다. 겉면에 백회를 바르고 사방 네 귀퉁이는 볼록 튀어 나왔다. 이 관대의 남북길이는 2.35cm, 동서 폭은 95cm, 높이는 16cm이다.

현실의 네 벽, 조정 및 현실 바닥은 백회를 발랐는데 백회의 두께는 1~3cm로 일정하지 않다. 묘 바닥은 북쪽이 높고 남쪽이 대체로 낮다. 현실 바닥에서는 백회면白灰面이 파손된 곳에서 습기를 방지하기 위하여 깔아놓은 목탄이 발견되었다. 동·서·북쪽 벽 위에는 6개의 방형 못구멍이 있는데, 깊이는 5cm로 40~50cm 간격으로 있다. 이는 벽막壁幕, 즉 휘장을 걸기 위한 것이었을 가능성이 있다.

---

04 한 벽의 중간점에서 인접벽의 중간점을 평면석으로 덮어서 모서리를 줄이는 건축방법. 완성된 천장을 올려다 보면 4각형 속에 마름모꼴, 마름모꼴 속에 작은 4각형이 보인다.

2) 벽화

① 용도

두 개의 이실은 묘실의 용도 양벽으로 통해 있으며, 각 벽에는 기사騎士가 활시위를 당기고 묘문 방향으로 내달리고 있는 모습을 그려 놓았다. 두 벽 중 동벽은 기사가 청마青馬를 타고 있다. 이 기사의 복장은 상체는 합임홍록황상의合衽紅綠黃上衣를 걸치고, 허리를 묶고 붉은 색 바지를 입고 몸에는 사지전四支箭이 들어 있는 화살집을 차고, 활을 당겨 쏘려는 자세를 취하고 있다. 말 탄 그림의 앞쪽과 아래쪽은 벗겨져 분명하지 않다.

서벽은 기사가 적마赤馬를 타고 있다. 이 기사는 붉은색 절풍을 머리에 쓰고 뒤통수에 머리카락을 묶었으며, 합임홍록황상의를 걸치고 허리를 묶었으며 황색 바지를 입었다. 기사는 뒤로 몸을 돌려 활로 호랑이를 쏘아 추포追捕해 오는 자세를 취했다. 호랑이는 그림이 대부분 벗겨져 알 수 없다. 이 기사의 우측 아래쪽에는 한 여인을 그렸다. 이 여인은 황색 바탕에 붉은 점이 찍힌 긴 치마를 입고, 손에 짐승의 발굽 모양을 한 다리가 달려있는 상을 들고 있다. 이 상 위에는 바깥쪽에는 검은 칠을 하고 안쪽은 붉은 칠을 한 그릇이 한 개 놓여 있다.

② 현실

천장의 도굴갱 때문에 빗물이 스며들어 벽화가 상당부분 훼손되었다. 현실의 네 벽에는 운문雲紋과 '王'자를 조합하여 만든 도안을 가득 그렸다. 붉은 색 운문과 황색 예서체의 '王'자, 녹색 운문과 검은색 예서체의 '王'자를 구분하여 수직으로 배열하였다. 도안의 위쪽은 조각으로 나누고, 아래쪽은 묵선으로 연결했다. 다만 묘문墓門 서단의 제2행 녹색의 춘문과 붉은색 예서체의 '王'자는 기타의 각 행과는 다르게 두 번째 자에서 여덟 번째 자까지를 예서체의 '工'자로 하고 그 이하는 다시 '王'자로 했다.

3) 부장품

부장품으로는 토기·철기·청동기 등이 있다. 토기는 사이호[四耳壺]가 있으며, 이는 묘실 동남쪽 모퉁이에서 출토되었다. 철기는 문고리 2점, 쇠벽고리 4점, 못 8점, 화살촉 12점이 출토되었다. 청동기는 손잡이[提手] 1점, 혁대장식 4점, 청동제 가는 막대기[銅製鼻]가 출토되었다.

2. 산성하 983호분

이 무덤은 산성하 고분군의 북부에 위치하고 있으며, 북쪽으로 통구하와 약 70m 떨어져 있다.

1) 고분 조영 방식

이 무덤은 절첨방추형[截尖方錐形]의 봉토석실분[封土石室塚]이다. 각 변의 길이는 약 10m이다. 봉토는 황색의 점토이며, 지면에서 약 4m 정도 솟아 있다. 발굴 전에 이미 도굴되어서 개정석[蓋頂石]의 이미 거의 열린 상태였다. 묘는 묘도·용도·2개의 이

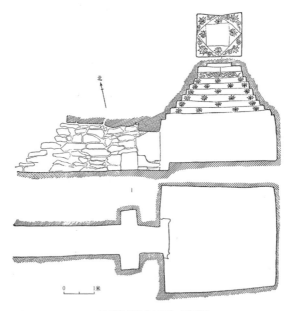

▲ 산성하 983호분 단·평면도
(吉林省文物考古研究所, 2009, 『吉林集安高句麗墓葬報告集』)

실·현실 등으로 구성되어 있으며 방향은 280°이다.

① 묘도·용도

묘도는 서쪽 방향으로 나 있으며 남아 있는 길이는 1.8m이고 용도의 전체 길이는 3.86m이다. 용도의 위쪽은 네 개의 비교적 큰 석판으로 덮었다. 용도의 내구內口의 높이는 1.56m이다. 용도의 양측에는 각각 하나씩의 이실耳室을 두었다.

② 현실

현실의 동·서·남·북벽의 길이는 약 3m이고 높이는 약 1.5m이며 방형이다. 동벽과 서벽은 각각 벽면보다 15cm 튀어나오게 양방梁枋을 만들어놓았다. 현실의 조정은 8층의 평행고임과 이중의 말각고임 및 거대한 개정석으로 구성되어 있다.

현실의 바닥은 용도의 바닥보다 24cm 정도 높다. 용도와 접하는 부분에 이러한 구조를 만들어 놓았다. 이 홈의 바닥은 용도의 바닥과 평행하게 이어져 있다. 전체 현실·두 이실·용도 및 묘도는 모두 다듬은 돌로 쌓고 겉면에 백회를 발랐다. 현실의 네 벽과 조정의 백회벽면白灰壁面은 아직까지 잘 보존되어 있지만 나머지는 모두 벗겨져 흔적만 남아있다.

2) 벽화

잔존하고 있는 백회벽면에는 네 귀퉁이까지 벽화가 남아 있다. 현실의 네 귀퉁이에는 아직까지 몇 개의 붉은색 선이 남아 있으나 나머지는 모두 벗겨져 분명하지 않다. 조정의 평행고임 측면에는 옆에서 바라본 다섯 잎으로 된 연꽃이 그려져 있다. 연꽃은 홍갈색으로 기초起草를 하고 다시 묵선으로 윤곽을 그렸다. 제8층 평행고임의 측면에는 권운문卷雲紋을 그렸다.

제1층 말각고임의 아래쪽 삼각평면에는 옆에서 올려다본 다섯 잎이 달린 연꽃을 그리고 좌우에 권운문을 배치하였다. 그 가운데 동북쪽과 서남쪽 귀퉁이에는 각각 한 마리의 주작朱雀이 그려져 있고 이 주작의 측면에는 권운문을 그렸다. 동남쪽의 주작은 검은색 날개에다 홍갈색 선으로 윤곽을 그렸고 서남쪽의 주작은 주홍색이다. 두 번째 말각고임의 아래쪽 면에는 각각 한 송이의 작은 연꽃이 그려져 있다. 이 연꽃들 중 동쪽에 있는 것만 이 지금까지 잘 보존되어 있다.

3) 부장품

이 묘를 발굴할 때 현실에서 부뚜막 · 사이장경호四耳長頸壺 조각 · 둥근머리못 · 원형못 · 네모못 등의 유물이 발견되었다.

3. 절천정총折天井塚 (산성하 1289호분)

절천정총折天井塚은 절천총折天塚이라고 부르기도 한다. 네 벽을 차츰 안으로 들여 쌓고 조정藻頂에 맞배지붕 형식을 채용하였기 때문에 절천정이라고 하였다. 이 무덤

▲ 절천정총

은 산성하 고분군과 통구하의 남안에 위치하여 뒤쪽의 환도산과 마주보고 있다. 1935년 이케우치 히로시[池內宏]와 우메하라 스에치[梅原末治] 등이 이 무덤에 대하여 기록한 적이 있으나 시간이 촉박했던 관계로 이 무덤에 대하여 세밀한 조사를 하지 못했기 때문에 누락된 부분들이 있다. 1983년 7월에 20일 집안시문물보관소集安市文物保管所에서 이 무덤에 대하여 새롭게 측량 · 제도를 실시하여 보다 정확한 사실을 접하게 되었다.

1) 고분 조영 방식

절천정총 역시 방단계제석실묘로, 석실봉토분은 아니지만 매장부는 석실봉토분과 같이 횡혈식 묘실 구조를 가지고 있다. 봉분은 정방형이며, 한 변의 길이는 20.3m, 방향은 260°이다. 다듬은 화강암석재를 사용하여 3층의 계단을 층마다 안으로 들여쌓아 구축했다. 묘실은 2층 계단의 상부 중앙에 구축했으며, 묘실의 바닥은 2층 계단면과 나란하다. 1983년의 조사를 통해서 묘도·용도·이실·현실로 구성되었다는 사실이 알려졌다.

묘도는 현실의 서남쪽에 있었으나 지금은 이미 무너졌다. 이곳 서남쪽은 정방형의 이실과 이어졌다. 이 이실은 비교적 낮고 위를 정석頂石으로 덮었기에 세밀한 조사를 통해 밝혀지게 되었다. 기존에는 이러한 이실의 존재를 몰랐기에 일본인들의 실측도에는 반영되지 않았었다. 이실의 동북쪽 귀퉁이는 용도用道와 이어져 통하고, 용도는 묘실 남벽 아래의 중앙으로

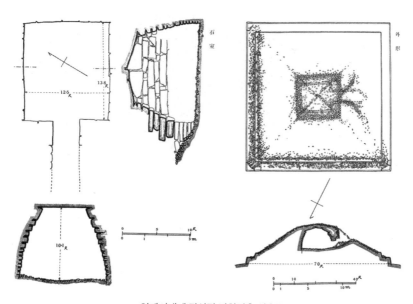

▲ 일제시대에 작성된 절천정총 실측도

통한다. 현실은 불규칙한 정방형이며, 네 벽에 사용된 석재는 대부분 혈암頁岩으로서 가공을 하여 쌓았으며 그 틈은 백회로 메웠다.

2) 벽화

현실의 네 귀퉁이 및 벽면의 아래에 백회白灰 부스러기가 남아있어서 이 고분에 벽화가 그려졌음을 알게 되었고, 조사 당시 채색으로 그린 흔적이 발견되었다. 이런 현상은 이 묘실에 본래 백회벽면白灰壁面이 있었고 그 벽면에 벽화가 그려져 있었다는 것을 설명해 준다. 하지만 현재는 남아 있지 않다. 이 무덤의 구조 및 남아 있는 백회벽화의 부스러기에 근거할 때, 5세기 초 무렵에 조영되었을 것으로 본다.

4. 전창 36호분

전창 36호분은 산성하 고분군에서 왕릉으로 비정되고 있는 고분들05 중 한 곳이다. 이 곳은 산성하 고분군의 남단에 위치한다. 남쪽으로 1.8 km 떨어진

▲ 전창 36호분

곳에 왕릉급 고분인 칠성산 871호분이 위치한다.

---

05 산성하 고분군의 왕릉급 무덤은 산성하 전창 17호·산성하 전창 36호·산성하 전창 145호분으로 보고 있다.

1) 고분 조영 방식

계단식적석총으로 평면 형태는 전원후방형이다. 봉분의 해발고도는 230m 가량이며, 북쪽 길이 29.5m, 서쪽 길이 약 31.5m 동쪽 길이 약 28m, 남쪽 길이 약 37m, 잔존높이는 4.5m이다. 계단석은 대부분 잘 남아있으며 석재는 주로 자연석을 사용하였다. 일부 화강암·석회암·강돌도 확인된다. 계단부에는 비교적 큰 석재를 사용하고 그 안쪽으로 산돌과 강돌로 채웠다.

계단부의 석재는 길이 1.2~1.8m, 두께 0.2m 내외이며, 안쪽을 채우는 데 사용한 석재는 0.3~0.5m 정도이다. 계단 매 층의 높이는 0.4m 정도이며 1m 정도씩 들여쌓았다. 고분 정상 중앙에는 길이 5m, 너비 8m의 광실로 추정되는 요갱腰坑이 확인된다. 요갱 주변에는 개석蓋石은 없으나 기와조각들이 많이 확인되었다. 고분의 구조와 출토 유물이 마선구 2378호분·마선구 626호분과 비슷하며 관련된 연대를 근거로 하여 3세기 말이나 4세기 초로 보는 견해가 있다.

2) 출토 유물

기와조각들이 많이 확인되었다. 묘 상부 일부에 니질泥質의 회색·회청색·회갈색·홍갈색·황갈색 등을 띠는 승문의 암키와와 수키와 등이 산포되어 있다. 수키와는 미구기와가 12점정도 발견되었는데, 언강 턱과 기와 몸체가 만나는 턱의

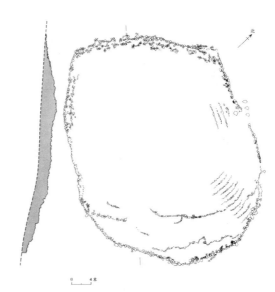

▲ 전창 36호분 평·단면도
(吉林省文物考古研究所, 2004, 『集安高句麗王陵』)

각도가 직각인 것과 둔각인 것이 모두 발견되었다. 암키와는 59점이 출토되는데, 승문이 타날된 것과 손으로 눌러 그은 횡선이 부가되어 있는 것이 대부분이다. 금동 및 금제품도 비교적 많이 출토되었다.[06]

5. 형총兄塚과 제총弟塚

1) 형총兄塚

형총은 산성하 635호분으로 번호 매겨진 계단식 석실적석총이다. 산성하 고분군의 가운데에 위치한다. 남쪽으로 통구하와 약 60m 떨어져 있다.

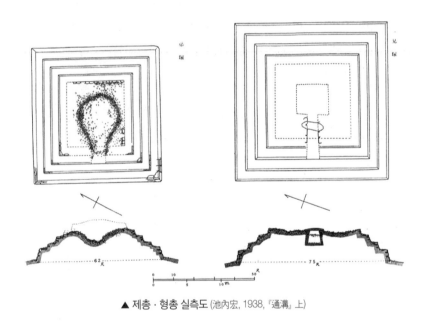

▲ 제총 · 형총 실측도 (池內宏, 1938, 『通溝』 上)

---

06 최종택, 2006, 「集安 '高句麗王陵' 出土遺物」, 『韓國古代史硏究』 41호, pp.146~147.

太王의 나라 고구려 유적

화강암을 잘 다듬어서 구축하였다. 평면 형태는 정방형에 가깝고 한 변의 길이가 22m 정도이며, 높이는 6.1m이다. 현재 4단이 남아 있다.

1단(기단부)은 3층으로 1층 1m, 2층 0.65m, 3층 0.55m(총 2.2m)이다. 각 층은 약간씩 안으로 들여 쌓았는데 그 사이사이 말뚝을 박아 석재가 밀리는 것을 막았다.

2단은 1단보다 1.2m 안으로 들여 만들었다. 1단과 마찬가지로 각 층마다 말뚝을 받아 넣어 석재의 밀리는 것을 막았다.

3단은 2단보다 약 1.2m 안으로 들여 쌓았다. 3층으로 되어 있으며 역시 말뚝을 박았다.

4단은 2단보다 약 1.2m 안으로 들여 만들었다. 남·서 양면은 소실되었으며 강돌로 봉석하여 마무리하였다.

무덤 정상 중부에는 너비 약 5m 깊이 1m 내외의 방형 요갱이 있으며, 깊이로 봤을 때, 2단 위에 묘실을 조성했던 것으로 판단된다. 출토 유물로는 무덤 변두리에서 나온 황색 토기편과 찰

▲ 산성하 고분군 형총

▲ 산성하 고분군 제총

갑편이 있다.

2) 제총弟塚

산성하 636호분으로 번호 매겨진 계단식 석실적석총으로 평면 형태는 정방형이다. 길이는 19m, 높이는 5.5m이다. 기단부의 석재가 가장 크며(최장 4.5m) 5단이 남아 있다. 구축 방법은 형총과 마찬가지로 각 층 사이에 말뚝을 박아 밀리는 것을 막았다. 각 단의 표면은 절석切石으로 쌓았으며, 내면은 할석割石으로 채웠다.

IV. 왕릉으로의 비정 문제

왕릉급 적석총이 지닌 주요한 특징으로는 동시기 고분 중 최대규모 · 묘상 기와 · 전통 관습과 풍수가 결합된 입지 · 묘역을 갖고 있는 독립된 묘장, 그리고 왕권을 상징하는 특수한 의장류 출토 등이 있다. 전체적으로 살펴보면 각 변이 30m가 넘는 대형 고분으로 독립된 묘역을 가지고 있으면서 묘상기와 · 배총 · 제대 등의 관련 묘역 내 시설을 갖춘 고분을 들 수 있을 것이다.

고구려 왕릉에 대한 기준[07] 마련이 쉽지 않기 때문에 선행 연구에서 왕릉으로 비정되었던 고분들이라 할 수 있는 고분들을 살펴보면 천추총 · 태왕릉 · 장군총과 전 동명왕릉 · 호남리 사신총 · 강서대묘 등이 있다. 이 외에도 칠성산 211호분 · 우산하 992호분 · 마선구 2100호분도 왕릉급 무덤의 범주에 포함될 수 있다. 이들 무덤보다 높지는 않으나 평면적으로 초대

---

07 한 변의 길이가 20m 이상인 것 · 30m 이상인 것 · 40m 이상인 것 · 50m 이상인 것이 있지만 실제로 한 변은 50m 이상이면서 다른 한 변은 20m 내외인 고분도 존재하기 때문에 각 변의 크기를 동시에 고려해야 한다.

형에 해당되는 마선구 2378호분과 산성하 전창 1호분·36호분·145호분·마선구 626호분·칠성산 871호분 등도 왕릉 비정 대상에 포함된다.

산성하 고분군 내에서 각 변이 30m가 넘는 적석총으로는 산성하 전창 17호분·산성하 전창 36호분·산성하 전창 145호분이 있고, 각 변이 20m가 넘는 고분은 산성하 형총兄塚을 포함하여 18기가 존재한다.

산성하 고분군에서는 산성하 전창 36호분이 길이 37m, 너비 28m, 잔존 높이 4.5m로 가장 규모가 크다. 외형은 계장에 전원후방의 형식이며 층단은 알 수 없고 적석 시설로는 암키와와 수키와·용석熔石이 사용되었다. 매장부 구조는 석광의 형태이고 부대시설은 확인되지 않는다. 하지만 규모에 비해 출토 유물이 부족해서 왕릉으로 단정하기엔 어려운 상황이다.[08]

V. 참고문헌

강현숙, 2006, 「중국 길림성 집안 지역 고구려 왕릉의 구조에 대하여」, 『韓國古代史研究』 41, 한국고대사학회.

吉林省文物考古研究所, 2009, 『吉林集安高句麗墓葬報告集』, 科學出版社.

吉林省文物考古研究所·集安市博物館, 2004, 『集安高句麗王陵』, 文物出版社.

김유정, 2006, 「集安地域 高句麗 古墳群의 分布및 變化 樣相에 관한 研究」, 동아대학교 대학원 석사논문.

민족문화사 편집부, 1995, 『高句麗 考古學』, 민족문화사.

박진석·강맹산, 1995, 『중국경내 고구려 유적 연구』, 예하출판주식회사.

오진석, 2010, 「통구고분군 적석총의 군집양상 연구」, 고려대학교 대학원 석사논문.

이전복, 1994, 『中國內의 高句麗遺蹟』, 학연문화사.

---

08 최종택, 2006, 「集安 '高句麗王陵' 出土遺物」, 『韓國古代史研究』 41호, pp.146~147.

전호태, 2004,『고구려 고분벽화의 세계』, 서울대학교출판부.

정호섭, 2009,「高句麗 古墳의 造營과 祭儀」, 고려대학교 대학원 박사논문.

池內宏, 1938,『通溝：滿洲國通化輯安縣高句麗遺蹟及壁畵墳』卷上, 日滿文化協會.

최무장, 1995,『고구려 고고학』 II, 민음사.

최종택, 2006,「集安 高句麗王陵 出土 遺物」,『韓國古代史硏究』 41, 한국고대사학회.

한국고대사학회, 2004,『고구려의 역사와 문화유산』, 서경문화사.

_ 김혜진

석묘자石廟子 석굴

Ⅰ. 개관

석묘자石廟子 석굴은 길림시 서쪽 석묘石廟에 위치한 동굴이다. 석묘자는 국내성으로부터 약 10km 정도 떨어져 있다. 국내성에서 통구하를 건너 마선향麻線鄕까지 약 4km 정도 간 다음, 마선하麻線河를 따라 석묘石廟 방면으로 6km 이상 가야 한다. 중국인들은 이곳을 민중원으로 보고 있다.

▲ 석묘자 석굴 전경

II. 중국학자의 민중왕릉 비정

『고구려왕릉통감』에서는 마선 석묘자石廟子 석굴을 민중왕릉으로 간주하고 있다. 이러한 주장의 근거는 다음과 같다.

"민閔"은 "미微"라는 의미를 지니고 있으므로 민중원은 넓은 평원이라기보다는 국내성 서쪽의 작은 평원으로 볼 수 있다. 고구려의 기록에는 "국남國南"·"국북國北"·"국동國東" 등의 명칭이 있지만 아직 "국서國西"라는 명칭은 보이지 않는다. 때문에 중국학자들은 민중원을 국내성의 서쪽으로 비정하고 있다. 마선 석묘자도 국내성 서쪽에 위치하고 있다.[01]

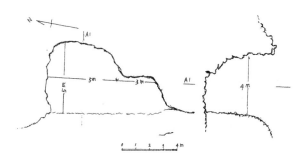

▲ 석굴 부면도(石剖窟面圖) (張福有, 2007, 『高句麗王陵統鑒』)

▲ 석굴 정면도(石窟正面圖) (張福有, 2007, 『高句麗王陵統鑒』)

석굴은 석묘자촌石廟子村 1조組 뒤 개울 동쪽 구릉 절벽 가운데에 있다. 이 구릉의 절벽은 노호립자老虎砬子라고 불린다. 구릉의 높이는 대략 40m이고, 밑의 너비는 약 50m이다. 이곳에 석굴이 하나 있는

---

01 張福有·孫仁杰·遲勇, 2007, 『高句麗王陵通考』, 香港亞洲出版社, p.93.

太王의 나라 고구려 유적

데, 석굴이 호랑이 입처럼 생겨 현지 농민들은 '노호취老虎嘴'라고 부른다. 이곳의 좌표는 동경 126°07′308″, 북위 41°07′610″이며 해발 262m에 석굴이 위치하고 있다. 이 석굴은 남북 너비 8m, 동서 깊이 5m, 높이 4m쯤 된다. 석굴 위쪽의 바위는 우뚝 튀어나왔는데, 얼룩이 져 있어 불에 탄 흔적으로 보인다. 바닥은 깨진 돌들이 널려 있는데 인위적으로 판 흔적은 없다. 석굴 남쪽 20m 떨어진 평지에 붉은 격자문格子文 기와와 수키와가 300m²쯤 흩어져 있다. 민중왕은 석굴에 장사지냈고 고구려는 묘廟 위에 기와를 얹었다는 것은 모두 문헌에 실려 있다. 이러한 이유로 후세 왕들이 이곳에 와서 제사를 지냈을 것이라고 보고있다.

또한 이 석굴은 무덤의 형태를 갖추고 있어, 민중왕이 사냥한 곳에서 발견했다는 석굴일 가능성이 매우 크기 때문에 이 산을 능으로 삼았을 것으로 보고 있다. "묘廟"는 곧 "무덤[墓]"으로, "석묘자"란 지명은 바로 이곳이 무덤임을 알려준다고 말한다. 이러한 근거를 들어 중국학자들은 석묘자의 노호랍자老虎砬子가 고구려 제4대 민중왕의 능일 가능성이 매우 크다고 주장하고 있다.[02]

Ⅲ. 『삼국사기』를 통해 본 민중왕

민중왕이 즉위했다(서기 44년). 이름은 해색주이고 대무신왕의 아우이다. 대무신왕이 사망했으나 태자가 아직 어려서 정사를 맡아 볼 수 없으므로 나라 사람들이 왕으로 추대하여 세웠다. 11월에 죄수를 대사大赦했다.

2년 봄 3월, 왕이 군신들에게 잔치를 베풀었다. 여름 5월, 나라 동쪽 지방에 큰 홍수가 나 백성들이 굶주리므로 창고의 곡식을 풀어 이들을 구제하였다.

---

02 張福有 · 孫仁杰 · 遲勇, 2007, 앞의 책, pp.93~94.

▲ 석묘자 석굴

▲ 붉은 격자문 기와 파편
(張福有, 2007, 『高句麗王陵統鑒』)

　3년 가을 7월, 왕은 동쪽으로 사냥을 나가서 흰 노루를 잡았다. 겨울 11월, 혜성이 남쪽에 나타나 20일 만에 없어졌다. 12월 서울에 눈이 내리지 않았다.

　4년 여름 4월, 왕은 민중원에서 사냥을 하였다. 가을 7월, 또 그곳에서 사냥을 하다가 석굴을 발견하고 좌우를 살펴 본 후 말하기를, "내가 죽거든 반드시 이곳에 장사를 지내고 달리 능묘는 만들지 말라"고 하였다. 9월, 동해변의 사람 고주리高朱利가 고래를 바쳤는데, 그 눈알이 밤에도 빛을 내었다. 겨울 10월, 잠우락부蠶友落部의 대가 대승戴升 등 1만여 호가 낙랑으로 가서 한에 항복하였다.

　5년 왕이 승하하자 왕후와 군신들이 유명遺命을 어기기 어려워 석굴에 장사하고 시호를 민중왕이라 하였다.

IV. 장지명 및 민중왕릉 비정 검토

　고구려 제4대 민중왕의 시호는 그의 능이 조성된 '민중원'에서 따온 것이다. 그는 생전에 사냥을 하다가 민중원에 있는 석굴에 자신을 묻어줄 것을 유언한 적이 있었고, 이에 따라 신하들은 왕이 사망한 뒤 민중원의 석굴에 장사지내고 시호를 민중왕이라 한 것이다. 이런 식으로 장사하여 시신을 묻은 땅 이름에서 취한 시호를 흔히 장지명식 시호라고 한다.

고구려 28왕의 시호 중에서 능의 위치를 그대로 시호로 사용한 예는 총 12왕이다. 그리고 민중왕은 그 최초의 경우에 해당한다. 민중왕 이외에도 능이 있는 지명을 그대로 시호로 사용한 경우는 제5대 모본왕慕本王·제9대 고국천왕故國川王·제10대 산상왕山上王·제11대 동천왕東川王·제12대 중천왕中川王·제13대 서천왕西川王·제14대 봉상왕烽上王·제15대 미천왕美川王·제16대 고국원왕故國原王·제17대 소수림왕小獸林王·제18대 고국양왕故國壤王 등이 있다.

민중왕은 고구려 왕들 가운데 유일하게 무덤을 만들지 않고 석굴에 장사지냈다. 『삼국사기』를 보면 "5년에 왕이 죽었다. 왕후와 여러 신하들이 유명遺命을 어기기 어려워 석굴에 장사지내고 왕호를 민중왕이라고 하였다"고 하였다. 『고구려왕릉통고』에서는 이 기록에 알맞은 석굴을 찾기 위해 시도한 것으로 보인다.

중국학자들은 이 석굴이 왕릉이라는 근거를 석굴의 크기 및 상황, 그리고 기와의 존재로 들고 있다. 그러나 중국학자들이 제시한 크기가 실제로 부합하는지는 의문의 여지가 있다. 석굴 밖의 기와들은 그곳에 건물이 있었다는 것을 보여준다. 그러나 이것도 왕릉에 제사지내던 터라고 단정짓기에는 무리가 있다. 게다가 집안에는 다른 석굴들도 많다는 점에서 굴 앞에 기와가 있다는 사실만 가지고 왕릉으로 비정하는 것은 받아들이기 어렵다. 궁전 같은 집에는 붉은 기와를 쓰

▲ 석묘자 석굴 주변 고분

는 것이 보통이지만 무덤에는 주로 회색 기와를 썼던 것을 고려하면, 애초에 여기 있던 건물이 무덤과 관계되는 건물이라고 보기도 어렵다(서길수, 2007).

석묘자 석굴 근처에서는 실제 고구려 고분들이 확인되기는 한다. 하지만 이러한 무덤들이 민중왕시대와 부합되는지는 의문이 든다. 2007년에 이곳의 무덤 중 개정석이 열린 무덤을 확인 해 보니 민중왕시대보다 더 후대의 양식인 봉토석실분이었기 때문이다. 석묘자 석굴의 크기는 중국인들의 주장보다 더 협소한 규모이며, 동굴이라고 하기보다는 오히려 바위 그늘에 가깝다. 또한 '국서國西'의 존재를 상징하고 논의를 진행시키고 있지만, 정작 기록에서 민중왕릉이 국서에 위치한다는 언급은 어디에도 없다. 이 부분 또한 섣부른 단정을 바탕으로 억측을 하였다고 볼 수 있다.

V. 참고문헌

서길수, 2007, 「중국 학자의 고구려 왕릉 비정에 대한 비판적 고찰」, 『고구려연구회 학술총서』, 고구려발해학회.

張福有, 2007, 『高句麗王陵統鑒』, 香港亞洲出版社.

張福有 · 孫仁杰 · 遲勇, 2007, 『高句麗王陵通考』, 香港亞洲出版社.

_ 백종서

마선구 고분군麻線構古墳群

Ⅰ. 개관

집안시의 서남쪽 외곽에 자리잡은 대규모 고분군이다. 본래 약 6,000여 기의 고분이 있었다고 하지만 현재까지 남아있는 적석총은 720기이다. 마선구 고분군은 마선하의 주변과 압록강 서북안에 있다. 서대총·천추총 등 대형의 기단식적석총基壇式積石塚이 있는 고분군이다.

2004년에 중국에서 간행된 『집안 고구려 왕릉』에서는 서대총을 미천왕릉으로, 마선구 2100호분을 소수림왕릉으로, 천추총[01]을 고국양왕릉으로 비정하였다.

▲ 마선구 626호분 (吉林省文物考古硏究所, 2004, 『集安高句麗王陵』)

II. 주요 무덤

1. 서대총 (마선구 500호)

1) 개관

마선향 건강촌 북측 사면斜面 상에 위치한다. 동북쪽으로 마선구 626호분과 1km, 동쪽으로 1000호분(천추총)과 2km정도 떨어져 있다. 북고남저형北高南低形의 지형에 입지하며, 정상부의 해발고도는 211.49m, 기단부는 201.45m이다. 계단식석곽적석총으로 평면 형태는 제형梯形이다. 무덤의 동·북 양변은 53.5m, 서변은 56.7m, 남변은 62.5m, 잔존 높이는 약 11m이다. 이미 도굴되어 묘실이 파괴되었으며, 남측 상부 계단 또한 파괴된 상태이다. 남아 있는 계단은 동북쪽이 11단, 동남쪽이 4단, 서북쪽이 5단, 서남쪽이 4단 정도이다.

바깥쪽에 길이 55m, 너비 0.5m, 깊이 0.3m 정도의 배수구가 확인된다. 배수구는 덮개석을 하지는 않았지만 바닥에 강돌을 깔아 배수를 용이하게 하였다. 고분의 북측 40.5m 외부에서는 잔존 길이 39m, 너비 2m 가량의 강돌로 구축한 유구가 확인되었다. 보고자는 무덤의 담장 기초로 보고 있다. 동측 40m 지점에는 장방형의 평면

▲ 서대총

---

01 천추총의 피장자에 대해서는 미천왕·고국양왕·소수림왕으로 비정하는 의견이 있다.

형을 지닌 길이 약 17m, 잔존 높이 0.6m 정도의 적석유구가 확인되었다. 방향은 고분의 등변과 같고, 약간 가공한 석재로 외부를 축조하고 내부에는 강돌을 채웠다. 형태가 우산하 992호분의 것과 유사하며 제대유구로 추정하고 있다. 금기류·동기·철기·토기·석기·기와 등 38건의 유물이 출토되었다. 대부분의 유물은 고분 아랫쪽에서 확인되었으며, 무덤 상부와 계단에서 출토된 것도 일부 있다.

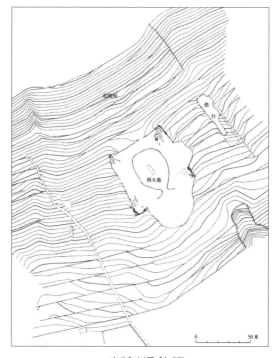

▲ 서대총 부근 형세도

무덤이 축조된 시기는 천추총보다 이르고 칠성산 211호분보다 늦을 것으로 본다. 특히, "기축己丑"명 기와가 출토되었는데, 서천왕 재위 23년 중에는 기축년이 없는데 반해, 296~342년 사이에는 기축년이 1번 있다. 329년은 미천왕 30년으로 2년 후 미천왕이 죽었으므로 미천왕 재위 시기의 기축년에 미리 능을 건축하였을 가능성이 있으며, 보고서에서는 서대총의 형태구조·유물 특징 등이 이 시기와 일치하고 있어 미천왕릉으로 추정하고 있다.[02] 하지만 미천왕릉으로 보기에는 어려운 부분들이 있다.

미천왕릉의 미천왕 시신은 탈취된지 2개월만에 반환받았다. 그리고 당시 왕릉은 합장묘인데 미천왕비가 생존해 있는 상황이었다. 그런 만큼 미천왕릉은 아직 영구 폐쇄되지 않은 상황이었다. 또 그랬기에 반환된 시신을 다시금 안치하면 되는 관계도 도굴로 인한 분묘 파괴를 상정할 필요가 없다. 더구나 지금까지 왕릉이 파괴된 형태로 남아있었다는 것은 고구려 왕실의 수치인 관계로 어떤 형태로든 복구되었어야 했을 것이다. 따라서 현재의 파괴된 분묘의 모습은 미천왕릉 도굴과는 관련짓기 힘들다.[03]

2) 출토 유물

토기는 다른 유물에 비해 출토 양이 매우 빈약한 편이다. 서대총의 주변에서는 니질 태토의 호 구연부편이 어망추와 함께 출토되었다.

와당은 권운문卷雲文와 당과 연화문蓮花文와당으로 구분된다. 권운문 와당 중에는 명문을 새긴 것이 많다. '기축己丑' 명(329)와당도 출토되었다.

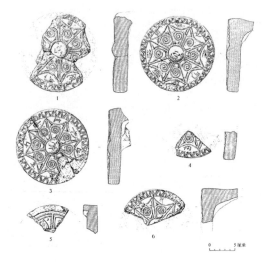

▲ 서대총 와당(吉林省文物考古研究所, 2004, 『集安高句麗王陵』)

기와를 살펴보면 다음과 같다. 거의 모든 고분에서 미구기와가 출토되며, 수키와도 출토된다. 대부분이 무문이다. 미구기와는 미구의 길이와 언강의 높이와 모양 등에서 세부적인 차이가 있다. 암키와는 승문이 타날打捺된 것이 대부분이며, 무문·지두문의 기와도 보인다. 승문기와의 경우 손으로 눌러 그은 횡선橫線 등이 부가된 것이 많다. 한편 암키와는 대부분 와

---

02 오진석, 2010, 「통구고분군 적석총의 군집양상연구」, 고려대학교 석사학위논문, pp.55~56.

03 李道學, 2009, 「高句麗 王陵 硏究의 現段階와 問題點」, 『高句麗 渤海 硏究』 34, pp.144~146.

도로 잘 마무리되어 있으나 귀접이 한 예는 없다. 암키와 중에는 ‘당當’·
‘장군將軍’ 등의 명문이 음각된 것도 출토되었다.

철기는 무기류 및 마구류와 공구류 및 기타로 구성된다. 서대총에서 출
토된 철제품은 재갈 1점 · 괭이 1점 · 철정鐵釘 2점 · 꺾쇠 1점이 있다.

청동기는 금동 제품에 비해 출토 양이 많지는 않으며, 금동 제품에 비해
실용성이 강한 것이 많다. 청동 제품 중 가장 많은 양을 차지하는 것은 못
과 꺾쇠 등이며, 대부분 장식을 고정시키는데 사용되었다. 총 12점이 출토
되었는데, 주로 서쪽 분구에서 많이 출토되었다. 대부분 장식하기 위한 물
건이다. 겉면은 유금流金이고 관식이 있고 포장식泡裝飾 · 보요장식步搖裝飾
등이 있다.

2. 마선구 626호분

마선구 고분군의 마선
하 서안에 위치하며, 해
발고도는 227.46m이다.
남쪽으로 압록강과 마주
하며 서남쪽으로 서대총
약 600m, 동남쪽으로 천
추총과 1.3km 떨어져 있
다. 북고남저형의 지형
상에 입지하며 높이 차
는 10m 정도이다. 계장
식적석총으로 평면 형태
는 전원후방형前圓後方形
이다. 북변 42m, 서변
42m, 동변 41m, 남변
48m이며, 잔존 높이는

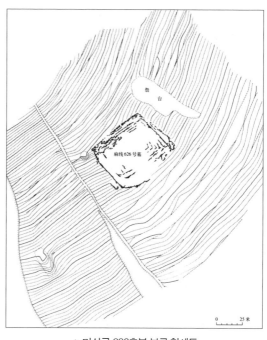

▲ 마선구 626호분 부근 형세도
(吉林省文物考古研究所, 2004, 『集安高句麗王陵』)

6m이다. 계장부에 쓰인 석재는 대부분 약간 가공한 판상으로 크기는 0.5~0.9×0.3~0.4×0.5~1m 내외이다. 현재 6단 정도가 남아 있다. 고분에서 20m 떨어진 지점에 제단으로 추정되는 장방형의 유구가 확인되었다. 규모는 42×9×0.5m 정도이며, 2층으로 되어 있고 강돌과 산돌을 혼용하여 구축하였다. 유물은 직구호 구연부편 · 파수부편 · 기와편 · 철비녀장 · 철정 · 굽은 철기 · 철촉이 출토되었다.[04]

3. 천추총(마선구 1000호분)

1) 개관

천추총은 계단적석석실총階段積石石室塚으로 동고서저형東高西底形의 구릉에 위치한다. 고분의 기초는 자연재해와 인위적인 파괴로 많이 훼손되었다. 천추총의 동변 약 67m, 남변 약 60.5m, 서변 62.6m, 북변 약 71m이다. 무덤의 서남쪽과 북쪽 · 동북쪽이 잘 남아 있는데, 그 중에서 서남쪽의 보존상태가 가장 좋다. 천추총의 계단은 현재 5단 정도가 남아있는데, 서남쪽 첫 번째 계단이 지면地面에 절반 정도 노출된 것을 볼 때 원래 6단일 가능성도 있다. 정상부는 엄청나게 많은 양의 적석으로 덮여있으며 석실을 쌓았던 석재로 추정되는 거석도 남아있다.

태왕릉과 장군총처럼 호석이 주변을 두르고 있다. 높이는 3.2m, 너비가 1.6m, 두께가 1m 정도이다. 본래 각 변 당 5기씩, 총 20기가 있었을 것으로 보인다. 묘실은 석실이었을 것으로 보지만, 현재 파괴된 상태이기 때문에 그 형태는 확실하지 않다. 발굴된 결과로 미루어 볼 때 그 범위는 대략 동서로 약 10m, 남북으로 약 7m 정도로 본다.

---

04 오진석, 2010, 「통구고분군 적석총의 군집양상연구」, 고려대학교 석사학위논문, pp.56~57.

천추총을 고구려 18대왕인 고국양왕의 무덤으로 보는 견해가 많다. 그 근거로 태왕릉과 천추총의 연관성을 들고 있다. 태왕릉과 천추총은 묘의 형식이 같으며 규모도 비슷하고 능역시설도 유사하다. 특히 유물에서는 두 묘에서 능묘가 오랫동안 보존되길 바라는 내용이 담긴 명문전이 출토되었다. 두 묘에서 또한 똑같이 육판연화문와당六瓣蓮花紋瓦當이 발견되었다. 다만 천추총에는 화엽花葉(꽃잎)이 보이며 태왕릉에서는 화뢰花蕾(꽃봉오리)가 보인다는 점에서 차이가 난다.

▲ 천추총

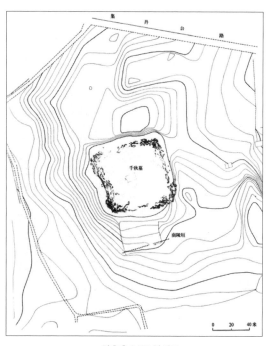

▲ 천추총 부근 형세도
(吉林省文物考古研究所, 2004, 『集安高句麗王陵』)

태왕릉 출토 유물 중 천추총에서 발견된 형태와 동일한 연화문와당은 발견되지 않았다. 또한 두 유적에서는 비슷한 형태의 청동방울이 출토되었다. 천추총에서 출토된 수키와편 중에서 글씨가 새겨진 게 있는데, 기와 배면背面의 오른쪽에는 "…浪趙將軍…", 왼쪽에는 "…□未在永樂…"이라고 새겨져있다. 이 중에서 영락永樂은 광개토왕 치세의 연호를 의미하기 때문에 서로간의 연관성을 짐작해 볼 수 있다. 이 밖에도 와당·기와·전돌·마노·석기·철기 및 금속기·동기·금동기·금기 등이 출토되었다.[05]

2) 출토 유물

(1) 전돌

태왕릉과 천추총에서 무너진 돌무지 속에 기와와 함께 섞여 있었다. 비교적 고운 바탕흙으로 단단하게 구웠다. 가늘고 길게 네모난 형태로 양쪽 끝을 경사지게 깎아 사다리꼴 형태를 하고 있다. 벽돌의 한쪽 측면을 사각형으로 구획한 후 세로쓰기로 글자를 돋을 새김하였다.

새겨진 글자는 "천추만세영고千秋萬歲永固[(무덤이) 천추만세토록 영원히 튼튼하소서]", "건곤상필乾坤相畢[(무덤이) 하늘과 땅이 다할때까지 [튼튼히 보존되소서]" 등으로, 무덤이 오랫동안 보존되기를 기원하는 내용으로 길상구吉祥句에 해당한

▲ 천추총 출토 전돌 (池內宏, 1940, 『通溝』 下)

---

05 吉林省文物考古研究所·集安市博物館, 2004, 『集安高句麗王陵』, 文物出版社, pp.170~216.

다. 상단부가 떨어져 나간 벽돌의 원 글자는 "보고건곤상필保固乾坤相畢"이다. '천추만세영고千秋萬歲永固'라는 명문으로 인해 천추총이라는 이름이 붙게 되었다.

천추총과 같은 고구려의 대형 계단식 적석총 위쪽에는 기와를 이은 건물이 세워졌던 것으로 추정된다. 벽돌들은 아마도 천추총 위에 세워진 건물에 사용되었던 것으로 보인다.

(2) 기와

능묘의 주위에서 격자문·승문·권운문卷雲文 등의 기와편이 다량 수습된 것으로 보아, 장군총將軍塚이나 태왕릉太王陵과 마찬가지로 묘역에 사당이나 관련 시설이 세워졌던 듯하다. 출토된 기와편 가운데 천운문와당은 집안시박물관 근처 유적에서 수습된 '泰'자 명문와당과 거의 같다. 따라서 이와 동일한 시기인 4세기 중엽경의 제작품으로 보는 견해도 있다.

또한 천추총에서는 서대총과 함께 발해 양식의 기와 문양인 '지두문指豆文 기와'가 출토되었다. 기와의 한쪽 가장자리에 제작자가 손가락 끝으로 눌러만든 지두문 기와는 지금까지 발해 유적에서만 발견되었었다. 그러나 고구려 고분에서 이 기와가 발견됨으로 인하여 발해가 고구려 왕릉을 관리하는 등 고구려를 계승한 국가임을 드러내는 획기적인 증거물로 간주하기도 한다. 그러나 이는 고구려 기와이므로 다른 각도에서의 추정도 가능하다. 아무튼 이에 관해 본격적인 검토가 필요하다.

4. 마선구 2100호분

1) 개관

마선향 홍성촌 남쪽에 위치하고 지세는 동고서저의 형태이며 해발 200.01m이다. 규모는 동변 33m, 서변 32.2m, 남변 29.6m, 북변 33m, 잔존 높이 6m로 계단석곽적석총이다. 서남쪽으로 약 1.7km 정도 떨어진 곳에 마선구 626호분, 정남쪽으로 800m 떨어진 곳에 천추총, 동남쪽으로 1.2km

▲ 마선구 2100호분 전경

떨어진 곳에 마선구 2378호분이 소재한다. 금동기 · 금기 · 철기 · 동기 · 토기 · 기와 · 피혁 · 동전 등 550여 건의 유물이 출토되었다. 그 중 동전은 직경 2.3cm의 화천貨泉[06]이며 피혁은 돼지 가죽으로 길이 6.6cm · 폭 3.3cm · 두께 0.1 cm이다. 동경은 삼국 - 위진시기 중원 귀족의 것과 유사하며, 기와를 사용한 것은 고구려 왕릉의 특징이라고 할 수 있다. 따라서 마선구 2100호분은 왕릉일 가능성이 높다. 출토 와당 중 비학운문飛鶴雲文와당은 천추총에서 출토된 것과 유사하다.[07]

마선구 2100호분의 뒤쪽에는 산이 있고 이들은 한 눈에 잘 들어온다. 이 산의 형태를 보았을 때 마치 봉화대를 짐작케 하는데, 이때문에 이 무덤을 봉상왕의 무덤으로 보기도 한다.

2) 출토 유물

철경鐵鏡은 가장자리 부분이 손상되었다. 등면에 흑색으로 옻칠을 했다. 직경은 38cm이다. 표면은 심각하게 부식되었지만 장식된 면은 부식이 심하지 않다. 옻칠된 면은 많이 벗겨졌다. 거울의 뉴鈕는 표면이 옻칠이 완전

---

06 중국 왕망의 신나라 때 주조된 경화(A.D. 14~40 사이에 이용함)이다.
07 오진석, 2010, 「통구고분군 적석총의 군집양상연구」, 고려대학교 석사학위논문, p.62.

하지 못하며, 약간의 가는 섬유 흔적이 남아 있다. 희미하게 분별할 수 있는 글자를 보면 >'자손부귀子孫富貴' 이며, 이는 길상구이다.

무덤 위에서 출토된 비학운문와당飛鶴雲文瓦當은 천추총에서 발견된 와당과 서로 닮았다. 이는 다른 고분에서 보이지 않는 유일한 예이며, 두 무덤의 관련성을 짐작해 볼 수 있다.

▲ 마선구 2100호분 부근 형세도
(吉林省文物考古研究所, 2004, 『集安高句麗王陵』)

비학운문와당에서는 간지干支가 새겨지진 않았다. 하지만 우산하 992호분과 서대총 기년명 기와를 비교해 볼 때, 늦은 시기로 볼 수 있다.

이 외에 금제마형투조 장식품과 금제봉황투조 장식 등이 있다.

5. 마선구 2378호분

마선구 2378호분은 마선구 고분군의 동남부에 위치한다. 남고북저형의 지형 상에 입지하며 해발고도는 200.8~211.3m 사이이다. 동쪽으로 국내성과 2.5km 떨어져 있으며 서쪽으로 천추총과 1.1km, 동북쪽으로 칠성산 211호분과 1.6km, 서북쪽으로 마선구 2100호분과 1.2km 정도 떨어져 있다. 주변에 마선구 2379호 · 2380호 · 2381호분 등 3기의 적석총이 있다.

6. 마선구 2381호분

마선구 2379호분과 2380호분은 크기가 비교적 작은 편이며 높이도 1.5m를 넘지 않는다. 2381호분은 비교적 크며 평면형태는 전원후방형이며, 동서 길이 46m, 남북 너비 30m, 동북 - 남서 높이 차는 4m 정도이다. 계단석은 화강암과 석회암을 혼용하여 사용하였다. 내부는 대부분 산돌로 채웠으나, 일부는 강돌도 사용하였다.

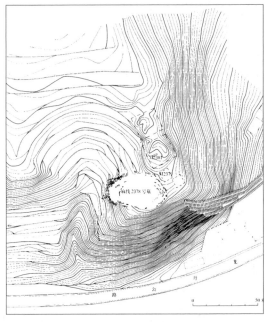

▲ 마선구 2378호분 부근 형세도
(吉林省文物考古研究所, 2004, 『集安高句麗王陵』)

무덤 정상 중앙에서 서쪽으로 치우쳐 3개의 요갱腰坑을 확인할 수 있다. 주변에서 승문기와편이 많이 출토되었다. 무덤 정상부에 건축물이 존재했을 가능성이 크다. 고분의 여기 저기서 용석熔石이 확인되었으며, 개중에는 기와조각과 붙어 있는 것도 있다. 기와는 암키와와 수키와 모두 출토되었다. 대부분 회청색이지만, 적색과 황색도 일부 확인된다. 계단적석총으로 계장식 축조법을 사용하였다. 고분의 형태는 마선구 626호분·산성하 전창 36호분과 유사하며 고구려 초기 고분의 특징을 지닌 것으로 보고있다.[08]

太王의 나라 고구려 유적

III. 참고문헌

강현숙, 2006, 「중국 길림성 집안 지역 고구려 왕릉의 구조에 대하여」, 『한국고대사연구』 41.

吉林省文物考古研究所·集安市博物館, 2004, 『集安高句麗王陵』, 文物出版社.

오진석, 2010, 「통구고분군 적석총의 군집양상 연구」, 고려대학교 석사학위논문.

李道學, 2009, 「高句麗 王陵 研究의 現段階와 問題點」, 『高句麗 渤海 研究』 34.

池內宏, 1940, 『通溝：滿洲國通化輯安縣高句麗遺蹟及壁畫墳』 卷下, 日滿文化協會.

최종택, 2006, 「集安 '高句麗 王陵' 出土遺物의 諸 問題」, 『韓國古代史研究』 41, 한국고대사학회.

_ 김사현

---

08 오진석, 2010, 「통구고분군 적석총의 군집양상연구」, 고려대학교 석사학위논문, pp.63~64.

칠성산 고분군 七星山古墳群

I. 개관

국내성 서쪽의 동구촌洞構村에서 칠성산七星山으로 난 길을 따라 올라가면 두 갈래의 남쪽으로 뻗은 칠성산 자락이 보인다. 두 갈래의 자락에 각각 고분이 자리 잡고 있는데 약 556기의 적석총들이 일정한 배열을 가지면서 분포되어 있다. 고분군의 낮은 지대에는 현대 민묘가 조성되면서 고구려 고분의 석재를 이용해서 축조하여 이 부분의 고분은 파괴가 심하다. 하지만 산 정상부로 올라갈수록 무덤의 적석 상태와 배열 등이 잘 남아있어 좀 더 파악이 용이하다.

▲ 칠성산 211호분

II. 주요 고분

1. 칠성산 69호분

칠성산 고분군 목이장구 남사면의 평탄면에 위치한다. 남쪽으로 영방구와 접해있다. 북쪽으로 칠성산 128호분과 10m, 동쪽으로 칠성산 703호분과 20m, 서쪽으로 칠성산 66호분과 약 40m 떨어져 있다. 서북고동저형의 지형 상에 입지하며 높이 차는 3m이다. 계단석실적석총으로 평면 형태는 방형이며 길이 30m, 잔존높이는 4m이다. 무덤의 서·남·북 세 측면은 계단석의 훼손이 심한 상태이다. 동쪽의 양 모서리가 그나마 양호한 상태로 3단이 남아있다. 계단석은 화강암을 절삭切削하여 만들었다.

서·북 양면의 계단은 현재 2단이 남아있으며 기본적으로 동쪽 면과 축조 방법이 같다. 무덤 정상 중앙에는 장방형의 요갱腰坑이 있다. 동서 길이 10m, 남북 너비 5m, 깊이는 1m이며 요갱 양 측면으로는 남북 방향의 석장石墻이 설치되어 있다. 석장의 너비는 1.1m, 높이는 0.55m, 길이는 약 6m이다. 석장 위에 길이 1.5m, 너비 0.8m, 두께 0.3~0.5m 정도의 개석을 덮었다. 이 석장은 2개 석광의 이실耳室로 추정되며 석장과 석광 사이에 연도가 있는지는 훼손이 심해서 알 수 없다. 봉석封石으로 사용한 석재는 0.2~0.5m의 산돌로 비교적 큰 편이다. 조사 중 유물은 확인되지 않았다.

이 고분은 칠성산의 서쪽 끝 산 허리 부분에 위치하며, 산 아래쪽으로 배열되어 있다. 계단석의 가공 정도가 정밀하고 석재 상면에 쐐기를 박아 넣은 설계를 하였으며 광실의 양 측면에서 묘도와 이실이 있고 이실 상면에 개석이 있다는 점에서 우산하 3105호분과 유사한 부분이 많다. 둘 다 같은 시기일 가능성이 크며 시기는 약 4세기 말에서 5세기 초 정도로 추정된다.

2. 칠성산 211호분

칠성산 고분군의 최남단 집안시 교통구촌 6조 서북사면에 위치한다. 이

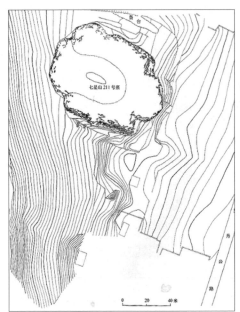

▲ 칠성산 211호분 부근 형세도
(吉林省文物考古硏究所, 2004, 『集安高句麗王陵』)

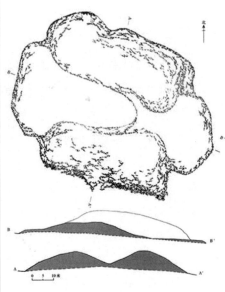

▲ 칠성산 211호분 평 · 단면도
(吉林省文物考古硏究所, 2004, 『集安高句麗王陵』)

곳 정상부의 해발고도는 200.57m이다. 칠성산 고분군 중 최대 규모이며 북쪽으로 칠성산 871호분과 900m, 서남쪽으로 마선구 2378호분과 1.5km 정도 떨어져 있다. 서북쪽이 높고 동남쪽이 낮은 곳에 위치하며 높이 차는 7m이다. 도굴로 인하여 많이 훼손된 상태이다.

평면 형태는 방형에 가깝다. 남변 58m, 동변 66m, 잔존 높이는 약 7m이다. 계단식적석총으로 약간 가공한 자연석을 이용하였다. 석곽의 위치는 알 수 없으나 축조에 사용되었을 가능성이 있는 개석蓋石이 확인되었다. 0.2~0.4m 정도의 강돌로 봉석하였다. 고분 북쪽으로 12m 지점에서 장방형의 제대추정유구가 확인되었다. 규모는 가로×세로×높이가 45×9×0.5m 정도로 주변에 기단석을 둘렀다. 동서 장축의 세장방형 내부가 담으

太王의 나라 고구려 유적

로 구획되어 배총陪塚[01]이나 제사 용도의 시설일 가능성이 제기되었으나, 배총으로 그 양상을 확실히 파악하긴 힘들다.

보요식步搖飾 · 철현엽식綴懸葉飾 등의 유금기鎏金器를 비롯하여 동정銅釘 등의 동기銅器, 찰갑札甲 · 철정鐵釘 등의 철기, 마노 등 옥기, 격자문 기와 등 100여 건의 유물이 출토되었다. 칠성산 211호분은 계단식으로 축조되었으나 계단석은 크기가 비교적 작고 가공을 별로 하지 않았다. 그리고 기와가 많이 출토되었음에도 와당은 확인되지 않았다. .

칠성산 211호분의 경우 꺾쇠는 확인되지 않고 관못과 동제 걸이쇠가 있으므로 관 · 실의 이중 구조였을 것으로 추정된다. 칠성산 211호분의 편년은 3세기 정도로 추정된다.

3. 칠성산 871호분

칠성산 고분군의 북쪽에 위치하며 서남쪽으로 211호분과 약 1km, 동북쪽으로 산성하 고분군에 속한 전창 36호분과 2km 떨어져 있다. 일찍이 도굴되어 고분 중앙에 커다란 도굴갱이 확인된다. 계장식 적석총[02]으로 평면

---

01 배총 혹은 배장묘는 주 무덤과 동시에 조성되기도 하나 어느 정도 시간이 경과한 후에 만들어질 수도 있다. 주 무덤과 동시기의 배장묘인 경우 층위 상에서 확인할 수 있으나 후에 배장된 경우 층위 상으로 확인하기 어려울 수도 있다. 층위적으로 확인이 어렵다 하더라도 왕릉이라면 배총의 배치나 외형 · 구조 등에서 일정한 규칙성을 가지고 조성되었을 것이기 때문에 배총을 판단하는 것이 불가능하지 않다.

02 계장식 적석총(階墻式 積石塚) : 고구려 적석총은 층단을 이루고 있는 것이 특징적인데 층단식의 경우에도 축조방법에 따라 계장식(階墻式)과 계단식(階段式)으로 나눌 수 있다. 계장식은 기단의 축조시 밖에서부터 안쪽으로 일정한 간격으로 높은 담장을 쌓아가며 그 담장 사이에 석재를 충전하여 층단을 구성한 것이고 계단식은 한 층단 한 층단을 둘레에 큰 석재로 담장식으로 축조하며 그 내부 전체를

형태는 방형에 가
깝다. 규모는 북변
46m, 동변 48m,
남변 46m, 서변
40m, 잔존 높이
5.5m이고, 고분
정상부의 해발고
도는 232.06m이
다. 칠성산 고분
군 중 대형고분에

▲ 칠성산 871호분 근경

속하며 묘역에 부석이 깔려 있다. 고분의 북측에 배총 1기(1307호)가 있다.
한 변의 길이는 12m, 잔존높이는 0.7m이다. 석재는 거의 가공하지 않은 자
연석을 그대로 사용하였다. 출토 유물로는 찰갑札甲・철촉鐵鏃・철표鐵鏢 등
의 철기와 기와 등이 있다.

　칠성산 1370호분과 동서 방향으로 평행하게 자리한 4기의 연접 무덤을
배총으로 비정하였으나 길림성문물고고연구소에서 2002년도에 나온 보고
서03에 의하면 서로 관련성이 없는 무덤으로 보고하였다. 앞서 언급하였듯
이 주 무덤과 배총 간의 시간 차이나 동시성이 확인되지 않았기 때문에 배
총으로 단정하기 어렵다. 또한 무덤의 서북 방향으로 22m 떨어진 곳에서
기와・용석・건축 유구가 확인되었다. 이곳을 능사陵寺나 능원의 문지門地
로 추정하고 있지만, 현재까지 확인된 자료만으로 능사가 있었다고 추정하

　석재로 충전하여 각 층단이 중첩되며 작아지도록 쌓아올라가는 방식이다. 계장
　식이 수직적이라고 한다면 계단식은 수평적 축조방식이라고 할 수 있다.
03 길림성문물고고연구소・집안시박물관, 2002, 『洞溝古墓群1997年調査測繪報告』.

　　　　太王의 나라 고구려 유적

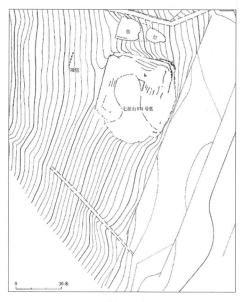

▲ 871호분 전경 도면

(吉林省文物考古硏究所, 2004, 『集安高句麗王陵』)

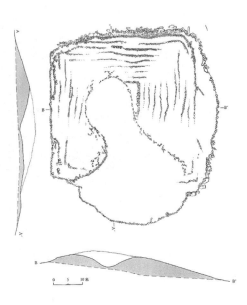

▲ 871호분 평·단면도

(吉林省文物考古硏究所, 2004, 『集安高句麗王陵』)

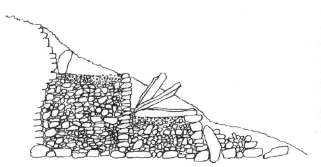

▲ 칠성산 871호분 계장축조 단면

(吉林省文物考古硏究所, 2004, 『集安高句麗王陵』)

▲ 계장 축조 부분 사진

(吉林省文物考古硏究所, 2004,
『集安高句麗王陵』)

기 어렵다. 설사 능사라 하여도 칠성산 871호분 이후 단계의 적석총에서 능사의 증거는 확보되지 않았다. 때문에 현재 보고된 자료로 집안 지역에서 능사가 있다고 할 만한 고고학적 증거는 없는 셈이다.

III. 칠성산 고분군의 편년과 분포 양상

중소형의 무기단식적석총이 산사면을 따라 열상列狀으로 분포한다. 산사면을 따라서는 발전된 형태인 기단석적석총과 계단식적석총이 밀집 분포하고 있다. 계단식적석총이 열상으로 분포한 곳은 사면 아래쪽으로 갈수록 중형 이상의 적석총이 늘어나고 있는 양상이다. 계단식적석총군 사이에 초대형 적석총인 칠성산 69호분이 입지해 있다. 상부에는 소수의 무기단식적석총이 기단적석총과 혼재해있으며 하부로 갈수록 계단식적석총의 밀집도가 증가하는 점을 확인할 수 있다. 사면 아래쪽에 초대형 기단식적석총인 칠성산 1044호분이 있다.

칠성산 고분군에서 조사된 적석총은 2~5세기로 편년된다. 무기단식적석총으로는 211호분이 3세기로, 기단식적석총으로는 891호분이 3세기, 998호분이 4세기로, 계단식적석총으로는 871호분이 2세기 166호분·389호분·398호분·695호분·1201호분이 3세기 128호분·151호분·1061호분이 4세기, 69호분이 5세기로 편년된다. 전체적으로 보면 고분군 북쪽으로 2세기 내외의 적석총들이 분포하고 있으며 그 남쪽으로 3~5세기대 적석총들이 밀집해서 분포하고 있는 양상을 확인할 수 있다.

IV. 참고문헌

강현숙, 2006, 「중국 길림성 집안지역 고구려 왕릉의 구조에 대하여」, 『한국고대사연구』 41.

공석구, 2008,「集安地域高句麗王陵의 造營」,『高句麗渤海硏究』31.

吉林省文物考古硏究所‧集安市博物館, 2004,『集安高句麗王陵』, 文物出版社.

吉林省文物考古硏究所‧集安市博物館, 2005,『洞溝古墓群1997年調査測繪報告』.

김용성, 2005,「고구려 적석총의 분제와 묘제에 대한 새로운 인식」, 고구려연구재단.

오진석, 2010,「통구고분군 적석총의 군집양상 연구」, 고려대학교 대학원 석사학위논문.

_최승빈

관마장차단성關馬墻遮斷城

Ⅰ. 개관

관마장차단성은 중국 길림성吉林省 집안시集安市 열료향熱鬧鄕 남쪽에 위치한다. 집안시 소재지로부터 서북쪽으로 55.5km 떨어져 있는 열료향둔熱鬧鄕屯에서, 다시 남쪽으로 1.5km 정도 떨어진 깊은 산의 계곡에 위치하고 있다. 안 계곡의

▲관마장차단성 안내표지석

서쪽은 험준하며, 동쪽에는 깎아지듯이 치솟은 목선두산木銑頭山과 약황정자산撈荒頂子山이 있다.

차단성의 북쪽으로는 위사하葦沙河가 흐르며 목선두산과 약황정자산 사이에 목선두구木銑頭溝가 흐른다. 목선두구의 계곡물은 남쪽의 약황정자산을 따라 서쪽으로 흘러가 위사하葦沙河와 만난다. 산 계곡을 벗어나 서북쪽으로 천곡평원川谷平原이 있다. 이 곳에 열료향둔이 위치한다. 현재 통화·집안간 도로가 이곳을 관통하고 있다.

성벽은 협곡의 남·북단 가장 좁은 요충지와 목선두구에서 115m되는 지점에 각각 남·북·동벽을 쌓았다. 험한 산세를 이용하여 산중에 성벽을 구축한 것이다.

현재 차단성에 쌓은 세 갈래의 성벽은 이미 대부분 무너졌다. 남아 있는 흔적으로 볼 때, 크기가 일정하지 않은 돌들을 쌓아서 구축한 것을 확인할 수 있다. 여기에 사용된 돌들의 평균 크기는 30×50cm 안팎이다.

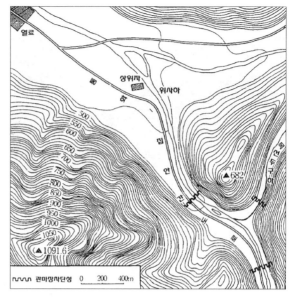

▲ 관마장차단성 위치도
(吉林省地方志編纂委員會, 1991, 『吉林省志』)

II. 성벽의 형태

북벽은 속칭 두도관마장頭道關馬墻이라고 한다. 성벽·참호塹壕 등으로 구성되어 있다. 동쪽 끝은 위사하葦沙河에서 끝난다. 하천을 사이에 두고 겹겹이 우뚝 솟은 바위와 절벽이 있다. 서쪽은 줄곧 산비탈 위에 성벽을 쌓았고 산등성이의 암벽으로 이어진다. 이 성벽의 잔존길이는 77.6m이다. 무너진 성벽의 기초 폭은 10.5m, 높이는 2.3m, 방향은 240°이다.

서쪽 산기슭의 한 곳에는 외벽이 남아있는데 비교적 보존상태가 좋은 편이다. 이 외벽은 돌의 매끄러운 면이 밖으로 향하도록 하고 아래에서 위로

▲ 왼쪽 능선이 떨어지는 방향으로 열료둔 · 상위자 일대

층이 높아감에 따라 안으로 들여쌓았다.

성벽 바깥쪽으로 1~4.6m 되는 지점에 참호가 있다. 이 참호의 서쪽 끝은 성벽과 인접해 있으며 중간으로 갈수록 성벽과 멀리 떨어져있다. 이는 성문이 성벽으로부터 돌출되어 있고 참호가 성문 앞쪽을 둘러싸고 있어야 하기 때문이다. 참호는 바깥쪽으로 가까이 붙어 가로로 둑을 쌓아 만들어졌다. 이 둑의 현재 남아있는 길이는 40m, 기초 폭은 4.8m, 높이는 1.45m이다. 이 둑은 하천 자갈로 기초를 잡고, 위에 자갈모래와 황토로 쌓았다. 북벽 중간에는 도로가 가르고 지나가 성벽과 참호 및 참호 둑 등이 모두 파괴 되었다. 다만 도로 서쪽 성벽 기초 부위에는 자갈이 안팎으로 24m 정도 펼쳐져 있다.

남벽은 속칭 이도관마장二道關馬檣이라고 하는데, 남아 있는 성벽 중에서 훼손상태가 심하다. 이 남벽의 중간에는 역시 도로가 가르고 지나갔으며, 성문터는 이미 파괴되어 흔적이 없다. 그리고 남벽에는 유일하게 참호와 참호둑이 없으며 형세는 북벽과 같다. 이 남벽의 잔존길이는 69.6m, 기초 폭은 7m, 잔존높이는 2.1m, 방위는 255°이다. 이 성벽은 주로 서쪽에서 동쪽으로 침범해오는 적을 방어하기 위한 것이었다.

동벽은 속칭 삼도관마장三道關馬檣이라 한다. 구조는 남벽과 같다. 북쪽 끝은 목선두구木銑頭山를 가로지르며, 계속하여 약황정자산擂荒頂子山 산기슭을 거쳐 험준한 산등성이의 암벽으로 뻗쳐있다. 전체 길이는 125m, 폭은 6.5~6.9m, 잔존높이는 0.5~0.7m, 방향은 310°이다. 성벽 중간에는 폭 4m

의 공간이 있다.
그 좌우의 안팎으
로 뻗은 벽의 기
초는 길이 9.6m,
폭 3m 되는 두 개
의 장방형의 대帶
를 구성하고 있
다. 이 곳에 동문
東門이 있었을 것
으로 추정된다.

▲ 목선두구와 나란히 있는 길

관마장차단성의 특징은 남벽이 비교적 간단하다는 점이다. 이는 원군이 지나가고, 군수품·군량·마초를 운반하는 통로였기 때문이다. 북병은 열료둔熱鬧屯·상위자上圍子 일대의 천곡평원川谷平原을 마주보고 있는 데다, 참호·참호 둑 등을 복잡하게 구축해 놓았다. 이는 당시의 방어 역량이 주로 북벽에 있었으며, 이 북벽이 서쪽에서 동쪽으로 침범해 오는 적을 방어하기 위한 것임을 설명해준다. 동벽의 지세 또한 매우 중요하다. 왜냐하면 목선두구의 북쪽 산은 좁고 긴 모양을 하고 있고, 산의 북쪽은 양목교자구楊木橋子溝의 천곡평원川谷平原으로서 열료·상위자평원과 하나로 이어지기 때문이다. 즉 당시 고구려를 침범하는 군대가 서벽의 방비를 피하여 양목교楊木橋를 돌아 북쪽 산계곡을 통해 침범해 오는 것을 막기 위해서 북벽을 구축한 것이다. 관마장차단성에서 출토된 유물로는 쇠화살촉 등이 있다고 한다.

『삼국사기』에 따르면 고국원왕 때 전연의 모용황이 군대를 남도와 북도로 나누어 고구려를 공격한 내용이 있다. 여기에서 북도는 평안하고 넓다고 하는데, 주로 혼하를 거쳐 소자하 연안로로 이어지는 경로로 추정하고 있다. 관마장차단성도 이의 연장선상에서 볼 수 있지 않을까 싶다.

Ⅲ. 참고문헌

吉林省地方志編纂委員會, 1991, 『吉林省志』 43(文物志), 吉林人民出版社.

동북아역사재단, 2008, 『고구려를 찾아서』.

여호규, 1998, 『고구려성 Ⅰ - 압록강 중상류편』, 국방군사연구소.

이전복 저, 차용걸 역, 1994, 『중국내의 고구려유적』, 학연문화사.

_ 김사현

| 저자약력 |

이도학 _ 한국전통문화대학교 문화유적학과 교수
『고구려 광개토왕릉비문 연구』 등 다수의 저서와 「高句麗王陵 硏究
의 現段階와 問題點」 등의 고구려사 논문을 비롯해 150여 편의 논문
이 있다.

박진호 _ 한국전통문화대학교 문화유적학과 4학년 학생(06학번)

송영대 _ 한국전통문화대학교 문화유적학과 4학년 학생(06학번)

太王의 나라 고구려 유적

초판인쇄일 2011년 10월 1일
초판발행일 2011년 10월 3일
지 은 이 이도학 · 박진호 · 송영대
발 행 인 김선경
책임편집 김윤희, 김소라
발 행 처 도서출판 서경문화사
　　　　　 주소 : 서울 종로구 동숭동 199 - 15(105호)
　　　　　 전화 : 743 - 8203, 8205 / 팩스 : 743 - 8210
　　　　　 메일 : sk8203@chollian.net
등록번호 제 300-1994-41호

ISBN 978-89-6062-078-0   03900

ⓒ 이도학 · 박진호 · 송영대, 2011

* 파본은 본사나 구입처에서 교환하여 드립니다.

　정가　16,000원